Collection
« L'AVENTURE CONTINUE... »

DU MÊME AUTEUR

MÉDECINE ET SPORT DE MONTAGNE
(A.C.L.A.)

Dr JEAN-LOUIS ÉTIENNE

ÉRIC DUMONT

LE MARCHEUR DU PÔLE

ÉDITIONS ROBERT LAFFONT
PARIS

ISBN 2-221-05227-7

Mes remerciements s'adressent tout particulièrement :

A Michel Franco, Judy Shrewsbury, Diane Grenier et Yves Mégret, qui ont donné beaucoup de temps, d'énergie et de patience pour le bon déroulement de cette aventure.

Aux sociétés UAP, ELF et Damart pour le parrainage de cette entreprise.

A Éric Dumont et Valérie Catherine Richez, mes précieux compagnons d'écriture.

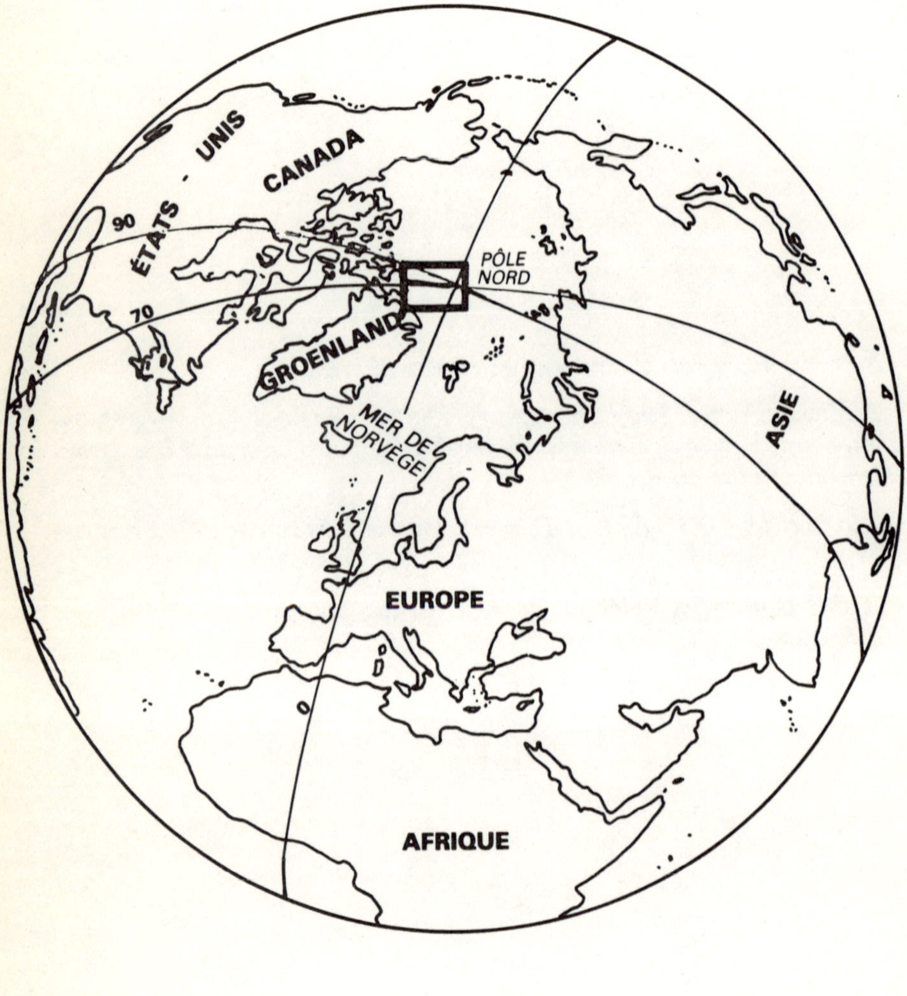

UNIS
CANADA
ÉTATS
90
PÔLE
NORD
70
GROENLAND
MER DE
NORVÈGE
ASIE
EUROPE
AFRIQUE

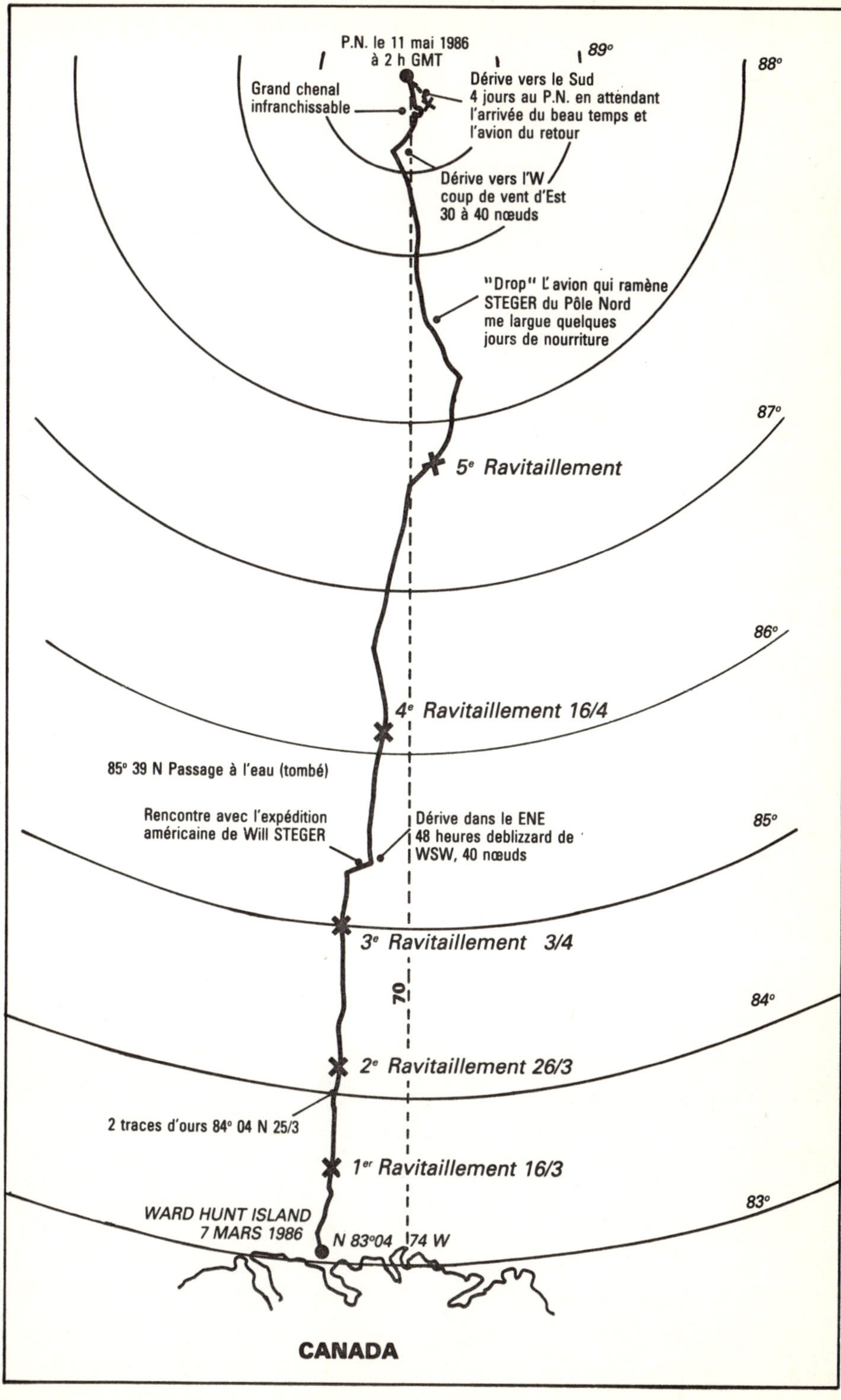

P.N. le 11 mai 1986
à 2 h GMT
89°
88°
Dérive vers le Sud
4 jours au P.N. en attendant
l'arrivée du beau temps et
l'avion du retour
Grand chenal
infranchissable
Dérive vers l'W
coup de vent d'Est
30 à 40 nœuds
"Drop" L'avion qui ramène
STEGER du Pôle Nord
me largue quelques
jours de nourriture
87°
5e Ravitaillement
86°
4e Ravitaillement 16/4
85° 39 N Passage à l'eau (tombé)
Rencontre avec l'expédition
américaine de Will STEGER
Dérive dans le ENE
48 heures deblizzard de
WSW, 40 nœuds
85°
3e Ravitaillement 3/4
70
84°
2e Ravitaillement 26/3
2 traces d'ours 84° 04 N 25/3
1er Ravitaillement 16/3
83°
WARD HUNT ISLAND
7 MARS 1986
N 83°04
74 W
CANADA

1.

LE CHAOS A PERPÉTUITÉ

Dans l'immensité blanche luit l'aurore éternelle d'un vague soleil pâle projetant face à moi des esquisses d'ombres rases, lugubres. Franchir les vingt premiers mètres de la banquise me prend dix interminables minutes. C'est effrayant. Il fait quarante-sept degrés au-dessous de zéro. Le chaos glacial dépasse tout ce que j'avais imaginé. C'est un labyrinthe hérissé de blocs cisaillés, brusquement dressés, adossés les uns contre les autres dans un désordre infernal, certains atteignent plus de cinq mètres de hauteur, mais très vite, trop vite, j'ai perdu le sens de leurs proportions réelles, déjà j'ai des doutes sur la direction de ma progression, sud-nord, droite-gauche, est-ouest ? Comment savoir où mes muscles bandés à l'extrême me portent vraiment ? Le froid et la solitude sont tombés sur moi comme une chape de plomb, rien ne m'est épargné pour ce premier jour du départ.

En face, je repère un bloc assez élevé, accessible. D'un coup, je me libère de la ceinture qui entourait ma taille, où s'accrochent les deux cordes de remorquage de mon traîneau. Cela au moins me soulage un peu. Plus de ce fardeau de cinquante-six kilos à haler pour l'instant. En fait, c'est un répit risible, illusoire. Par ces températures, il faut foncer vers l'effort, immédiatement, sous peine du pire.

Je m'élève en tâtonnant, testant les prises à l'aide de mes bâtons de ski. Tout se déroule comme au ralenti, j'enrage. Le pôle Nord est... quelque part, à huit cents kilomètres... j'ai parcouru quelques dizaines de mètres à peine, et déjà j'ai l'angoisse lancinante d'avoir perdu mon cap, d'affronter l'impossible, l'infranchissable. Tête baissée, je parviens au sommet du bloc. Je dois me forcer à redresser mon visage, écarquiller les yeux, pour observer ma position. Le halo du soleil est derrière ! Je n'ai donc pas fait fausse route. Mais droit devant, sur la voie directe du Pôle, l'horreur continue, s'amplifie même, le dédale prend les proportions d'un cauchemar. La banquise est comme ravagée par une tempête gigantesque mais d'une immobilité mortuaire, où chaque déferlante, chaque pan d'écume, chaque crête de lame est restée figée à jamais. On dirait une immense houle de cadavres de vagues blanches, parfois brisées, concassées par les compressions du gel, puis striées, décapitées, déchirées sous les assauts encore perceptibles, certainement très récents, des violences des blizzards.

Je redescends. Accablé. L'année dernière, lors de ma première tentative qui avait échoué au bout de seize jours à la suite d'une chute grave, je n'avais pas affronté cette zone maudite. L'avion m'avait déposé à trente kilomètres au-delà de cet « iceshelf », littéralement « bouclier de glace », né de la colossale compression de la rencontre entre la banquise et l'extrême nord du continent américain. Mais cette fois, je n'ai pas voulu escamoter la difficulté. D'ailleurs, il y a quelques heures à peine, à Ward Hunt Island, petite île perdue dans les glaces et point de départ obligé de tout assaut polaire, les membres d'une expédition scientifique anglaise de passage m'ont clairement fait comprendre qu'ils veilleraient au strict respect de la règle du jeu. Hors de question que le petit *frenchie* et son drôle de traîneau surbaissé cherche à tricher sur la position de la ligne de départ... Alors que je rechausse mes skis, que je m'attelle à nouveau à ma charge, ma colère redouble. Après tout, ces Anglo-

Saxons se sont conduits comme s'ils étaient les maîtres du territoire, les arbitres de mon aventure. Et de quel droit ? J'ai l'impression de m'être laissé bluffer, envoyer droit au piège, en plein cul-de-sac.

Mais simultanément une autre voix s'élève dans ma tête, elle insiste : Et si jamais tu t'étais fait déposer plus au nord, que tu atteignes le Pôle, et qu'alors tous ces jaloux se déchaînent en insinuant : « Hé, hé, il n'est pas parti du bon endroit, il a évité les premiers milles, les plus difficiles, sa conquête du Pôle est celle d'un tricheur ! » Je passerais ma vie à me répéter qu'à cause de ces vingt malheureux petits kilomètres mon exploit ne sera jamais cru, admis ! Non, je ne veux pas revivre la frustration de Cook, débouté sans raisons évidentes par Peary qui fut proclamé vainqueur du Pôle. Non ! pas de ce cauchemar de toute une vie ! Cela serait encore pire que tout, même plus affreux qu'un échec direct, définitif, complet.

En tout cas, je ne peux m'empêcher d'être furieux et ça me galvanise. D'un seul coup j'oublie toutes ces ratiocinations, ces lamentations. Je plante mes bâtons violemment dans la glace vive, je donne un coup de reins pour arracher le traîneau calé contre un petit bloc livide, et je fonce. Droit devant. En me répétant : En avant Papy, en avant, la sortie est là-bas, le Pôle est en face, tous les mètres franchis vers le nord ne seront plus à faire ! A partir de là je ne me souviendrai de rien car je cesse de penser. Ce n'est qu'une transe musculaire dans le vide absolu de l'Arctique, un effort continuel, effréné, pour une course d'obstacles démentielle, où je perds toute idée du temps, toute notion des distances ; je n'existe que pour tirer, me hisser, avaler la monstrueuse répétition des obstacles souvent vicieux, piégés, tandis que le soleil n'en finit plus de se coucher, lançant de longs et étranges éclats rougeâtres sur ce chaos à perpétuité, où je finis par m'arrêter pour planter ma toute petite tente à l'abri d'un bloc majestueux, lisse et brillant comme une muraille de cristal. Il fait moins quarante-cinq degrés. Mon état d'épuisement est total.

Je sors ma balise Argos-Sarsat. C'est un prototype, une petite merveille d'électronique pesant deux kilos, réalisée pour mon expédition par le CNES à Toulouse. En enclenchant vers l'avant un petit interrupteur, elle envoie un signal au système Argos, dont les satellites répercutent l'écho jusqu'aux ordinateurs qui, en France, calculent ma position. L'information est alors retransmise jusqu'à Resolute Bay, dans l'extrême Nord canadien, où se trouve mon assistance technique. En repoussant vers l'arrière le même petit bouton, je déclenche un signal de détresse sur la fréquence Sarsat, susceptible d'être capté en France, au Canada, aux USA et même en URSS. Il est prévu que je teste cette seconde possibilité de ma balise ce soir, pour vérifier si elle fonctionne. J'ai les doigts gourds de fatigue, de froid. J'effectue ma manœuvre dans un état second. Soudain les instructions des chercheurs du CNES me reviennent à l'esprit : QUAND VOUS PASSEREZ DE LA POSITION ARGOS À CELLE DE SARSAT N'OUBLIEZ SURTOUT PAS DE MARQUER UN TEMPS D'ARRÊT AU MILIEU, C'EST UN INTERRUPTEUR À CRANS, SINON C'EST LE COURT-CIRCUIT ! Trop tard. J'ai déjà basculé le bouton à fond. L'erreur est définitive. C'est effarant, trop idiot, je suis effondré. Je viens de casser ma balise.

***

Un peu plus tard, j'ai mon premier contact avec Resolute Bay. C'est là qu'est installée mon équipe, elle se compose de deux permanents logés dans les très confortables locaux de la Hight Arctic International Explorer Services Limited. Dans cette auberge, où les passionnés du Pôle viennent du monde entier, Bezal Jesudason, un Indien de Madras, et sa femme Terry, nos hôtes, entretiennent une ambiance fort chaleureuse.

Michel Franco, ingénieur de l'École centrale (fils de Jean Franco, fondateur du collège de Praz, devenu ensuite ENSA, École Nationale de Ski et d'Alpinisme), est mon homme de confiance au camp de base. Spécialiste des expéditions sahariennes, membre d'une expédition antarctique à la voile en Terre de Graham, Michel est le compagnon idéal.

Judy Shrewsbury est une amie de longue date, anglaise, elle vit à Paris depuis dix ans. Jolie, drôle, efficace, elle est costumière de cinéma, capable de confectionner une veste ou un pantalon en quelques heures. Elle a passé les deux semaines de préparation à Resolute à me peaufiner vêtements, tente et sacs de couchage, un matériel choyé, comme tous les explorateurs polaires doivent en rêver. Le soir, à la radio, après l'indispensable rigueur de Michel Franco, son charme me donnera des forces pour la nuit.

Je leur annonce : « J'ai l'impression d'avoir fait une bêtise avec la balise. J'aimerais que nous ayons une conversation dès mon réveil demain matin pour savoir si elle fonctionne encore... » Ma nuit sera courte, très agitée, sous le poids de l'incertitude.

***

Très tôt le lendemain matin le verdict de Resolute tombe à la radio : « Ta balise ne fonctionne plus... Je répète Papy... Ta balise ne fonctionne plus. » Un sentiment de tristesse mêlée d'une frustration profonde s'abat sur moi. Je maudis tous les modèles d'interrupteurs à crans. Et surtout j'exècre ma propre stupidité. Hier, j'ai marché huit heures d'affilée, ce qui était considérable. J'étais allé au-delà de mes limites, mais à quoi bon ? Ce sont huit heures pour rien, il me faut rebrousser chemin, et parcourir exactement le même enfer en sens inverse. Il est hors de question pour moi de réparer cette balise ; quant à continuer sans elle, ce serait courir droit au suicide. En sortant de la tente je relève la température ambiante : cinquante degrés au-dessous de zéro. On ne peut rêver conditions plus agréables au réveil ! Je n'ai pas réussi à sécher l'envers de mes vêtements, même en m'acharnant à brosser la glace qui s'y était déjà formée à l'intérieur de la tente. Je suis donc à la fois trempé et glacé et le resterai jusqu'au retour à Ward Hunt Island, à moins que je ne me pétrifie d'ici-là, sait-on jamais... Ces bribes de sens de l'humour luttent pied à pied contre un arrière-goût d'échec dont l'insistance est préoccupante. Je reprends mon chemin de croix, mais cette fois vers le sud. Dès l'ascension des premiers blocs, je suis recouvert de glace, tel un spectre. Le froid est terrifiant, peut-être que mon manque d'allant, d'enthousiasme, me le fait ressentir plus vivement qu'à l'aller. Il me vient alors une comparaison qui pourrait expliquer cette impression : un petit sac de quatre kilos, personne ne trouve cela très pesant ; mais si vous portez déjà quarante-six kilos sur les épaules, ces quatre kilos supplémentaires vont vous paraître très, très lourds. Hier, il faisait moins quarante-six degrés, aujourd'hui moins cinquante — soit quatre graduations d'écart. Plus les degrés sont loin de zéro, plus ils donnent cette sensation de vous tomber dessus avec force, de plus en plus lourdement. Ils semblent m'écraser. Quelle folie que tout cela ! Sur cette route du retour, je songe à l'inanité de ma tentative, à l'orgueil démesuré qui l'habite. Ce dernier est en train de prendre une sacrée gifle. Il me faut m'incliner, jusqu'à l'humilité.

Bien des heures et des heures après, je retrouve Ward Hunt Island plongé dans la nuit polaire. Près du campement des Anglais, un membre de leur expédition m'aperçoit alors qu'il est sorti pour satisfaire un besoin naturel urgent. J'ai l'impression qu'il a un sursaut de surprise, de peur même, à ma vue. Non, je ne suis ni un fantôme, ni un ours, quoique dans cette pénombre lunaire la carapace de gel blanchâtre qui me recouvre tel un spectre pétrifié puisse prêter à confusion. Je ne veux surtout pas que les Anglais croient que je renonce, que je reviens pour abandonner. Immédiatement j'explique mon avarie de balise. Mais ils sont déjà au courant, Resolute Bay les a prévenus par radio. Ils ont guetté toute la journée. Puis lassés, ne me voyant pas arriver, ils se sont réfugiés au chaud, à l'abri de leur tente où ils m'invitent à entrer. Oh, la chaleur... J'avais presque oublié à quel point elle était merveilleuse.

***

Ce sera une soirée bizarre. Sir Ranulph Fiennes, le chef de l'expédition, m'accueille pourtant chaleureusement. « Vous êtes ici chez vous », dit-il. Ses trois compagnons sont très sympathiques. Pourtant, quelque part je me sens de trop. J'ai très faim mais n'ose leur demander de quoi manger. J'ignore jusqu'à quel point ils se rationnent, et tout est si coûteux, si difficile à acheminer jusqu'ici par avion. Avec le plus de discrétion possible je profite de leur chauffage pour tenter de faire sécher un peu mes affaires. L'avarie de la balise me mine, il va me falloir faire intervenir Resolute Bay pour la réparer. Avant que l'avion n'arrive de là-bas, je vais perdre un temps précieux. Plus tard je m'approcherai du Pôle, plus grands seront les risques car la banquise en pleine débâcle commencera alors à se disloquer et des bras de mer infranchissables risqueront de me couper à tout jamais la route. Je suis très tendu, cela ne facilite pas mes rapports avec eux, moralement j'ai du mal à me dégager de la sensation de frustration née de mon faux départ, ma concentration s'est désagrégée, je ne parviens pas à la rétablir. Un des Anglais qui est le radio du groupe — de la catégorie que je surnomme radio-amateurs professionnels, tant ils participent depuis des années à des expéditions de ce genre, et sont des bricoleurs de génie — me propose d'examiner ma balise. J'accepte. Après tout, on ne sait jamais... Il ouvre le couvercle, jette un coup d'œil, émet un gloussement sinistre. Ça va, j'ai compris, pas la peine d'insister. Laconique, il lève les yeux vers moi et dit : « Ce n'est rien, un fusible à changer. Je le fais mais il faut me signer une décharge dégageant mes responsabilités quant aux suites de ma réparation ! » Sous le choc, dans l'euphorie qui s'est emparée de moi, je suis prêt à lui signer n'importe quoi, à l'embrasser sur les deux joues même. Sa réaction est compréhensible, il se considère comme un amateur éclairé, pas question de jouer au professionnel face aux risques concernant la survie d'un homme seul affrontant le Pôle. Je suis soulagé d'un poids énorme. Un peu plus tard je rejoins ma tente, car il n'y a guère de place dans la leur où ils s'apprêtent à s'endormir. Je réalise un peu tard que j'ai laissé ma lampe frontale et mon réchaud là-bas, dans la leur. Je n'ose y retourner, leur demander de ressortir de leurs sacs de couchage pour récupérer mon matériel : Résultat : je n'ai ni lumière, et bien pire, ni source de chaleur pour confectionner des bouillottes. Cet excès de timidité mêlée de politesse en dit long sur l'étrangeté des rapports entre un homme seul et une poignée d'autres perdus dans l'immensité polaire par cinquante degrés en dessous de zéro. Dans ces conditions extrêmes l'entraide est sous haute surveillance. On devient sensibilisé jusqu'à l'absurde quant aux questions de territoire personnel, de rituel d'accueil, et envers l'intimité de l'habitat, de nos quelques bouts de toile plantés au milieu de nulle part. C'est risible, pire que dans une soirée mondaine, mais c'est ainsi.

***

J'émerge misérablement vers six heures du matin, après avoir passé une nuit affreuse, recroquevillé par le froid qui n'a cessé de me réveiller en sursaut, je ne sais dire combien de fois. J'ai réellement souffert et je comprendrai vite pourquoi. Le thermomètre électronique sophistiqué des Anglais — il sert à leurs relevés scientifiques — indique cinquante-deux degrés au-dessous de zéro, ce sera la mesure de température la plus basse que je rencontrerai pendant tout mon voyage. Ce jour-là, même mon propre instrument a déclaré forfait. Ses graduations s'arrêtent à moins cinquante... J'ai froid dans la peau, j'ai froid dans mes muscles, j'ai froid jusqu'à l'intérieur même de mes os, j'ai froid partout. La sensation de présence et de forme de mon corps n'est plus qu'un souvenir, je suis devenu une chambre froide déambulant dans un état d'engourdissement qui me force à frapper le sol avec quelque chose qui s'appelait mes pieds, plusieurs fois, afin d'avoir la certitude que je le touche vraiment, avant de faire un pas de plus. Heureusement, la tente des Anglais est toute proche et il fait déjà chaud à l'intérieur. Je m'allonge — comble de luxe — sur un de leurs lits de camp et je m'endors pour récupérer.

A mon réveil, ils sont d'une gentillesse qui m'étourdit. — Tu prendras bien un café, un petit biscuit ? me proposent-ils. J'accepte. Pourtant, je ne veux pas m'attarder, j'ai déjà assez perdu de temps, j'ai gâché deux jours entiers. Cinq minutes plus tard, ils recommencent. — Tiens, voilà un thé très chaud, avec des biscuits, cela va te faire du bien... J'accepte encore, il fait si bon, j'ai tendance à me laisser glisser au sein d'une douce somnolence... Dix minutes passent, ils réitèrent. — Un autre petit café, avec quelques biscuits ? Je cherche à réagir, mais je suis toujours très secoué moralement, physiquement. Je me répète : botte-toi les fesses, vas-y, tu dilapides des heures précieuses et... je n'arrive à rien. Je bois, je mange, j'attends... Je me sens soudain poltron, presque lâche. C'est dur dehors. Trop dur. Mais au cinquième, sixième, septième café, après biscuits et rebiscuits, j'en ai assez de l'alibi du petit déjeuner éternel. Brusquement, je me lève. C'est décidé, je pars. Il est neuf heures du matin. Nous somme le dimanche 9 mars 1986. Ce seront la date et l'heure exacte de mon vrai départ pour le pôle Nord.

***

Adorable, Ranulph Fiennes me fait cadeau d'un litre d'essence pour mon réchaud et de deux jours de vivres. Il a le sentiment que j'ai dû en gaspiller la veille et l'avant-veille. Je fais cent mètres. Deux cents mètres. Trois cents mètres. Il est toujours à mes côtés avec ses compagnons tandis que je m'éloigne sur la banquise. Et puis soudain, leur progression s'arrête, ils me saluent. Ça y est, je suis seul. Enfin. Cette fois je me suis arraché, c'en est fini du monde des hommes. Il était temps.

Je file vers celui des glaces. C'était urgent, implacable. Pourtant j'essaye de rester serein, calme, mesuré. Après tout, ce n'est pas si dramatique, ce n'est qu'un jeu d'aller au pôle Nord, c'est une aventure intéressante dans la vie... Oui, je me joue tout un cinéma bien ludique, en me disant : enfin, tu ne vas pas à la guerre, tu pars pour une très grande promenade de deux mois, avec un peu d'isolement total, c'est tout. Isolement... total... deux mois... Ce sera long quand même, ce seront deux mois difficiles. En fait, l'esprit oscille de l'illusion de l'agréable aux relents du pire, tandis que le corps commence déjà à monter, escalader, redescendre, peu à peu l'engagement physique délite ce dialogue intime, dont maintes questions restent parfois sinistrement sans réponses.

***

Pourtant je ne devrais pas être inquiet ; j'ai le meilleur matériel et une fantastique équipe au camp de base. Après l'échec de ma tentative de l'année dernière, je me suis acharné pour que tout le matériel soit reconsidéré, conçu sans déroger au principe de base : légèreté maximale... et tout le monde s'y est mis. Le traîneau construit par mon ami Yves Mégret de l'École supérieure de l'Aéronautique, tout en kevlar-carbone, ne pèse que trois kilos. Il a surpris tous les Esquimaux de Resolute, très méfiants à l'égard des matériaux de l'ère spatiale. Personne ne peut encore dire comment il se comportera à ces basses températures. Je le vois qui se vrille, je l'entends se déformer ; la semelle très fine se cabosse sur les blocs de glace et revient à plat avec les « ploc-ploc » d'une balle de ping-pong retrouvant sa forme originelle. Jusqu'à quand tiendra-t-il ? Une phrase me trotte souvent dans la tête, celle de Chantal, la femme du constructeur, qui m'a dit en partant : « Ne t'inquiète pas pour le traîneau, tout ce que fait Yves marche. » J'y crois dur comme fer !

Et puis, ma nourriture est bonne, et c'est crucial, une petite merveille de gastronomie lyophilisée [1], concoctée avec amour par mes amis Jean-Luc Allemand et Isabelle dans leur usine de Pélissanne, une cuisine qui sent la Provence. On est loin de l'insipide pemmican des premiers explorateurs. Tous ces gens qui se sont décarcassés, qui ont donné du temps et beaucoup d'énergie, je les sens autour de moi, je les vois en train de me dire : « Allez Papy, vas-y ! », je les imagine sur les bords de la piste m'encourageant à la manière des supporters du Tour de France. Ici il n'y a personne, c'est le vide absolu et l'imaginaire doit prendre le relais sous peine d'asphyxie, de désespoir. Non, je ne dois pas les décevoir. Au camp de base, l'équipe est en émoi depuis mon faux départ. « Espérons que tout ce temps et cette énergie perdus ne vont pas hypothéquer ses chances de réussite... », se disent Michel et Judy. Heureusement qu'ils sont là ! Pendant les quinze jours passés à Resolute avant le départ, ils ont tout vérifié dans les moindres détails. La solidité de mes fixations de ski de randonnées nordiques et le collage des peluches antidérapantes sous leur semelle ; la souplesse des arceaux en fibre de carbone de la tente par moins quarante-cinq degrés. L'étanchéité des joints du réchaud à essence — dont il faudra d'ailleurs se méfier —, ceux-ci sont durs comme du bois, il faut impérativement réchauffer entre ses mains le joint afin de l'assouplir, sinon on est assuré d'avoir une fuite et de risquer l'incendie. Si par malheur ma tente Kanuk ultra-légère en toile de spi venait à prendre feu, je me retrouverais en quelques secondes sans abri. Vigilance, vigilance !

---

1. Technique de déshydratation des aliments par le froid. Il suffit de verser de l'eau bouillante dessus avant de les consommer. Exemple : café lyophilisé.

Cette année, Judy a passé un temps fou à imperméabiliser les coutures des vêtements et des sacs de couchage pour éviter que l'isolant ne s'humidifie. Autre nouveauté : les sacs en matière plastique qui enveloppent mes pieds, ils sont posés à même la peau pour éviter que la transpiration n'imprègne mes chaussettes et mes chaussons... comme l'an dernier, où enfiler tous les matins mes chaussures était devenu un véritable cauchemar, tant elles étaient enraidies par la glace. Maintenant, tous les soirs, avec cette nouvelle technique j'enlève le sac, je m'essuie rapidement les pieds et je remets les mêmes chaussettes, sèches. Il faudra bien que ça fonctionne car je n'en ai pas de rechange ! J'ai pu constater pendant l'entraînement que mes chaussons et mes grosses chaussures en cuir étaient restés souples, faciles à mettre. Espérons que mes pieds ne vont pas trop souffrir de la macération.

J'ai tout étudié, tout pensé. Je crois que je ne peux plus rien améliorer. Il n'y aura pas l'alibi du mauvais matériel ; la région est sévère, inhumaine : c'est à moi de composer avec elle.

***

En moyenne, la banquise ne mesure que trois mètres d'épaisseur, c'est une simple croûte de glace flottant sur la mer jusqu'au pôle Nord. Mais il faut l'imaginer faite de plaques se superposant, se chevauchant, se broyant, que les dantesques pressions en jeu ont propulsées en l'air, parfois jusqu'à dix mètres de hauteur. Cette variété hallucinante de châteaux de cartes gelés est instable ; il faut être très concentré lorsqu'on progresse à l'intérieur. Si l'on ne se méfie pas, on peut facilement partir avec un bloc en l'escaladant, ou même le recevoir sans lui avoir rien fait. La nature étant fort discourtoise et assez imprévisible dans ces hautes latitudes, si l'on relâche un tant soit peu son attention, un très mignon bloc de glace d'un mètre de haut et d'un mètre de large — soit un mètre cube, donc une tonne de poids — peut vous broyer avec une infinie délicatesse ; c'est très lourd, et cela glisse si vite, la glace...

Ceci aurait l'avantage de me tuer rapidement. Une mort prompte n'est pas sans élégance. Mais l'entorse grave du genou, la jambe cassée, ces accidents mineurs, minables même, voilà ce que je crains le plus. Le fantasme d'un faux mouvement dans ce chaos diabolique me poursuit sans cesse. Il est synonyme d'avoir à claudiquer, voire à ramper jusqu'au traîneau, pour déplier alors la tente le plus vite possible afin de se mettre à l'abri, à déclencher le signal de détresse de la balise puis à attendre les secours. Mais si je n'y arrivais pas ? Si la trop violente souffrance me clouait au sommet d'un bloc ? Lorsque, parti en repérage, j'ai laissé mon traîneau à une dizaine de mètres de là, la balise à l'intérieur, dans un cul-de-sac du labyrinthe ! Je crèverais de mort lente, par moins cinquante, en me traînant centimètre par centimètre, en tentant désespérément de rejoindre l'interrupteur qui me sauverait la vie. Assez ! Trop c'est trop. Arrête ces scénarios morbides, désolants. Bande ta volonté, pense à autre chose. A ta stratégie de ravitaillement surtout.

Ranulph Fiennes est déjà allé au pôle Nord, mais en scooter des neiges, et avait planifié l'opération sur deux années. Il fait du carottage pour détecter une éventuelle pollution venant de Sibérie, d'où la banquise dérive. Il connaît la glace, les difficultés, et m'a affirmé s'être fait ravitailler tous les huit jours pendant les trois premières semaines qui suivirent son départ. Personnellement, j'ai prévu quinze jours avant ma première dépose aérienne. Soudain ce délai me paraît terriblement long, beaucoup trop difficile à accepter, même si mes deux journées de retard écourtent cette attente à treize fois vingt-quatre heures. Je décide de m'accorder un nouveau délai, et pourquoi pas moins de treize jours ? Dix jours, voilà, pour renouer avec un semblant de civilisation, c'est décidé, je l'annoncerai ce soir par radio à Resolute Bay. C'est une petite douceur pour mon esprit trop anxieux, une gâterie, un cadeau que je m'offre dans la tête pour m'encourager au milieu de cette hostilité ambiante qui, elle, ne désarme jamais.

Ma joie est de courte durée. Une conséquence immédiate de cette décision surgit, me plongeant dans l'expectative et le malaise durant une heure entière. Puisque je vais marcher moins longtemps, je peux alléger mon traîneau. Disons, de quelques jours de vivres et d'un peu d'essence du réchaud. Mais enfin, cela paraît de la folie, c'est à la limite se moquer de cet univers entier, le provoquer, que de jeter de la nourriture dans un endroit aussi inhospitalier, désert, où j'essaye de passer le plus inaperçu possible, avec respect, sans rien brusquer. Et, plus loin, je peux risquer de mourir de faim si la météo est mauvaise, si l'avion ne peut pas venir. Il s'agit d'un sacrifice à double tranchant, mais tant pis. Soixante minutes plus tard je joue la légèreté, je dépose quatre jours de vivres et un précieux bidon d'essence — un litre d'essence, c'est énorme, il ne m'en restera que cinq — à même la glace vierge, et je repars à fond les bâtons, droit devant, en me murmurant : Ne te retourne pas Papy, surtout ne te retourne pas...

***

Je me suis allégé de cinq kilos, c'est appréciable, mais le gain de l'opération s'avère surtout d'ordre psychologique. Reparti, déjà je redouble d'énergie et de violence, mais pourtant lorsque je m'arrête plusieurs heures après, je sais que je n'ai pas atteint en latitude la position où j'avais campé le tout premier jour. Je me rends compte que durant cette première journée, lors de mon faux départ, je m'étais déchaîné, au point que les possibilités de mon corps avaient fini par me surprendre. Lui aussi s'en souvient d'ailleurs, trop bien peut-être. Toute la nuit j'aurai des crampes, la plupart de mes muscles sont très douloureux, mes jambes sont terriblement lourdes, avec un effet très réussi de crescendo : d'abord on dirait de la pierre, ensuite du fer, puis du plomb... une fois encore je souffre, j'en vois même de toutes les couleurs. Et je n'ignore pas que j'ai marché jusque-là en suivant pour la troisième fois mes propres traces, restées scellées dans la glace. Que va-t-il se passer, dans quel état seront mes muscles lorsqu'il me faudra à nouveau affronter cet enfer vierge de tout indice de direction ? Décidément, le pôle Nord est un haut lieu de masochisme débridé, vraiment recommandable à aucun titre. Mais nom de nom ! que suis-je venu faire jusqu'ici, comment ai-je pu me laisser entraîner si loin dans cette conquête du plaisir si suave de régresser à l'ère glaciaire ?

2.

VOYAGE SUR L'OMBRE DE MON CORPS

Le lundi 10 et le mardi 11 mars, je n'écrirai rien sur mon journal de bord, car ma lampe frontale s'est cassée et dans la tente je vis dans le noir absolu. Les quelques heures de la journée où le soleil éclaire assez, je ne fais que marcher, marcher, marcher... Je reconstitue sans difficulté aucune le 13 au matin ce qui s'est produit la veille et l'avant-veille : c'est exactement ce que je vais faire aujourd'hui... marcher, marcher, marcher. A cette période, la lumière est très rasante, le soleil se lève à peine sur l'horizon. Derrière moi, la chaîne de montagnes qui domine Ward Hunt Island est encore visible, maintes fois le soleil joue à cache-cache avec ses sommets, des ombres portées qui atteignent des dizaines de kilomètres m'accompagnent, immenses traces grises sur un univers rougeâtre comme du sang séché se reflétant sur l'enchevêtrement de la glace blanche du Nord.

La propre ombre de mon corps va loin aussi, très loin, et c'est crucial. Depuis que j'ai retrouvé, le 11 à la mi-journée, les reliefs de mon campement du jour de mon faux départ, plus aucune de mes anciennes traces n'est là pour me guider. Désormais, je me base sur mon ombre pour m'orienter. A midi c'est très simple, le soleil est plein sud dans mon dos et je marche sur mon ombre, là il n'y a aucune erreur de cap possible ; mais c'est plus subtil, délicat, vers neuf heures du matin, ou trois heures de l'après-midi, car l'angle entre mon ombre et la direction du pôle Nord est très ouvert, et l'omniprésence des blocs de glace hérisse sans cesse la route de fausses mires. De plus, je suis régulièrement victime d'un mirage, plus angoissant encore. Lorsque j'élève les yeux assez haut et loin devant, il n'y a plus de ciel ! Seulement le même affreux chaos qui règne au sol, ce qui forme une immense muraille continue, infranchissable. Face à cela, la toute première fois, j'ai cru être victime d'une hallucination. Et j'ai fini par comprendre : du fait de la diffraction, la couche d'air reflétait... le chaos à l'envers ! Avec l'habitude je vais même aller jusqu'à examiner attentivement l'aspect de ce fantastique miroir naturel pour déceler la présence de zones plus plates loin devant moi ; car au ras du sol, en avançant à même les blocs, la configuration future du labyrinthe reste une énigme sournoise. En vérité, je ne réussirai jamais à trouver des passages plus faciles avec cette étrange méthode, mais mon obsession de la découverte de la zone plane, lisse, merveilleuse, permettant enfin d'utiliser mes skis à pleine puissance, me pousse à tout tenter pour m'en sortir.

Rien à faire hélas ! Ce dédale se refuse obstinément à relâcher sa proie. Son emprise se fait même de plus en plus impressionnante, jusqu'à la claustrophobie. Trop souvent, au détour d'un carrefour de crêtes de compression, c'est comme si toutes les forces de l'océan s'étaient donné rendez-vous là, rassemblant leur violence absolue pour construire un piège. La lumière devient l'indice de l'ombre, indiquant comme seule issue une faille, un orifice, dans le mur de la glace, il n'y a pas alors d'autre solution que de s'enfiler à l'intérieur, et d'avancer entre deux parois, en espérant qu'une sortie existe quelque part, au bout de ce boyau incrusté à même cette blancheur. Dès lors, il faut parfois une heure pour progresser de deux cents mètres jusqu'à ce que surgisse l'inévitable question. Et maintenant ? Que faire ? Insister encore ? Revenir en arrière ? Pour repartir vers où ? Par l'est ? Par l'ouest ? Où se trouve *éventuellement* une meilleure piste... Il y a des moments où je me sens prisonnier, où je commence à étouffer, je fais entre un et deux kilomètres à l'heure de moyenne depuis le départ. Mais quand vais-je donc émerger enfin ?

Le fantasme de l'entorse revient de plus en plus souvent, mais sous un angle différent, quoique tout aussi vicieux. Je ne rêve que de m'en faire une, d'être la victime de quelque chose de grave — mais pas trop — pour trouver enfin une vraie raison de revenir en arrière, sans beaucoup de dégâts. Je sais, c'est ici que toutes les expéditions vers le Pôle échouent en général — la plupart des gens faisant demi-tour au troisième ou quatrième jour. Acharne-toi Papy, vas-y. D'évidence ce boyau est un cul-de-sac. Tant pis, je passerai quand même. Je prends le traîneau, je le cabre jusqu'à la verticale en l'appuyant contre la paroi. J'escalade. Arrivé en haut, muni des cordes de traction, je hale, je tire fort, je hisse, je gagne un mètre, je fais un tour mort avec les cordes autour d'un bloc voisin, je récupère physiquement, puis je recommence. Un mètre encore, et un autre. Maintenant, l'étrave du traîneau arrive presque au niveau du rebord du bloc. Nouveau tour mort, mais cette fois je saisis le traîneau directement par la poignée qui se trouve à son sommet. J'ahane, je hisse, il vient, il bascule enfin. C'est gagné. Je le trouve assez malin ce traîneau, même intelligent parfois, tant il me facilite la tâche par rapport à celui de l'année dernière qui avait des patins classiques en dessous. Cela le figeait sur une trajectoire, le calait, le bloquait même ! Mon tout nouveau est à fond plat, il choisit sa route un peu comme une goutte d'eau, il est beaucoup plus libre de ses mouvements. Son avant est très relevé, très spatulé, par opposition à celui de son ancêtre qui, trop bas, allait jusqu'à se planter dans la glace. Cela ne se produit plus maintenant avec ce dernier modèle, je suis satisfait d'avoir progressé techniquement, à défaut d'avoir avancé... géographiquement !

Après ce cul-de-sac, je découvre devant moi une zone plutôt plate. A priori... car il est très difficile d'évaluer la taille des obstacles, de voir s'ils sont près ou loin. Le bloc que j'aperçois là-bas, est-il à vingt mètres et fait-il deux mètres de hauteur, ou se trouve-t-il à quarante mètres, et est-il quatre fois plus haut ? Comment le savoir ? Tout est si semblable dans la continuité de cet infini linceul blanc que l'approximation d'une échelle de points de repère s'avère tout un art. Souvent, je m'aligne en visant deux blocs en même temps, puis je me déplace un peu et j'observe comment l'un grandit par rapport à l'autre. Je parviens alors à savoir ce qui est vraiment élevé et ce qui ne devient que... quelques bosses !

Avec l'expérience j'apprendrai qu'il faut éviter de garder obstinément un cap droit, réaction naturelle pour ne pas allonger démesurément la route. Il faut partir systématiquement vers le point le plus bas en vue, quitte à redresser la direction au-delà — tous les obstacles perçus puis vérifiés comme « hauts » étant en général infranchissables.

J'avance dans un monde sidéral, sur une autre planète, j'aimerais pouvoir apprécier la beauté, la merveilleuse fantasmagorie de tout cela, mais mon effort doit être continuel, implacable, il n'y a nulle place pour rêver ici, mentalement l'aventure est comme laminée, réduite à sa plus simple expression, tout est physique, physique, physique...

***

La nuit du 11 mars, la lampe frontale s'est éteinte, victime du second court-circuit du voyage. Durçie par le froid intense, la gaine du fil électrique s'est cassée net, comme du verre, tandis que je me coiffais de la lampe. En guise de secours j'ai des bougies de quatre ou cinq centimètres de diamètre, très courtes, style bougies de réchauffe-plat chinois, choisies pour leur légèreté. J'aime bien l'idée d'en allumer une, voilà une lumière qui est vivante, pas froide au moins, elle joue, elle projette des ombres qui bougent, c'est captivant, cela me fera un peu de vie en plus ; et puis ça chauffe un tantinet, pas grand-chose mais c'est quand même un symbole, la flamme, surtout ici... Hélas, une fois la mèche allumée, seule la partie de cire juste autour accepte de fondre, le reste demeurant complètement gelé. La flamme descend alors, mais pour s'éteindre dans cette cire fondue, avec un « pouf » sarcastique. De la pointe de mon couteau, à tâtons, en m'éclairant par intermittence à l'aide du briquet, j'essaye de racler, pour l'agrandir, l'entonnoir minuscule autour de la mèche. « Paf », c'est si dur que ça s'effrite, la bougie finit par se briser en mille morceaux. Je dois renoncer et continuer à l'aveuglette. Tout est très lent, très difficile, très énervant. Par exemple, mes briquets. N'imaginez pas qu'ils s'allument d'un seul coup comme le vôtre, n'importe quand, n'importe où, même si l'un est un Bic ordinaire au gaz à flamme réglable, en parfait état de marche, et l'autre un Saft modèle courant publicitaire. Il faut les frotter longuement, les câliner, pour réchauffer leur réservoir avant qu'ils ne daignent réagir, et encore, ils ont leurs caprices...

***

Chaque nuit, je grelotte de plus en plus, malgré mes deux sacs de couchage enfilés l'un dans l'autre et les deux plaques de mousse censées m'isoler du sol. Je suis réveillé toutes les deux heures par le froid. A cette cadence, je ne vais pas résister longtemps. Il me faut réagir. Je fais des bouillottes, deux au minimum, parfois trois par nuit, que je cale entre mes cuisses. L'irruption de cette chaleur m'endort très profondément, mais l'effet est de courte durée ; leur contenu se refroidit trop vite, et je m'éveille à nouveau, tremblotant, écœuré ! Le 11 au soir, à la radio, je demande qu'on m'apporte, en sus d'une nouvelle lampe frontale, une peau de caribou lors de la dépose aérienne.

La peau de caribou est le tapis de sol traditionnel des Esquimaux, le meilleur des isolants dont on puisse rêver. Son poil, très fourni, a la particularité d'être une fibre creuse où de l'air est emprisonné, ce qui protège du froid. C'est assez étonnant, si vous tuez un caribou dans les pires froidures de l'Arctique, son corps restera encore chaud, même plusieurs heures après sa mort. Le seul problème, c'est le poids. Une peau de caribou pèse trois kilos ; comparé à ma mousse isolante, légère comme une plume, c'est antédiluvien. Mais puisque la technologie cette fois ne semble pas à la hauteur, il me faut m'incliner, revenir aux valeurs sûres, celles des anciens, des autochtones. Cela va bien faire ricaner le redoutable Bezal, qui dans sa maison de Resolute Bay accueille et conseille, mais surtout juge sans appel toutes les expéditions vers le Pôle. Il m'avait dit : « Laisse tomber toutes ces idées de mousses isolantes, ce sont des histoires de la NASA, c'est bon pour la poubelle. Tous ceux que j'ai vus partir avec ça ont abandonné, ils sont revenus dare-dare, complètement gelés. D'ailleurs, même si je te trouve assez bien préparé physiquement, je ne te donne que deux pour cent de chances d'atteindre le pôle Nord, c'est tout. Et ce n'est pas ton traîneau épais comme une feuille de papier à cigarette et ne pesant que trois kilos à vide qui m'impressionne, au contraire ! » D'instinct, Bezal se méfie de la haute technologie, il croit à la tradition, aux valeurs sanctifiées par l'expérience immémoriale des Esquimaux. Le mélange de carbone-kevlar dont est construit mon traîneau, symbole de ma démarche d'utiliser les matériaux de l'ère spatiale pour vaincre l'un des territoires les plus archaïques de la planète, lui paraît le comble de la folie, de l'inconscience. Peut-être a-t-il raison. Ma mousse à cellule fermée semble déjà une utopie. Sous la violence des chocs répétés du chaos, mon traîneau risque de finir par s'éventrer. En marchant, je me retourne souvent pour l'inspecter, mais je n'ai pas encore décelé de fente. Cela me réconforte à peine tant je doute. Pourtant, je me cramponne malgré tout, je continue à progresser. Et, lugubrement, le *deux pour cent* de chances de Bezal résonne dans ma tête sans que je parvienne à l'en chasser...

***

Le mercredi 12 mars dans l'après-midi, un phénomène insolite se produit. Durant cinq à dix minutes toute la banquise s'est mise à vibrer sous l'effet d'un bruit sourd qui semblait provenir d'en bas, un peu comme les martèlements d'un puissant moteur. Puis, progressivement le son s'est atténué, comme si sa source s'éloignait. Instinctivement, j'ai scruté le ciel ensoleillé, au sens polaire du terme. Aucun avion en vue. Soudain, j'ai su d'où venait cet étrange effet de tambour de plus en plus nettement perceptible *sous* la glace. Un sous-marin ! Ce ne peut être qu'un submersible progressant sous la calotte arctique. Va-t-il émerger droit devant moi ? Quel scoop ! Le docteur Étienne rencontre un sous-marin sur la route du Pôle ! Si c'est vrai, je lui demande immédiatement de m'embarquer, j'en ai tellement assez d'être ici à marcher comme un bagnard des neiges. Et puis cela ne manquerait pas de panache que de revenir à bord d'un sous-marin — même en ayant échoué. Plus brillant en tout cas que de rentrer à quatre pattes jusqu'à la maison de ce cher Bezal, pour s'entendre prononcer le sempiternel « Je vous avais prévenu mon cher, un homme seul au Pôle, sans chien, sans compagnon, sans rien, ça ne se verra jamais ! » Hélas, le sous-marin n'émerge pas, le souffle sourd de ce bruit si bizarre disparaît, je suis toujours dans le même enfer blanc, il fait quarante-sept degrés au-dessous de zéro, ma position est 83° 16′ de latitude. Quelle était la réelle source de ce son, je ne le saurai jamais, le Grand Nord conserve ses mystères. Mais le jeudi 13 mars, en pleine nuit, je reconnaîtrai immédiatement le bruit qui résonne sous ma tente : c'est la glace qui vient de craquer.

Elle va durer jusqu'à l'aube, cette sensation que la banquise se casse juste sous mon tapis de sol, et c'est désagréable. Il y a d'abord des grincements aigus, nés du frottement de blocs qui sont poussés les uns contre les autres, qui se séparent en se cognant. Et, de temps en temps, un « Ploum » plus grave, plus puissant. C'est un bloc qui était en équilibre jusque-là et qui vient juste de tomber ! Les grincements, je ne les crains pas trop, la fissure peut survenir à dix ou quinze mètres, même si l'onde de choc, fidèlement transmise par la glace, donne l'illusion que cela se passe sous mon dos. Par contre, qui me dit que le fameux « Ploum » précédent était bien celui d'un bloc ? L'ours polaire, pesant en moyenne cinq cents kilos, peut aussi en être l'auteur ! Ah, l'ours... Dans ces régions, on a toujours l'impression qu'il arrive, même les jours où la banquise conserve une majesté impavide, silencieuse. En campant, je dresse régulièrement à l'aide de ma pelle un petit mur de glace autour de la tente, pour la protéger si jamais le vent venait à se lever. Qu'il souffle un peu, et la toile de tente si rigide, durcie par le froid, frotte sur ce muretin en faisant soudain chu... chu... chu... D'un seul coup, je me réveille en sursautant, ça y est ! c'est l'ours, le voilà ! Mon cœur accélère comme un fou. L'année dernière, il m'était arrivé de me ruer hors de mon duvet, mon revolver à la main, pour tirer avec mes gants ! Hors de question de toucher autrement la crosse gelée d'un 44 Magnum par moins quarante degrés, sous peine d'y laisser ses doigts, soudés dessus. Mais dehors, il n'y avait rien, sauf un morceau de tente qui raclait sur un bloc de neige sous la lumière de la lune...

L'ours, tout le monde en a peur dans le Grand Nord, c'est LA bête féroce, l'ennemi, le mangeur d'homme, dans certaines légendes c'est lui le gardien cruel du pôle Nord. En fait, les principaux récits que nous ayons à son propos proviennent des chasseurs ou des explorateurs pour qui l'ours était la proie à abattre, afin de se nourrir. La peau d'un ours étant très épaisse, le tuer exigeait souvent plusieurs balles, et un ours blessé (tout comme un homme d'ailleurs) ne se laisse pas faire. Il attaque. D'où ces sagas de combats terrifiants entre l'homme et l'ours, cette guerre sans merci qu'ils seraient condamnés à se livrer l'un contre l'autre. Depuis peu, nous détenons des rapports de chercheurs qui sont des gens beaucoup plus pacifiques, ayant une attitude infiniment plus sage vis-à-vis de l'ours. Ils assurent qu'il ne s'agit pas d'un animal féroce à cent pour cent, même si son comportement, basé sur une grande curiosité envers l'homme, reste cependant imprévisible.

Le Japonais Uemura Naomi, qui atteignit le pôle Nord en solo, mais avec l'aide d'un attelage de chiens, raconte qu'il a été approché par un ours lors de son expédition en 1978. Celui-ci est venu près de sa tente pour la renifler longuement, sous toutes les coutures. Pendant ce temps Naomi restait tapi dans son sac de couchage, sans faire le moindre bruit, en retenant son souffle. Il avait une arme à côté de lui, un fusil, mais il n'a pas tiré. Et l'ours est reparti. Cela prouve une fois de plus que cet animal n'est pas systématiquement féroce. Mais un peu plus tard, l'ours revint. Cette fois, Naomi le tua, ayant certains doutes sur le motif qui le poussait à ce *come back* !

Lors de ma première tentative, je m'étais fait une véritable montagne de cette histoire d'ours polaire. J'avais emporté avec moi le plus gros des revolvers, le 44 Magnum (malgré tout moins lourd qu'un fusil), mais les avis étaient très partagés à son sujet. Personne n'avait jamais chassé l'ours avec un 44, mais vu l'impact de ses balles et l'épaisseur de la peau de l'animal, chacun doutait de son efficacité — surtout moi —, sauf en cas de tir rapproché, à moins de dix mètres. Ceci supposait que je voie l'ours arriver tout doucement, que je me mette en position de tir et que j'aie le temps d'attendre l'animal, en le priant de son côté de respecter la bonne distance... Cent fois je m'étais imaginé la scène, et cent fois j'avais craqué. A l'extrême limite, de jour, une telle hypothèse était envisageable. Mais la nuit ? De plus, j'avais fait des essais de tir par moins quarante, ganté. Le premier coup parti, la crosse gelée glisse comme une savonnette. Sous l'effet du recul le canon se redresse et il faut le remettre dans l'axe avant de pouvoir tirer à nouveau ! L'ours est un animal très très rapide, chatouillé par une première balle de 44 il n'attendrait pas poliment que j'aie redressé mon arme avant de me sauter dessus. Mais j'avais cependant emporté le revolver, psychologiquement cela me rassurait.

Cette année, j'y ai renoncé, j'avance sans arme. D'ailleurs, normalement, il ne doit pas y avoir d'ours aux latitudes où je me trouve. L'ours se nourrit à quatre-vingts pour cent de phoques, qui sont des animaux marins ayant besoin de respirer à la surface, et les trois mètres de la banquise ne le leur permettent pas. Dans ce secteur où il n'y a aucune trace de vie, rien à manger, que viendrait donc faire un ours ? C'est ainsi que je raisonne, cela me rassure un peu mais ne me convainc pas tout à fait. L'année dernière, la Japonaise Mako qui s'attaquait au Pôle en scooter des neiges, avec deux compatriotes et trois Esquimaux, a vu des traces d'ours par 88° de latitude Nord, avant d'échouer dans sa tentative. Cela voudrait dire que l'ours est un animal qui pourrait voyager très loin sur ses réserves. Eh bien, tant pis ! si je rencontre un ours errant, je préfère cette attitude pacifique de rester dans mon duvet sans bouger, muet comme une carpe, en respirant à peine. Ce n'est pas de l'inconscience, c'est en fait le meilleur comportement possible. Ne croyez pas que j'ironise, je n'ai rien laissé au hasard à ce sujet. Ou plutôt si, la part de l'impondérable. Pour cette seconde tentative, avec mon conseiller technique Michel Franco, nous avons examiné statistiquement l'intérêt réel d'emporter un fusil. De nuit aucun, on ne voit pas l'ours arriver. Mieux vaut faire le mort dès le début pour avoir une chance de ne pas l'être à la fin. Le jour, je marche toujours du sud au nord, sans trop souvent me retourner, je ne suis jamais à l'affût, en train de regarder dans tous les sens si un ours est sur le point de s'approcher. A l'inverse l'ours, lui, chasse, il sait faire le tour d'une proie, il attendra, il m'observera deux-trois jours, à mon insu. Il finira par se rendre compte qu'il vaut mieux m'attaquer par-derrière ou sous ma tente. L'ours polaire est rusé. Après de sérieux calculs de probabilité, nous en avons déduit que dans quatre-vingt-quatre pour cent des cas de figure une arme serait inutilisable. Un fusil pèse cinq kilos. Pour moi, c'est l'équivalent du poids de cinq jours de vivres. J'ai choisi d'avoir en réserve de quoi manger en cas d'absence prolongée d'avion, plutôt que d'avoir en réserve de quoi tuer en cas de présence spontanée d'ours. C'est un choix comme un autre. Il me reste seize pour cent de chances d'apercevoir l'une de ces vilaines bêtes, et quatre-vingt-quatre pour cent qu'elle me dévore en m'attaquant de dos ou en me surprenant dans ma tente. Philosophiquement cela me paraît raisonnable, sinon où serait le panache, l'âpre goût de l'aventure...

***

Extraits in extenso de mon journal de bord du vendredi 14 mars, par 83° 26′ de latitude Nord et trente-cinq degrés au-dessous de zéro : « Après la communication radio d'hier, j'ai donc bien eu la confirmation que nous sommes vendredi ce matin. Je suis bloqué sous la tente par le brouillard. Même scénario que l'année dernière, deux jours avant la dépose, dans un coin où je ne vois aucune zone favorable à l'atterrissage de l'avion, et il me faut absolument changer tous mes habits qui sont complètement détrempés. Le plan de survie vient de commencer car je n'ai que trois litres et demi d'essence et personne ne peut dire quand ce voile maudit va se lever. C'est pénible d'écrire quand on n'y voit rien, c'est comme l'impression de ne parler à personne. En me sortant du sac ce matin, tout mouillé et glacé, j'ai revécu tous les récits des premiers explorateurs, un véritable calvaire qui devrait normalement faire fuir. Pourquoi suis-je revenu ? Je ne sais pas, ce qui est sûr c'est que j'avais tout oublié de la dose d'inconscience, de courage et de volonté pour faire ça. Je vais passer une journée à ne rien faire, ce sont les plus terribles car au repos on perd du terrain à cause de la dérive. Je vais essayer de faire marcher le walkman... »

***

Ce matin du 14 mars, tapi au fond de mes sacs de couchage comme dans un sarcophage — car ils sont hermétiquement fermés, en dehors d'un tout petit orifice laissé pour ne pas y étouffer —, j'ignorais encore ce qui m'attendait à l'extérieur. A tâtons, je commence à ouvrir la fermeture en Velcro. Comme tous les matins depuis mon départ, elle se décolle facilement, mais non sans libérer la copieuse grêle des glaçons habituels cachés dans ses replis, ils m'atterrissent directement sur le visage avec ma première bouffée d'air à moins trente-cinq degrés aujourd'hui. Comme réveil, cela vous revigore un homme.

Courageusement, je m'extrais un peu des sacs, jusqu'à gagner la position assise. La tente est basse, elle est recouverte de glace partout, en particulier de stalactites qui crépitent au contact de mon bonnet, se détachent et griffent mon visage, juste avant de s'engouffrer tout droit dans les profondeurs de mes sacs de couchage et y fondre à la chaleur de mon corps. C'est une merveilleuse sensation, je dors tout habillé, mes sous-vêtements sont déjà très mouillés, les voilà détrempés maintenant... J'adore ça ! Vient ensuite le tour des gants, ou la troisième étape du supplice. Durant toute mon expédition, je n'ai utilisé qu'une simple paire de gants de laine, ce qui a surpris tout le monde. A Resolute, ils me surnommèrent l'extra-terrestre à cause de ça. Moi, cela me suffit, car en serrant mes bâtons de ski pour marcher ma transpiration migre vers l'extérieur et mes gants sont recouverts de glace. Même le soir, lorsque je mange ma popote et que le froid m'oblige absolument à les conserver, cette fois c'est la vapeur de la soupe qui les recouvre d'une pellicule glacée. Je suis habitué. La nuit, je les laisse dehors dans la tente où la température est la même qu'à l'extérieur. Évidemment, on ne peut imaginer quelque chose de plus délicieux que d'introduire à l'aube ses doigts encore tièdes du sac de couchage dans ces sortes de grosses mains congelées, véritables carcans qui les momifient instantanément. Enfin, disons que durant un très long moment c'est assez frais ; dès que la chaleur des mains fait fondre un peu tout ça, je retrouve enfin un minimum de mobilité pour continuer mes préparatifs.

De la station assise, je me tords un peu et twiste pour m'apprêter à sortir, hélas définitivement, des duvets. Je me retrouve à genoux, puis à quatre pattes, pour ouvrir les fermetures de la tente. Celles-ci sont gelées, comme tout le reste, il faut les secouer, les faire aller et venir, maintes fois, pour qu'elles consentent à fonctionner. Lorsque les zips ont dégagé assez d'espace pour que je jette un coup d'œil dehors. Je retiens mon souffle. Au début, je préfère regarder par terre, je fais l'autruche, pour ne pas savoir. Puis je suis bien forcé de constater l'horreur de la situation en élevant les yeux. Ce 14 au matin, la brume polaire a tout envahi. Aucun rapport avec nos brumes faites de brouillards condensés. Ici, ce sont des millions de cristaux de glace en suspension qui m'entourent, le sol et le ciel se confondent dans une incandescence blanche, c'est une vision féerique, mais piégée, dangereuse. Même si la relative visibilité semble permettre une progression, toutes les perspectives sont trompeuses, les proportions, déjà faussées en temps normal, sont sujettes à des aberrations encore plus importantes. A mes yeux, l'aspérité d'un bloc à quelques mètres équivaut aux six mètres d'une crête de compression située peut-être à cinquante mètres de là, c'est incroyable. Soudain la luminosité du soleil se laisse deviner un peu. La visibilité s'améliore. A propos du bloc de tout à l'heure je me suis trompé du tout au tout. Cette première aspérité atteint en fait six ou sept mètres de haut, je me perds en conjectures sur la taille de celle qui se trouve derrière. Comme sur l'évolution du temps, d'ailleurs. S'agit-il d'une éclaircie éphémère, ou l'ensemble du ciel va-t-il se dégager ? Il me faut deux heures pour plier le camp, mais si le temps se gâte à nouveau je vais devoir m'arrêter à quelques centaines de mètres d'ici, avec tout à réinstaller. Je suis trop las pour prendre ce risque, l'appel de douce quiétude de mes sacs de couchage sera le plus fort, je retourne à l'abri dans ma tente.

Le petit déjeuner pris (semoule de blé précuite, lait, fruits secs, chocolat, beurre et sucre, dilués dans un litre d'eau obtenu en faisant fondre la glace ou la neige jusqu'à ébullition), je confectionne une bouillotte, et je me glisse dans les duvets, avec un réel délice cette fois. J'ai l'intention d'écouter un peu de musique. J'installe les écouteurs de mon walkman sur mes oreilles, et je l'allume avec une cassette de Dire Straits, puis je le pose sur ma bouillotte entre mes cuisses. Ce walkman est bien pire que mes briquets, il faut le faire chauffer longtemps et assez fort pour qu'il consente à fonctionner. Je ne m'impatiente donc pas. J'attends, qu'ai-je d'autre à faire de toute façon ? Le temps passe, cela n'en finit plus, je sombre dans une douce torpeur, en fait je me suis endormi. Soudain un effroyable vacarme surgit comme dans un cauchemar, une série de grincements prolongés, de hululements mêlés de coups sourds me réveillent avec une trouille sans nom. C'est un ours ? Ses griffes déchirent déjà la tente ? C'est la banquise ? Elle s'ouvre sous moi ? Mais non ! C'est juste le walkman qui peine à démarrer quand la graisse de son mécanisme dégèle, ces hululements et coups sourds, ce sont les premières mesures de *Brother in arms* au ralenti, le tout démesurément amplifié par le casque. J'en tremble encore, mais brusquement la machine se débloque. La musique, la vraie, commence. D'un seul coup, je ne suis plus au pôle Nord où l'on passe sa vie à épier le moindre bruit pour éviter la mort, d'où cette extrême sensibilité aux sons, cette terreur qui m'a saisi. Dire Straits déferle en moi comme un raz-de-marée émotionnel, toutes les tensions impitoyablement accumulées, réprimées, contrôlées pour survivre depuis des jours se libèrent, je fonds en larmes, je me souviens de la merveille de ce qui s'appelle être un être humain normal, qui s'amuse, danse, rit... Mais lorsque la cassette stoppe, l'illusion s'effondre, dehors le vent a forci, et tout près d'ici la glace grince, et grince encore, à n'en plus finir...

3.

UNE HEURE POUR VOIR DES HOMMES

Il fait moins trente-huit degrés ce matin du samedi 15 mars, veille de ma première dépose aérienne. Le brouillard glacé d'hier s'est dissipé mais je suis plus inquiet que jamais. Ma balise Argos ne fonctionne plus, Resolute Bay vient de me le confirmer à la radio. Depuis quarante-huit heures plus personne ne sait où je suis. Et demain, l'avion doit me retrouver pour me ravitailler. Une seule issue : utiliser le système Sarsat pour me faire localiser. Même si, à l'instant, il ne s'agit pas d'une situation de détresse, cela risque de le devenir très vite. Je n'ai presque plus rien à manger et surtout très peu d'essence pour le réchaud. Sans source de chaleur, je ne survivrai pas longtemps.

Je branche le système Sarsat. Je suis tellement anxieux, coupé du reste des hommes, que j'oublie la gravité du signal, je laisse la balise allumée pendant quatre heures d'affilée, semant une panique mémorable dans le monde. Car, vingt minutes après que j'ai appuyé sur le bouton, le téléphone ne cessera plus de sonner au Centre National d'Études Spatiales à Toulouse, des quatre coins de la planète ! En tout cas, preuve est faite que Sarsat est très efficace, en émettant sur deux fréquences différentes, l'une à l'intention des satellites, l'autre à destination des avions. A Resolute, mon assistance technique va se faire copieusement incendier : « Comment ! vous utilisez Sarsat pour faire du positionnement ! On nous a même appelés de Sibérie, de Bornéo, d'Adélaïde pour signaler Étienne en détresse. C'est inadmissible, inacceptable ! » Mon équipe ne me le répétera pas à la radio pour m'éviter un stress de plus, mais je le devine en les écoutant. Et zut ! me dis-je, les hommes peuvent bien m'accorder cette petite folie, c'est tellement dur par ici, ça me donne le droit de les déranger assis bien au chaud derrière leurs bureaux, un téléphone à la main...

Je viens de passer la journée entière à chercher une piste pour que l'avion puisse atterrir. Je suis à bout. Trouver une zone propice n'est pas une sinécure. Je suis parti le matin, tout feu tout flamme. La première étendue un peu plate repérée, j'ai dégrafé ma ceinture, laissé mon traîneau, et naïf, plein de bonnes intentions, je me suis avancé en comptant mes pas, afin de la mesurer. Par moins trente-huit degrés, la marche manque singulièrement d'aisance, une... certaine rigidité fait que la longueur du pas devient difficile à évaluer. J'ai tout à fait la sensation d'être à la recherche d'un terrain de football au beau milieu de la planète Mars, je n'ai plus le moindre point de repère.

Je finis par m'allonger à même le sol, je pose ma tête au niveau de la première empreinte, et j'observe où arrivent mes pieds par rapport à celles qui suivent. Sachant que je mesure un mètre soixante-huit, j'ai retrouvé l'échelle humaine, j'en déduis la longueur de mes pas, et je multiplie cette distance par les quatre-vingt-dix pas que j'ai comptés. Nom de nom, cela fait à peine plus de cent cinquante mètres, et j'avais la certitude d'une zone immense ! Ça ne va pas du tout, il me faut en rechercher une autre.

Un peu plus tard, je repère une seconde zone. Je m'arrête, je dételle à nouveau. A pas comptés, elle devrait atteindre deux cent cinquante mètres. Superbe, j'exulte, j'élève les yeux, imaginant déjà l'avion qui s'avance, majestueux. C'est alors que je remarque la crête de compression d'au moins six mètres de haut qui barre ostensiblement toute l'approche de la piste ! Obsédé par mes problèmes de longueur, dérouté par la fuite des perspectives, je n'avais même pas décelé sa présence. Tout est à refaire. Je repars quelque peu dépité.

Les fausses pistes vont se succéder ainsi, des heures et des heures. Tantôt elles s'avèrent trop courtes, trop en S, ou bien impossibles d'accès, je commence à désespérer. Ce soir même, par radio, je dois confirmer au pilote sa possibilité d'atterrissage. J'ai d'ores et déjà réservé l'avion.

Et malgré tout — si je leur demandais de venir ?... Ils passeraient au-dessus de moi pour me lancer uniquement le minimun vital. Cela signifierait alors continuer sans pouvoir me changer, pétrifié dans ce carcan de glace que sont devenus mes vêtements, des jours et des jours encore. Et puis surtout, ne pas même apercevoir un simple visage d'être humain. Non, ce serait réellement effrayant, trop dur, insupportable.

Vers une heure de l'après-midi, je découvre la perle des perles, une piste de trois cents mètres de long, dotée d'une approche claire, c'est la fin de mes angoisses. Arrivé au bout, je me retourne. Nom de nom, le soleil situé jusque-là dans mon dos avait aplani les obstacles, je n'avais pas discerné la quantité spectaculaire de bosses qui n'étaient que des ombres portées jusqu'alors. L'avion ne pourra jamais se poser, c'est beaucoup trop tourmenté. S'il arrive le matin, cela ira encore, il pourra les repérer, zigzaguer entre, ces pilotes sont des casse-cou, mais si l'atterrissage se produit le soir...

J'arpente le terrain quatre ou cinq fois de suite, je réfléchis, j'essaye de tricher un peu vis-à-vis du pilote, je me répète que c'est un as, qu'il y parviendra. Et puis non, je refuse de jouer à ce point avec sa vie. Tant pis, du courage Papy, il faut continuer, plus loin, encore plus loin. Ah ah, toujours plus loin, je connais bien, trop bien la formule, je devrais même ne plus la supporter, et pourtant je l'utilise à nouveau, et à chaque fois mes jambes repartent en avant, même si ma tête rechigne, voire se refuse à envisager un effort de plus.

Combien de temps me reste-t-il ? Une heure et demie ? Deux heures ? avant que la lumière ne s'affadisse au point d'empêcher tout repérage ? Disons... deux très petites heures. Maintenant, il faut que ça vienne, il DOIT y avoir une zone plate derrière ces crêtes maudites, absolument. Je l'exige, je l'ordonne, je suis prêt à tout ça. Même à croire au bon Dieu s'il le faut, j'irai jusqu'à la prière, d'ailleurs ça y est, je prie. Ce bon Dieu qui n'existe que dans ma tête est très spécial, il ne ressemble à aucun autre, c'est un spécialiste de l'Arctique, un bon Dieu local en quelque sorte. Je lui dis : « Bon Dieu local, faites maintenant que je trouve quelque chose, il faut absolument que l'avion se pose demain, je ne peux plus continuer comme ça, je suis tellement glacé, mes sous-vêtements sont si détrempés, trouvez-moi une piste, oui, trouvez-la-moi... »

Je deviens de plus en plus primaire, je me rapproche des premiers hommes qui, dans les tout commencements, cherchaient un territoire pour survivre. L'étrangeté qui m'entoure est propice à toutes les régressions, je retourne jusqu'au paganisme, je lance des invocations à la glace, aux nuages, au ciel, j'implore les forces de la banquise ; et c'est à ce moment-là seulement qu'apparaîtra au loin une surface plate, enfin ! Coïncidence ou non ? Je m'en moque éperdument, je suis trop loin déjà dans mes rapports avec les entités qui m'environnent. Je m'entends penser : elles ont bien perçu ton message, et si elles t'offrent ça c'est qu'elles estiment que tu es à la hauteur de survivre ici, elles t'ont admis, reconnu comme quelqu'un de capable d'avancer sur la route du pôle Nord !

***

Dans cet état second, je vais arpenter la piste, et la trouver gigantesque : cinq cents mètres de long, au moins. J'installe ma tente à l'une des extrémités, répéter ces gestes devenus habituels depuis des jours et des jours, campement après campement, me ramène à une perception peu à peu plus normale. A peine installé à l'intérieur pour manger, je suis pris d'un doute affreux : Et si au cours de cette transe étrange, je n'avais fait que rêver ces cinq cents mètres ; et si la piste était trop petite ?...

Comme un diable, je me précipite dehors, je tire mon traîneau à l'autre bout de la zone, il fait deux mètres vingt de long, ce sera ma référence pour l'échelle. Je reviens sur mes pas, je regarde. Un peu plus de deux mètres là-bas, ça donne donc cela ! L'avion fait combien d'envergure ? je ne sais pas, mais en tout cas il lui faut dix fois ça, ne serait-ce qu'en largeur, pour se poser. Bon, ça ira, ça marchera, finalement je n'ai pas rêvé.

Je regagne ma tente, à pas lents, soulagé. Juste avant d'entrer, je me retourne une dernière fois. Mais non, je sous-estime tout, d'un seul coup l'avion me paraît énorme, les blocs qui me semblaient loin sur les côtés se rapprochent dangereusement, non, jamais il ne se posera là, jamais... L'angoisse reprend de plus belle, j'ai le cœur qui bat, je le sens malgré la carapace glacée de mes vêtements. Arrête, c'est ça ou rien maintenant, il est trop tard de toute façon, tu ne peux plus repartir. Symboliquement, comme pour me soulager la conscience, je me saisis de ma pelle, j'essaie d'aplanir quelques bosses, c'est dérisoire mais cela me fait du bien. Mentalement, je refais sans arrêt mes calculs de longueur, et j'arrive toujours au même résultat : cinq cents mètres, sans doute aucun.

Le soir même à la radio, j'annonce une piste excellente, quinze cents pieds de long, le pilote me demande si la glace est bonne, je confirme, c'est de la vieille glace bien blanche, tout ce qu'il y a de plus solide. Et l'épaisseur ? Je suis censé avoir une hache sur moi pour la vérifier, mais cela pèserait trop lourd dans mon traîneau et j'ai assez d'expérience, depuis l'expédition de l'année dernière, pour la déterminer d'après les nuances de sa couleur. Il s'agit d'être rassurant et très sûr de soi en dialoguant avec les pilotes, ou les gens des deux compagnies d'aviation locales, car ils se méfient du discernement des hurluberlus en route vers le pôle Nord, surtout s'ils n'ont parcouru encore que quelques dizaines de kilomètres. Par la suite, leurs doutes — trop souvent fondés d'ailleurs — deviendront de la complicité, puis de l'admiration à l'approche du Pôle. Eux savent définitivement ce qu'est cet enfer blanc, les dangers et les difficultés écrasantes qu'il impose. J'aimerais voir les membres de mon équipe se poser demain, pour qu'ils aient un aperçu de cet univers, pour qu'ils partagent, quelques instants au moins, la dure réalité de ce que je vis. Pour eux, je ne suis qu'une voix à la radio, et cette banquise dont je leur parle n'est qu'une suite de mots abstraits, devenus habituels tels crêtes de compression, blocs de glace, ice-shelf... Personne n'a jamais grelotté en entendant une description d'une matinée à moins quarante-cinq degrés jaillir d'un haut-parleur ! Moi, j'ai envie que cela leur arrive... véritablement.

***

Pourtant, je n'irais pas jusqu'à exiger qu'ils sentent les odeurs dégagées par mon corps et mes sacs de couchage, ce matin du 16 mars. C'est à la limite de l'insoutenable, même pour moi, un âcre mélange d'urine et de mauvaises humeurs, de sexe mal lavé, de kéfir ; ça pue vraiment le vieillard négligé, peut-être pire encore... Heureusement, puisqu'il faut un minimum de chaleur pour que les odeurs émanent, le moins trente degrés de la journée occulte très vite mon parfum intime dès que je quitte l'abri des duvets en commençant à m'activer.

J'en ai plus qu'assez de ce genre d'existence, je croupis dans une humidité à cent pour cent, trempé de la tête aux pieds en dormant pour devenir instantanément un bloc de glace en me levant. D'habitude, ma seule tactique pour réagir était de partir le plus rapidement possible, pour marcher, marcher — l'effort musculaire palliant la réfrigération... généralisée. Mais là, je suis désarmé, j'attends l'avion, et plus le temps passe, plus je me transforme en une sorte de congère vivante, statufiée devant ma radio toujours muette. Il m'arrive de faire des incursions à l'extérieur, persuadé d'avoir entendu le ronronnement de l'avion, mais le ciel ensoleillé aujourd'hui, sans nuages, reste vide, ce n'était qu'un effet de mon imagination.

Il arrivera alors que je n'y croyais plus, au moment où le froid a fini par me plonger dans une hébétude où cerveau et muscles ne sont plus qu'une absence blanchâtre qui palpite vaguement. Le son de ma propre voix me fait sursauter, je m'entends répondre à la radio — oui, vous venez de passer au-dessus de moi, puis — oui, l'avion est à gauche maintenant. Je me sens sortir de la tente comme dans un rêve, je vois le petit bimoteur arriver, grossir, enfler démesurément, il rase les glaces, et puis soudain il n'y a plus qu'un vacarme de fin du monde, effarant après tous ces jours de silence, tandis qu'un nuage blanc de glace pulvérisée m'aveugle. Lorsque j'ouvre les yeux, le nez de l'avion est si près qu'en élevant un bras j'ai l'impression de pouvoir le toucher. Je réalise que j'ai dû « un peu » me tromper en estimant la longueur de la piste. Une porte s'ouvre dans le flanc de l'appareil et en surgissent plusieurs silhouettes qui, immédiatement, entament autour de moi un ballet incompréhensible ; il me faut un laps de temps de réflexion pour réaliser qu'il s'agit de l'équipe qui me filme, me photographie. Un doute profond me prend soudain ! Ai-je vraiment envie de voir des êtres humains ? qu'est-ce que ces pitres qui se dandinent en braquant leurs bidules sur moi ? Ils ne sont venus ici que pour saccager le silence, violer la majesté des lieux. D'autres arrivent, me prennent dans leurs bras, je me laisse faire — mais je suis là sans y être.

Beaucoup plus tard, Judy, ma complice au micro de l'émetteur de Resolute, qui était du voyage, me racontera que, de loin, avec ma grosse veste bleue serrée à la taille par un bout de ficelle — car la fermeture Éclair a rendu l'âme depuis longtemps —, j'avais l'air d'un clochard des neiges, recouvert de glace des pieds à la tête et qu'en me prenant dans ses bras j'avais craqué de partout, qu'elle avait eu l'impression de froisser du papier d'aluminium en permanence, au point de vouloir me toucher les mains, le nez qui était tout blanc et gelé, pour arriver à croire à ma présence physique...

Je me suis retrouvé assis dans la carlingue de l'avion, sans trop savoir pourquoi ni comment, et là seulement j'ai commencé à récupérer jusqu'à me sentir un peu plus proche du genre humain. On m'a interviewé pour la télévision, je me suis entendu répondre avec lucidité. Encore une fois, j'étais là sans y être, mais je donnais le change. Je ne voulais pas leur faire peur avec mes absences intérieures.

Ce fut alors le tour de Michel Franco de me poser maintes questions concernant cette fois l'intendance. Michel conservera de moi l'idée d'un homme en pleine forme, très lucide — quoiqu'un peu lent sur certaines options à prendre pour le matériel à embarquer sur le traîneau. S'il avait su... Régulièrement, j'étais obligé de lui dire — Attends, tu vas un peu vite ; mon cerveau fonctionnait comme une tortue, et lui me croyait méticuleux, très réfléchi !

Lorsqu'il me proposa la fameuse peau de caribou, je la refusai. Car depuis quelques jours j'avais trouvé la solution. En introduisant l'isolant *dans* le sac de couchage, il s'échauffait alors au contact de ma peau, et remplissait parfaitement son rôle, me protégeant sans problème du froid intense de la banquise. Pour qu'il fonctionne, il suffisait de le préchauffer en quelque sorte.
— C'est notre cher Bezal qui va être déçu en voyant revenir son caribou adoré ! lança Michel d'un ton caustique.

Alors, brusquement, pour la première fois depuis mon départ, je réalisai que dans cet enfer blanc j'avais complètement oublié que j'étais capable de rire...

Sur ces entrefaites, le pilote arriva pour me voir. Il était d'un contact agréable mais incisif au sujet de la piste. « La prochaine fois, essayez de trouver quelque chose qui soit un peu plus vaste, celle-ci ne faisait que deux cents mètres, soit moins de la moitié de ce que vous aviez annoncé par radio... »

Comment lui répondre ? J'avais pourtant fait le maximum, compté et recompté mes pas tant de fois... Poliment, je m'excusai, en lui promettant d'être irréprochable, *but... next time.*

Dans l'avion, il fait cinq degrés. Douce chaleur en comparaison des moins quarante-cinq degrés que je subis depuis quinze jours. A cette température, la glace emprisonnée dans mes vêtements fond très rapidement, tout est gorgé d'eau et il faut tout changer. Je me déshabille. Judy, très attentionnée, m'a préparé dans un thermos des serviettes chinoises imbibées d'eau bouillante. Malheureusement, elles sont déjà bien froides. Peu importe, je me rafraîchis le visage et la poitrine, et j'enfile très vite mes vêtements neufs.

***

Nous avions à peine terminé de trier le matériel lorsque le pilote surgit à nouveau, en lançant un impératif « On y va ! » qui nous cloua tous de surprise. Je regardai ma montre. Une heure seulement s'était écoulée. J'avais apporté du thé chaud dans mon thermos pour le boire avec toute mon équipe. Dans la précipitation du départ nous n'eûmes même pas le temps de nous le partager, ce qui fut très frustrant. Tout le monde commença à s'agiter comme des fourmis, c'était de la folie furieuse, on aurait dit que nous jouions dans un film de Charlot intitulé « Déménagement sur la banquise », tourné un peu au ralenti à cause des affres du climat local, ce qui rendait la scène d'autant plus inénarrable. Mais une fois les adieux faits à la hâte, et l'avion reparti, ce qui le fut beaucoup moins sera de constater la disparition de mon thermos, laissé par inadvertance dans un coin de la carlingue ! C'était sa bouteille qui me servait le jour pour transporter mes boissons chaudes, et qui, de nuit, se transformait en mes chères bouillottes ! Catastrophe... Comment allais-je faire pour boire chaud, pour me réchauffer un peu la nuit ? Il allait falloir organiser avec précision la prochaine dépose, ne plus jamais céder à l'affolement ; par ici les conséquences de l'absence de rigueur étant hors de prix, surtout pour celui qui reste seul, avec une heure de souvenirs déjà curieusement flous de quelques visages et sons de voix humaines...

Malgré le mauvais tour que je leur avais joué avec ma piste d'atterrissage très limite, le pilote et surtout le copilote de l'avion m'ont fait un cadeau superbe, en repérant en vol, à cinq cents mètres à l'ouest de mon camp, une piste qu'ils ont évaluée à une dizaine de kilomètres de long, orientée plein nord ! C'est le copilote qui viendra m'en parler, avec un ton du genre « vous savez, c'est une information que je réserverais à un très très bon copain », et cela me réchauffera un peu le cœur.

***

Lorsque je repars le 17 mars, je me dirige plein ouest et plein d'espoir, en quête de cette piste. Mais comme un fait exprès, le temps commence alors à se dégrader, le ciel se couvre. Trop vite, une masse de nuages arrive, à laquelle succède l'ice-fog maudit, juste au moment où je tombe sur la fameuse zone, plutôt devinée qu'autre chose grâce à un bref éclair de halo solaire — tel un fabuleux coup de projecteur au milieu de cette tempête surréaliste d'immobilité et de blancheur. Aveugle mais confiant, je progresse des heures durant, je marche très, très fort, car c'est relativement plat. Suis-je en train de réaliser mon rêve impossible : celui d'avoir découvert la route directe qui mènerait au pôle Nord, celle dont Peary parle dans le livre sur son expédition victorieuse de 1909 [1] ; j'imagine que seule la brume glacée m'empêche de voir sur le bord un grand panneau où il serait écrit : « BIENVENUE SUR L'AUTOROUTE POLAIRE. FIN DE

1. *Plus près du Pôle.* Hachette, 1953.

L'ICE-SHELF, DÉBUT DE L'OCÉAN ARCTIQUE, PLUS AUCUNE BOSSE À SIGNALER AVANT LA SORTIE « PÔLE NORD » »...

Mais, vers midi, le vent se lève et je perds définitivement le cap du Pôle, faute de pouvoir discerner quoi que ce soit. Je suis contraint de m'arrêter, je dresse ma tente, très vite ensevelie sous les rafales glacées. Et, comme d'habitude, j'enrage — ça me stimule un peu contre le froid —, à l'abri à l'intérieur. Montre en main, je n'ai marché que trois heures, alors que je suis équipé à neuf depuis hier, propre et encore sec, donc dans une forme optimum pour pouvoir continuer.

A treize heures, il neige dehors et la température s'est spectaculairement radoucie. Dans la tente, le thermomètre indique moins vingt-trois degrés. J'ai l'impression d'avoir chaud, cela fait presque une trentaine de degrés d'écart avec les moins cinquante degrés des journées du départ. Pour vaquer à mes occupations, j'enlève mes gants, car je n'en éprouve plus le besoin. Mon aptitude à résister au froid s'est encore améliorée depuis le départ, mains nues par moins vingt-trois degrés, c'est un peu la routine !

J'ai du sommeil à récupérer. Vers quatorze heures je m'endors très profondément, c'est ma façon d'échapper à l'omnipotence lassante de la banquise. J'ai une activité onirique intense, mais au réveil — comme d'habitude, hélas — je suis incapable de me souvenir du moindre de mes rêves. Ce comportement reste une énigme ; sans doute intéressera-t-il l'équipe du professeur Jouvet de Lyon, spécialiste du sommeil, avec lequel je collabore. Il m'a donné un carnet à remplir à propos de mes cycles d'endormissement, d'état de veille et de mes rêves. Si cela continue ainsi, dans les cases réservées à cette dernière rubrique, je serai obligé d'inscrire : Désolé, rien à signaler.

Pourtant, je sais que mes rêves m'emportent très loin, trop peut-être. Quand il m'arrive de me réveiller par à-coups, j'oublie que je me trouve aux abords du pôle Nord et je me rendors une fois encore en basculant dans un sommeil plombé tel un gouffre noir, presque inquiétant. Mes vrais réveils sont douloureux, on dirait à chaque fois que je reviens au monde, que je renais sous le double impact d'une gifle de froid — bien réelle, celle-ci — et d'une rafale d'images de glace — encore subjectives, mais... pas pour longtemps !...

Aujourd'hui, en fonçant ne serait-ce que trois heures sur cette piste *assez* plane, j'ai pu observer les conditions qui, je crois, m'attendent à l'avenir. Elles sont charmantes. Cette surface est dure comme de la tôle ondulée, ces ondulations se répètent tous les quatre-vingts centimètres environ. Et évidemment, elles ne sont pas perpendiculaires à ma route, ce serait trop simple, mais décalées de quinze degrés par rapport à celle-ci. C'est vicieux, très pénible, car le ski ne porte jamais à plat sur l'obstacle, il n'appuie qu'en biais sur son flanc, où se trouve en général de la glace vive, pour qu'il dérape allègrement. Mes jambes et mes chevilles adorent cela.

Et derrière, c'est pire. Les deux mètres vingt du traîneau sont à cheval sur trois ondulations à la fois, et il ripe lui aussi — mais en permanence — à cause de cette progression légèrement décalée sur ces mini-crêtes. J'ai très mal aux dorsaux, le long du flanc droit et à la hanche droite ce soir, car il m'a fallu sans arrêt corriger la route du traîneau d'innombrables coups de reins. Je me mets en colère à propos de la rusticité de mon opération, c'est bestial, toujours remorquer, traîner, tirer, secouer, et même lorsque c'est plat, cela reste aussi dur. En y songeant, je trouve que mon expédition manque cruellement d'élégance. D'accord, je propulse derrière moi un matériel ultra-sophistiqué, mais, devant, je suis au stade du cheval de labour, ou de l'esclavage, au choix.

En fait, cela va beaucoup plus loin. Sans cesse j'oscille entre deux mondes, deux stades d'évolution de l'humanité, séparés par la bagatelle de quelques millénaires. L'affrontement musculaire avec cette banquise stimule des zones mémorielles de mon cerveau parmi les plus archaïques — ici rien n'a changé depuis l'ère glaciaire. Mais cette progression serait impossible sans fibres de carbone, sans électronique de communication, dont la complexité est un autre vertige. Symboliquement le contraste entre les deux univers ne cesse de me fasciner. Je crains l'ours blanc, mais des satellites savent à quelques mètres près où je me trouve... J'éprouve une joie grégaire lorsque le feu jaillit sous ma tente, mais celle-ci tient debout grâce à des arceaux dont le matériau a été découvert par l'homme depuis quelques années à peine. L'amalgame est curieux, et grisant aussi. Dans mon esprit il y a des moments où science et sauvagerie se percutent, il me faut veiller au danger de dédoublement de personnalité, ces conditions d'extrême privation rendent l'introspection périlleuse en Arctique...

***

Le lendemain, il fait froid à nouveau, moins quarante-deux degrés, mais surtout l'autoroute polaire est redevenue le labyrinthe d'antan, par ici les crêtes de compression sont même plus hautes encore, certaines atteignent huit à dix mètres, j'en ai assez, assez, assez ! c'est un coup terrible pour le moral. Le soleil se lève à sept heures et se couche à dix-sept heures, mais il n'y a pratiquement plus de nuit tant celle-ci est claire comme le jour. Après sept heures de marche sans interruption, mon humeur s'est raffermie, puis stabilisée. Par contre, je ne sais plus très bien où se trouve le nord.

A ces latitudes, on ne peut compter sur la boussole pour déterminer la direction du nord géographique. Il faut naviguer au soleil. Le principe en est simple. La terre tourne en vingt-quatre heures. Où que l'on se trouve sur le globe, si l'on est à l'heure solaire locale (et non administrative), le soleil est toujours plein sud à midi, à l'est à six heures, à l'ouest à dix-huit heures et plein nord à minuit. Si l'on possède une montre dont l'aiguille des heures fait un tour de cadran en vingt-quatre heures (et non deux tours comme toutes les autres) et si l'on est à l'heure solaire locale, il suffit de viser le soleil avec l'aiguille des heures et le cadran s'orientera de telle sorte que le nord sera dans la direction du haut de la montre, sur le vingt-quatre heures ; le sud sera donc à douze heures, en bas. On peut naviguer très facilement avec un tel instrument, où que l'on soit.

Trouver le nord avec une simple montre à aiguille est faisable mais moins commode car il faut alors viser avec la bissectrice d'un angle, et c'est très imprécis.

Pour cette expédition, la société YEMA m'a fabriqué un prototype de montre dont la grande aiguille des heures fait un tour de cadran en vingt-quatre heures. Le cadran en titane est très léger, le mouvement d'horlogie est logé dans un boîtier en fibre de carbone, séparé du titane par un coussin d'air pour éviter les brutales variations de température. Elle fonctionne parfaitement.

Et pourtant c'est curieux, c'est cyclique, psychologique, je n'arrive pas à admettre la véracité de mes propres observations, basées sur l'évidence des ombres solaires et des relevés effectués à l'aide de la montre. Cela se produit toutes les quarante-huit heures, durant deux heures environ. Je dois alors me forcer à avancer en me répétant — Le pôle Nord est là-bas, toi mon corps, tu dois donc te diriger là, et pourtant tout en moi a la certitude que mon but se trouve dans une tout autre direction, et cette lutte d'influence est un duel angoissant où même la logique produit de fausses informations, confirmées pourtant avec acharnement par la raison. C'est le côté suspect de cet acharnement, de ce besoin d'affirmer « C'est par là, et pas ailleurs », qui résonne soudain comme un signal d'alarme, et me fait résister, continuer là où il faut. Parfois, l'existence de ces réactions m'inquiète, que se passerait-il si je cédais ? Allons, n'exagérons rien, cela reste très contrôlable, j'ai la maîtrise de mon esprit, je ne suis pas près de me laisser aller au point de tourner en rond sur la banquise.

A l'inverse, une chose est certaine, je n'arrive toujours pas à croire que je vais rester ici pendant deux mois encore. Nous sommes le 18 mars, je projette d'arriver à la mi-mai, mais ce n'est que pure spéculation, au fond je reste sceptique sur mes chances d'y parvenir.

J'ai malgré tout un peu plus chaud la nuit, depuis que j'ai vidé la bouteille de sucre en poudre qui ferme bien, pour m'en servir comme bouillotte. Le jour, je l'introduis très chaude dans l'une de mes pantoufles, pour avoir de quoi boire, mais elle ne tient pas longtemps, vers dix heures son contenu est déjà entièrement gelé.

Je recommence à être mouillé au niveau de mes sous-vêtements, passer son temps à monter et descendre des obstacles fait transpirer. Le seul moyen dont je dispose pour, sinon éviter, du moins retarder le détrempage de mes vêtements consiste en un objet de vingt centimètres de long sur cinq centimètres de large, muni de poils en Nylon très raides — en fait une très banale... brosse à linge. Avant d'entrer dans la tente, je passe un quart d'heure à brosser l'intérieur de chacun de mes vêtements, notamment ma veste de marche où perdure une véritable couche de glace, puis ma grosse veste dite d'arrêt car je ne l'enfile que lorsque je m'immobilise et que le froid me menace sérieusement. Je termine par mes pantalons, qui s'ouvrent sur les deux côtés grâce à des fermetures Éclair, à condition d'en faire sauter d'abord tous les petits blocs de glace qui s'y nichent à l'aide... du manche de la brosse. Par moins quarante degrés, un quart d'heure entier à se dandiner sur la banquise avec une brosse à linge à la main, cela semble long et à la limite de l'absurde, mais c'est capital, essentiel. Car si je laisse des habits chargés de glace après une journée de marche pénétrer à l'intérieur de ma tente, je n'ose même pas imaginer ce qui se produirait. Déjà en temps *dit* normal, il y a tellement de glace née des buées de la cuisine, du réchaud, de ma propre respiration, que j'ai l'impression de vivre et de dormir à l'intérieur d'un congélateur.

La qualité de ma communication ce soir avec le camp de base est excellente, et Judy a une manière très affective, très maternelle, très féminine de me poser des questions, pour deviner si tout se déroule bien. Alors que Michel Franco me demandera « Est-ce que tes chaussures te vont bien ? », Judy me dira « Comment ressens-tu tes “ extrémités ” ? », deux approches différentes pour poser avec pudeur la même question clef : Ai-je ou non froid à mes pieds, point névralgique par où le froid polaire attaque l'explorateur, et dont celui-ci affecte de se moquer, même s'il en souffre à crier. Il est vrai que je commence à avoir mal, en particulier aux doigts de la main, mes ongles se décollent, la peau de la pulpe en est toute craquelée, j'ai des crevasses, je suis obligé de les protéger avec du sparadrap. Pour le poser, c'est un authentique calvaire, car il faut réchauffer au briquet chaque petit morceau avant que la colle ne dégèle, et que le plastique retrouve une seconde de souplesse qui lui permette d'adhérer enfin. Pour chacun des doigts un véritable puzzle de petits morceaux est nécessaire, arrivé au dixième il faut parfois recommencer depuis le premier, car certains petits bouts se sont déjà détachés, cela me mécontente.

***

L'astuce de la brosse m'avait été confiée comme l'arme secrète de l'aventurier polaire par les Finlandais, qui étaient les seuls jusqu'à présent à avoir atteint le pôle Nord en remorquant eux-mêmes leurs traîneaux. Ils étaient six lors de leur expédition, qui avait duré deux mois et demi et s'était terminée par une victoire, le 20 mai 1984. Ils faisaient partie de ce très petit club de conquérants du Pôle, né en 1909, et ne comptant que dix expéditions victorieuses depuis lors. Je les admirais beaucoup, j'étais allé les voir à Helsinki en 1984, ils constituaient un peu des modèles pour moi. Pourtant, lorsque je leur parlais du Pôle, c'était comme si je leur remuais un couteau dans la plaie. Ils en gardaient un souvenir horrible, ils y avaient énormément souffert.

Quand ils surent que je comptais m'y rendre, comme eux à skis et avec un traîneau derrière, mais SEUL, ils se contentèrent d'arborer un timide sourire d'encouragement, puis de parler d'autre chose. Mais la femme d'un des membres de leur expédition me prit à part un jour, elle me dit : « Je ne veux pas te faire de la peine mais à la façon dont ils m'ont raconté ce qui s'était passé pour eux — alors qu'à six ils pouvaient s'appuyer les uns sur les autres —, cela semble être une telle horreur là-bas que je ne sais si ce sera possible pour toi. Seul, j'ai l'impression que tu te lances dans quelque chose de fou, de complètement impossible... »

Là-bas, j'y suis aujourd'hui, et c'est même sur le carnet de route de cette expédition finlandaise que je me base pour étalonner le rythme de ma progression. Ce même jour de l'année 1984, ils étaient par 83° 54′, soit 12′ plus au nord. Cette avance toute relative ne m'inquiète pas, ils sont en effet partis plus tôt, le 6 mars, et plus au nord, par 83° 20′, l'avion les ayant directement déposés sur la banquise afin de leur éviter les affres des quarante premiers kilomètres de l'ice-shelf. Les courbes de nos routes convergent et si ma progression continue je devrais atteindre leur position vers le 27 mars. Tant mieux. Je vais plus vite qu'eux et c'est ma seule chance d'arriver au Pôle. Heikki Jarvinen, un de ceux qui m'avaient reçu chez eux à Helsinki, m'avait mis en garde sur la date limite du 15 mai : « Nous avons atteint le Pôle le 20 mai, avec une semaine de retard sur la débâcle. Il y avait tellement de fractures de la banquise et de zones faiblement regelées que nous devions très souvent progresser encordés pour plus de sécurité. Il est arrivé plusieurs fois que l'homme de tête brise la glace sous son poids, et une fois il fallut même le ramener à nous très vite en bout de corde car il était passé à l'eau et ne pouvait pas remonter. »

Il est bien évident que, tout seul, je ne vais pas pouvoir

pratiquer une auto-assurance permanente. Il me faut arriver bien plus tôt. Je me suis fixé le 9 mai, soit deux mois au total. D'après mes calculs de route, ce n'est pas impossible, à condition que l'état de la glace s'améliore et que le blizzard ne se lève pas trop souvent.

D'après toutes les informations que j'ai pu recueillir auprès du Service des glaces du Canada et des pilotes de l'Arctique, je devrais déjà être sorti du chaos et de grandes étendues plus plates devraient enfin s'ouvrir devant moi. Mais rien de tout cela n'arrive.

Cette situation m'intrigue. Ne serais-je pas en train de progresser sur une large bande de compression qui naîtrait à la convergence des pressions complexes de la banquise arctique, déroutée en ces lieux par l'émergence de l'île Ellesmere, l'extrême pointe du continent nord-américain ? Je suis perplexe, ai-je fait le bon choix en partant de Ward Hunt Island sur le 74° de longitude ouest ? C'est le méridien de départ des Finlandais. Par radio, je vais demander à Michel Franco d'essayer d'obtenir du CNES des images de la banquise depuis le satellite Spot, récemment lancé par Ariane. C'est très difficile car il y a souvent de la brume et la banquise blanche ne ressort pas sur les photos : on ne voit bien que les grandes cassures et la jeune glace, qui contraste par un trait gris-bleu. Il ne me reste qu'à continuer tout droit sur la route directe, sans trop réfléchir pour ne pas nourrir ma paranoïa.

En fait, ce qui me contrarie et alimente mes doutes quant au choix de ma route, c'est de ne pas connaître la position de l'expédition américaine de Will Steger. En même temps que moi, huit Américains avec cinq attelages de chiens progressent sur la route du pôle Nord. Je sais qu'ils ont quitté la côte le 7 mars, à une cinquantaine de kilomètres plus à l'ouest. Partis deux jours plus tôt, ils devraient donc être en avance mais je ne connais pas leur position. A Resolute, où ils ont installé leur camp de base dans les locaux de la Bradley Air Company, aucune information ne circule. Je les imagine plus à l'ouest sur une piste facile, les chiens lancés à perdre haleine vers la Terre Promise. C'est une grosse expédition, me dis-je, très bien organisée, avec le soutien de la puissance américaine — et pourquoi ne recevraient-il pas de meilleures informations sur l'état de la glace ?... Marche Papy, ne t'occupe pas des autres. Continue à tirer ton traîneau sur ta route, à chacun ses moyens, ses choix et sa technique de progression. Et puis, arrête de ressasser ces mauvaises idées, il n'y a pas la banquise des Français et celle des Américains ! L'océan Arctique est le même pour tous : difficile, inaccessible, impitoyable.

***

Je me sens parfois si vulnérable que j'ai des doutes sur mes chances de réussite. Par moments, je regrette de ne pas m'être contenté d'un objectif plus modeste, le pôle Nord magnétique. Au moins, là, j'avais des possibilités de succès, mais c'est un but mineur. Il se trouve à trois cent cinquante kilomètres de Resolute, la route se fait entre des îles où la mer s'est gelée en eau calme, à l'abri des courants de dérive, et la glace est en général très plate. Mille cinq cents kilomètres séparent les deux pôles. L'angle que fait l'aiguille aimantée de la boussole avec le pôle Nord géographique, ce point immatériel où passe l'axe de rotation de la Terre, s'appelle la déclinaison. A l'endroit où je suis, elle est de quatre-vingt-dix degrés, assez instable, ce qui rend la précision de la boussole très hasardeuse. C'est donc un instrument de navigation à n'utiliser qu'en cas d'extrême nécessité. Nous sommes le 18 mars, il y a dix jours que je marche et je n'ai parcouru que soixante-cinq kilomètres. Fallait-il partir plus tôt ? Dans le meilleur des cas, j'aurais pu gagner quatre jours. La visibilité est très faible jusqu'à fin février, bien insuffisante pour permettre aux pilotes d'atterrir sur la banquise. Si la météo est excellente, ils acceptent le plus souvent de vous conduire au point de départ à partir du 5 mars. Finalement, il n'y a qu'une très courte période de deux mois pendant laquelle il est possible de se rendre au pôle Nord par voie de surface — le seul chemin qui ne soit pas à mes yeux un viol de Sa Majesté le Pôle. Deux mois, c'est très bref mais ça devrait passer. Cette fois, j'ai tiré les leçons de ma tentative de l'année dernière. Si je ne passe pas avec une charge de cinquante-six kilos — aussi légère que sophistiquée —, jamais je n'y parviendrai. En 1985, j'avais tenu seize jours, en remorquant un chargement de quatre-vingt-cinq kilos, de la folie ! Après cinquante-deux kilomètres, le traîneau m'emporta dans une crevasse. Blessé à l'épaule gauche, un ski cassé, souffrant de gelures aux doigts, je décidai d'abandonner. Un avion de secours a réussi à se poser à près de huit cents mètres de moi. Le chaos était tel que je n'apercevais que le haut de l'empennage fluorescent du bimoteur. Il m'avait fallu plus d'une heure — tirant mon fardeau que je voulais ramener — pour atteindre l'avion. Arrivé à ses pieds, le pilote bien au chaud dans la cabine ouvrit la fenêtre et me lança un « *Problems ?* » interrogatif et dédaigneux qui m'avait définitivement assommé. Dès mon arrivée à Resolute, je téléphonai à François Vikar, directeur de la communication de l'UAP, mon principal sponsor, pour lui annoncer la mauvaise nouvelle.

— Tu ne t'es pas trop blessé ? s'était-il d'abord inquiété. Considères-tu ça comme un échec définitif ou comme une expérience indispensable dont tu tireras des enseignements utiles ?

— Oui, François, on ne peut pas parler d'échec mais de galop d'essai indispensable. Ici, ça ne ressemble à rien de connu. C'est un monde à part, et j'ai compris maintenant comment il fallait l'aborder.

— OK, Jean-Louis, ne te fais pas de soucis, je m'occupe de régler les problèmes et si tu décides de repartir l'année prochaine, je ferai tout pour que nous te soutenions à nouveau.

C'était la meilleure réponse que je pouvais espérer de la part de François Vikar. J'appréciai sa fidélité. L'UAP repartirait si je retentais le Pôle en 1986.

Cela me conforte dans l'idée que le sponsoring passe avant tout par une passion, un coup de cœur entre deux êtres qui décident de mettre un exploit et des moyens financiers en commun, pour le bonheur de l'un et les affaires de l'autre.

Cette année, l'UAP m'a donc renouvelé sa confiance, mettant à ma disposition la moitié du budget demandé — ce qui est énorme. Compléter le financement est plus facile quand un premier sponsor, de cette taille, s'est déjà engagé. Les sociétés Elf et Damart ont assez vite adhéré au projet. Avec de tels partenaires je partais en toute sérénité, sachant qu'ils m'épauleraient jusqu'au bout. François-Xavier Dehaye, responsable du sponsoring chez Elf, viendra même au départ à Ward Hunt Island.

Une amusante coïncidence : Elf et l'UAP furent simultanément contactés par la présidence de la République, via le ministère de la Condition féminine, pour parrainer une autre expédition au pôle Nord, la tentative franco-canadienne de six femmes dirigée par Madeleine Griselin. Celles-ci voulaient rallier le Pôle depuis le Spitzberg et déposer régulièrement sur leur route des balises Argos afin d'étudier la dérive de la banquise... Elles étaient venues me voir au cours de leur préparation et, fort des enseignements de ma première tentative, je leur avais répété sans cesse : « Partez léger, léger, léger ! Recherche scientifique et expédition sportive sont toujours difficiles à mener de front. » Ces jeunes femmes devaient échouer, victimes de la dérive qu'elles allaient observer, n'ayant pu dépasser le 83° de latitude Nord car le tapis « roulant » les entraîna vers le sud au fur et à mesure qu'elles progressèrent.

« On ne peut jamais réussir du premier coup dans cette région du monde... », c'est tout ce que j'avais alors pu leur dire.

4.

ET LE BLIZZARD ATTAQUA...

Le mercredi 19 mars, nouveau choc : un très violent blizzard du sud-ouest élimine toute visibilité, donc rend caduque la moindre velléité de progression. Je reste au fond de mon sac de couchage, et comme il m'est impossible de dormir constamment, j'essaye d'écrire un peu, de penser, j'écoute des musiques complices ; ces tentatives d'activité sont un antidote au désagréable soupçon que mon cerveau est en train de se pétrifier. La monotonie de cette solitude sous la tente induit des états d'indifférence complète dont j'émerge parfois par à-coups. C'est très inquiétant de prendre conscience de ces arrêts totaux de la pensée et du sentiment d'exister, sans même pouvoir les évaluer, savoir s'ils durent depuis quelques dizaines de minutes ou plusieurs heures. J'éprouve une espèce de peur larvée d'une dissolution de ma vigilance, de ma motivation, au cours de ces amorces de comas mentaux.

Et puis soudain, une puissante bourrasque de blizzard lève ma tente, de larvée, ma peur devient une série de décharges aiguës, je n'arrive plus à la maîtriser, crispé et impuissant, je reste sans bouger à l'intérieur, mais le pire scénario défile devant mes yeux, celui de la tente arrachée qui s'éventre, au point que je me retrouve dehors, sans abri, par moins quarante degrés sous les rafales de grésil qui soufflent à quatre-vingts kilomètres à l'heure. Ce serait mourir vite, très vite...

Non, ça résiste, le campement tient, et je reprends progressivement confiance. J'ai envie de musique, depuis que le walkman mijote sur la bouillotte il doit être prêt à servir. Ici, je n'ai emporté que quatre cassettes, Dire Straits, J.J. Cale, Ry Cooder et Véronique Sanson. Je les écoute depuis des années, je connais tous leurs morceaux par cœur. Ce sont quatre repères perceptifs en fait, qui m'ancrent dans mon passé affectif, dans des régions ou des villes où il fait chaud, où j'ai vécu avec des gens normaux, pas avec des congères et des ours blancs. Écouter Véronique Sanson dans le blizzard, cela génère des images heureuses, par instants, un visage de femme aimée surgit. Coco, la fille du soleil qui, depuis huit ans, vit passionnément mes aventures et souffre de mes absences. Elle a même écrit : « Le journal de bord de celle qui reste au port. » Notre complicité ne pâtit pas de l'usure du temps, bien que la trajectoire de nos vies ne soit qu'un chapelet de rencontres.

***

A la radio, le soir, j'apprends que Jacques Chirac est Premier ministre. Kauffmann, Seurat et les autres ne sont toujours pas libérés.

***

Je commence à percevoir assez bien les réactions de mon corps au froid, la nuit. Ma libido est depuis le départ comme décalquée sur l'image du monde extérieur : un grand désert glacé du côté des fantasmes. Par contre, lorsque je ne sens plus la chaleur de mes pieds et que l'ensemble de mon corps est saisi d'une contraction progressive accompagnée d'une envie d'uriner qui finit par devenir désagréable, c'est le signal que mes systèmes de mise en route de lutte contre le froid entrent en action. Physiologiquement, il existe ce qui s'appelle le « tonus postural », contraction normale et permanente des muscles qui nous servent à rester debout, et dont l'homme, même couché et endormi, conserve une partie, ne serait-ce que pour en obtenir une chaleur minimale. Lorsque celle-ci ne suffit plus, l'organisme demande à sa principale source de calories, ce système musculaire en l'occurrence, de se contracter. Cela débute par des tremblements, des soubresauts de plus en plus violents et risque de se terminer par des crampes très douloureuses — dont les lamentations émaillent d'ailleurs tous les récits d'explorateurs polaires. Uriner dans ce cas soulage, mais il faut se faire une violence inouïe pour s'extirper du sac de couchage. Au pôle Nord, même pisser devient un dépassement de soi !

En effet, une fois à genoux, les mollets et les pieds restant les seuls au chaud à l'abri des duvets, l'opération commence, exigeant un contrôle *absolu*. Premier risque : pressé, tâtonnant, on opère en se saisissant de la gamelle, pour s'apercevoir — mais hélas, c'est déjà trop tard — qu'il s'agissait de celle qui sert pour manger, laquelle étant strictement identique à celle réservée pour uriner, les deux devant s'emboîter l'une dans l'autre pour des raisons de poids et d'encombrement réduit, dans le traîneau.

Deuxième danger : on choisit pour une fois la bonne gamelle, car, pour éviter la confusion précédente, on l'a laissée à l'écart sous l'abside de la tente. Dès lors, on se soulage sans stress particulier, lorsque soudain quelque chose de liquide et d'abominablement glacé vous tombe entre les jambes, dans les duvets bien chauds. Explication : la chaleur de l'urine, en réchauffant la gamelle, a fait légèrement fondre puis se détacher brusquement le paquet de glace resté discrètement collé, depuis l'abside, sous le récipient.

Variation : sous l'effet du stress précédent, une erreur dans le contrôle de la trajectoire du jet a pu alors se produire, dont les conséquences sont lourdes. L'urine devient instantanément une flaque de glace jaunâtre, puis un bloc qui se soude au tapis de sol, et doit être gratté très longuement, avec minutie, pour s'en débarrasser.

Troisième risque : au milieu de la nuit polaire, très mal réveillé, on repère la gamelle dont on a soigneusement nettoyé le fond, avant de l'installer à l'intérieur de la tente. On se prépare à uriner là où il faut, assez tendu, mais à l'étonnement général tout commence bien et finit pour le mieux. Dès lors, il s'agit d'évacuer le contenu du récipient à l'extérieur. D'une main, on s'attaque à la fermeture Éclair de la tente, de l'autre on conserve la gamelle en la maintenant dans un équilibre absolu, car les conséquences d'une chute seraient *épouvantables*, une mini-congère d'urine, suivie d'une heure de grattage au couteau. D'évidence, la fermeture n'a plus rien d'un éclair, elle est tellement glacée qu'il faut l'attaquer au briquet, en la secouant simultanément. La complexité du geste demande la liberté des deux mains, on est contraint de poser alors la gamelle sur le tapis de la tente. Pas plus que les gants encore enduits de glace n'avaient rendu agréable, ni facilité le contrôle directionnel du jet juste auparavant, leur rigidité n'accélère la précision des mouvements du briquet et ceux de la traction saccadée dont on sollicite le curseur de la fermeture. Malgré tout, on finit par vaincre la résistance de la glace, le zip cède, et, ravi, c'est alors qu'on se saisit enfin de la gamelle pour la balancer dehors, et ne plus en entendre parler. Mais hélas ! elle refuse obstinément de quitter le tapis de sol. Et là, il convient de ne pas s'énerver car on arracherait un morceau de tente avec la gamelle en insistant. Que s'est-il passé ? Dans un premier temps, l'urine encore chaude a maintenu liquides quelques gouttes d'eau nées de la condensation sur le métal tiède de la gamelle, pendant l'excrétion du fluide vésical. Mais à cause des réticences de la fermeture Éclair glacée, le temps a passé, l'urine s'est refroidie, le métal aussi, les gouttes d'eau de la condensation sont devenues importantes au contact du sol, elles ont gelé jusque dans la fibre du tissu. L'adhérence obtenue entre gamelle et tapis de sol est singulièrement efficace. S'en libérer signifie manier le couteau avec dextérité, car déraper veut dire lacérer le sol de la tente, déjà si craquant et crissant par moins quarante degrés. Il est conseillé d'opérer à condition d'être définitivement éveillé.

Ce sera donc avec un sentiment de victoire sur lui-même et les éléments adverses que l'aventurier polaire réintégrera son sac de couchage, après avoir simplement fait pipi, et le moins que l'on puisse en dire, c'est qu'il n'aura pas démérité.

***

Ténacité, persévérance, obsession, patience, c'est le leitmotiv de mes réflexions du 20 mars, où je me retrouve une fois encore sous la tente, face au blizzard, seule la température a évolué dans le bon sens, ce matin il fait moins trente degrés sous abri.

Le repos forcé n'est pas bon pour des muscles d'habitude très sollicités. Tous les sportifs le savent, notamment les coureurs cyclistes qui, par exemple, lors d'un Tour de France effectuent une petite randonnée durant leur journée de repos, pour ne pas trop les laisser se déshabituer de l'effort. Rester deux jours allongé, c'est donc gênant physiquement, car la reprise sera d'autant plus difficile si... reprise il y a, tout dépend des caprices du blizzard.

Côté confort, ce n'est pas non plus la panacée. J'ai mal au dos à force d'être avachi sur cette glace dure et ce n'est pas le frêle matelas constitué par mes deux isolants qui améliore ces conditions. De plus, au bout de quelques heures, la glace se tasse tandis que le corps la réchauffe, les fesses, puis les épaules commencent alors à s'enfoncer. A la fin de la journée d'hier, j'avais une barre juste sous les reins, là où la glace avait moins fondu. Elle persiste ce matin, il me semble même m'être enfoncé encore, c'est toute la surface du corps qui est maintenant comme moulée dans la banquise. J'ai parfois essayé de changer de position, de me mettre sur le côté. C'était pire alors, l'ensemble des bosses me rentrant dans le corps.

Tout cela me donne froid dans le dos, l'expression prenant ici toute sa valeur, car il y a un arrière-goût de commencement d'engloutissement, quelque chose d'inhumain, d'inexorable, dans la façon dont cette banquise cherche à m'immobiliser, à m'absorber, à me phagocyter. Pour le combattre, je sors plusieurs fois ; j'en arrive à préférer les rafales du blizzard.

Vers midi, le halo d'un soleil oublié déchire brusquement le grésil des assauts convulsifs de la tempête. Je me précipite vers mes skis, j'en attrape un que je pique droit debout à même la neige, pour marquer la direction du nord. Il était temps. Les bourrasques reprenant de plus belle, les perspectives se brouillent. Mais j'ai gagné, je sais où s'ouvre la route du Pôle.

Je décide alors de m'éloigner un peu du camp. C'est la première fois que j'ai le courage de tenter cela en perdant complètement la visibilité de la tente et du traîneau, pour essayer de trouver un passage. C'est difficile à supporter, les premiers pas franchis je me retourne, il n'y a plus rien derrière, sauf une muraille blanche agitée des spasmes des rafales. Heureusement, mes empreintes s'inscrivent dans la neige dure du sol et ne s'effacent pas, je peux les suivre pour rebrousser chemin. Dès que j'aperçois à nouveau un petit coin de la tente, je repars et je m'aventure un peu plus loin encore, au-delà des mes traces précédentes. Je suis comme un jeune oiseau qui sort du nid, ou un petit enfant s'écartant pour la première fois de sa maison. Une crainte terrible me tenaille, celle de m'égarer, de ne plus retrouver ni tente ni traîneau, d'être condamné à l'errance dans la tourmente, jusqu'à crever de froid. Mes allers et retours sont donc d'une extrême prudence.

Les conditions de progression sont exécrables mais je les préfère encore à l'immobilité de ces trente dernières heures, dont l'arrière-goût reste morbide. Quoi qu'il arrive, mieux vaut avancer que de rester là à s'enfoncer dans la glace comme dans une tombe. Je démonte le camp, mets toutes les choses à leur place dans le traîneau, je plie la tente, puis dispose le sac de couchage par-dessus, suivi de ma bâche rouge de protection, étroitement lacée. Tout est bien amarré, je suis prêt à partir. Deux heures et quart viennent de s'écouler, car la tâche est rendue lente et minutieuse sous les à-coups des négresses [1] du grésil, à la fois au niveau de mes mouvements et de la fragilité du matériel, cassant comme du cristal par ces très basses températures. Personne ne sait comment se comporte la fibre de carbone de mes arceaux de tente dans ces conditions-là, lorsqu'il faut les dégager centimètre par centimètre de leurs gaines de toile, en les laissant se redresser sans qu'ils se brisent, avant de les ranger à plat dans le traîneau.

En dernier lieu, j'ai dégagé mon ski planté vers le Pôle, comme un défi, et je suis parti en utilisant pour me repérer ce qu'il restait des traces de ma timide « excursion » précédente.

Immédiatement l'enfer commence, le blizzard redouble, ce que je croyais être une grande barrière au loin n'est qu'une simple ondulation, cela ne me surprend pas ; par contre, après cinquante mètres... environ, je ne sais même plus lorsque je monte et quand je redescends. A ce point, cela ne m'était jamais arrivé. Je réalise qu'il est impossible de continuer, je refais encore cinquante mètres... à peu près, et je m'arrête. Il me faut tout recommencer, deux heures de manipulations identiques, mais version dépliage cette fois. Le bilan de cette journée est grandiose. Entre quatre et cinq heures de rangements et dérangements, pour avoir parcouru cent mètres à la faveur d'une éclaircie. Oui, excusez-moi d'insister au point de me répéter. Mes réflexions du 20 mars furent ténacité, persévérance, obsession, patience. Me comprenez-vous ?

1. Terme de marin décrivant l'état de la mer frappée par une violente rafale de vent.

***

Le vendredi 21 mars la journée est très belle, merveilleusement ensoleillée même s'il fait trente-cinq degrés en dessous de zéro. Le blizzard des deux jours précédents a tout recouvert d'une couche de neige blanche plus ou moins épaisse, pulvérulente, qui ne glisse pas du tout. Ce n'est plus un traîneau que je tire mais un soc de charrue. Hue dia ! Je marche de huit heures du matin à trois heures de l'après-midi. Cela représente sept heures d'efforts dans un paysage d'apocalypse, vraiment grandiose.

Le blizzard est un vent très corrosif, qui attaque tout. Dans son souffle il racle sur les gros blocs tous les petits cristaux de glace, qu'il emporte très, très généreusement avec lui. Dès lors il transporte une armada de minuscules projectiles à une vitesse considérable, qui vous ronge n'importe quoi sur son passage. Résultat, à perte de vue la banquise a l'air ravagée par une horde de démons griffus, tout ce que j'appelle les dauphins et les sillons des champs arctiques. Ces ondulations de la banquise, dont les formes et la régularité m'évoquent ces noms pour les décrire, sont complètement torturées. De la neige en poudre très froide s'est déposée en pente derrière chaque obstacle, c'est là où le traîneau me donne cette impression de s'embourber.

Et le lendemain, les conditions seront les mêmes, l'expérience devient physiquement monstrueuse.

Le soir du 22 mars, à peine allongé, je suis saisi d'une série de crampes que je n'avais jamais connues jusque-là, celle des adducteurs, muscles situés à l'intérieur des cuisses qui contrôlent un mouvement de rotation interne des jambes. Soudain, on dirait les symptômes du tétanos, cela me fait décoller le dos entier et hurler de douleur. Puis, ça s'arrête. Un seconde fois, cela me reprend lorsque je suis assis en train de manger avec ma gamelle. Je hurle, cela fait très, très mal, je lâche tout et je ne sais pas par quel miracle la soupe ne se répand pas. Comme l'urine, elle aurait gelé au sol instantanément, avec toutes les conséquences que l'on sait. Ma tente est mon unique abri, elle est comme un prolongement de moi-même. Sa déchirure d'un coup de couteau maladroit, je la crains presque autant que la douleur pour mon corps.

Dans la série des lamentations du docteur Étienne en route vers le pôle Nord, j'ai le pouce et l'index de la main droite en assez mauvais état. Je n'arrive pas à recoller l'ongle du pouce qui a des velléités de me quitter définitivement, les crevasses de l'index gênent le mouvement essentiel de la main qui est la pince. Ce n'est pas trop pénible pour tenir les bâtons, mais, par contre, les petits mouvements comme la manipulation des fermetures Éclair ou l'allumage des briquets sont terriblement douloureux.

Cela ne facilite pas non plus mes travaux de haute couture sur mes gants. Ceux-ci se trouent régulièrement, et sur le réchaud et à cause de l'usure des bâtons en skiant. Un petit trou dans un gant, c'est un grand courant d'air par ces températures, et c'est désagréable. J'ai un tout petit matériel de couture, une aiguille et du fil. Souvent, je n'y vois pas très bien dans la tente pour trouver le chas de l'aiguille, aussi vais-je dans l'abside où il fait davantage jour, et je ne peux m'empêcher d'avoir alors toujours le même réflexe : lorsqu'on coupe un morceau de fil, il s'effiloche, on le mouille donc afin de faire tenir tous les brins ensemble. Le temps que je l'humecte ainsi et que je l'approche du chas, c'est un bout de glace qui se trouve déjà au bout, il est plus gros et ne rentre plus dans l'aiguille... il faut tout recommencer.

Un peu avant la communication du soir avec Resolute, je sombre dans un rêve éveillé. Je me trouve sous un dôme luminescent dont le matériau très siliconé est éprouvé pour résister aux plus basses températures. Il fait merveilleusement bon à l'intérieur car je dispose d'une soufflerie d'air chaud animée par un petit moteur nucléaire, tous mes vêtements, soigneusement pendus sur des cintres, sont secs depuis longtemps. La voix de Michel Franco rompt cette illusion béate, mais pour de bonnes nouvelles. Hier, j'ai parcouru huit milles d'après ma position analysée par les satellites du système Argos, c'est-à-dire quatorze kilomètres. C'est considérable.

***

Le dimanche 23, veille de la dépose, le blizzard attaque de nouveau.

Extraits du journal de bord. 23 mars : « Mauvais temps, bloqué sous la tente. » Le vent est de ouest/sud-ouest très violent, trente nœuds établis avec des rafales assez fortes. La température est remontée à moins trente degrés. Je n'avais jamais eu cette succession rapide de dépressions l'année dernière.

J'attends donc l'avion qui doit *en principe* se poser demain, *si* le temps passe au beau absolu et *si* le pilote accepte la piste que le vent a complètement abîmée cette nuit.

J'ai toujours le même menu depuis le début de la semaine : langouste aux épinards en lyophilisé, car, à Resolute, Michel a pris les huit premiers sachets qui se trouvaient au-dessus du tas sans les panacher avec d'autres recettes. La langouste aux épinards c'est bon, mais au bout d'une semaine de ce régime ça lasse un peu. Pourtant, je dispose de bien d'autres variétés de plats cuisinés : bœuf bourgignon aux pâtes, cabillaud au fenouil-purée, saumon, poulet au riz-curry...

Le vent force mais je ne suis pas encore inquiet pour la tente. Je passe un temps fou à brosser. La vapeur de ma respiration et des plats chauds couvre tout d'une fine pellicule blanche que j'essaye d'éliminer toutes les deux ou trois heures, car c'est la seule façon de se préserver de l'humidité.

Depuis quelque temps, je n'ai plus de questions existentielles sur l'intérêt d'être ou de ne pas être là. Si je tiens deux mois, jusqu'au 10 mai, beaucoup de choses peuvent encore se passer. Fatigué, je me demande si je ne suis pas en train de couver une carence quelconque ou quelque autre maladie qui pourrait survenir insidieusement. Je vais prendre des polyvitamines.

Le vent monte encore, il est maintenant très violent, près de quarante-cinq - cinquante nœuds. J'ai fait la bêtise de ne pas dresser la tente à l'abri d'une crête de compression, je suis en plein blizzard, tout est secoué de toutes parts. Il n'y a rien d'autre à faire maintenant que dormir — en espérant que ça tienne bon. Le bruit est infernal : un grondement sourd agrémenté du frottement crépitant du grésil sur la toile tendue.

24 mars : Le vent n'a cessé de souffler toute la nuit, avec des rafales qui doivent atteindre cent kilomètres à l'heure. Je les entends arriver comme des grondements d'orage. Quand elles passent au-dessus de moi, je prie pour que la tente ne se déchire pas. A chaque nouveau bruit je fais un bond et j'aiguise mon attention pour essayer de deviner ce qui est en train de se passer. La peur me prend par moments et, avec elle, un sentiment d'échec, comme si l'océan Arctique me détestait, moi qui ai cherché sa complicité pendant les deux ans de ma préparation. Je pense à Tabarly et aux autres navigateurs qui ont dû connaître aussi des interminables heures de trouille ballottés par la tempête, aux aguets sur tout ce qui pouvait les faire capoter. La seule issue maintenant c'est d'attendre sans trop subir.

La dépose pour demain est bien mal partie à moins que le vent ne s'arrête. Surtout, ne jamais plus monter la tente à découvert, c'est du suicide ! Par-dessus le marché une amorce de diarrhée s'annonce, ce qui pourrait sérieusement me compliquer la vie si le vent se maintenait car il est impossible de déféquer dehors. Dans cette tourmente glaciale, je me sens tout petit. J'ai fait un tour de tente pour constater les dégâts de la nuit : aucune couture n'a apparemment souffert. Le blizzard est d'une extrême violence. J'attends une communication avec Resolute pour six heures trente, je vais leur demander de ne pas venir. J'ai vraiment peur que l'antenne se rompe tellement elle est secouée. Mais quand donc ça va s'arrêter ? ! ! !

Hier soir, Michel m'a confirmé que j'avais atteint 83° 56′ Nord, je n'ai pas réussi à atteindre le 84 comme je me l'étais fixé pour cette dépose, toutefois le temps n'est vraiment pas avec moi. J'ai parcouru depuis mon départ cinquante milles en cinquante-deux heures de marche, ce qui fait un mille à l'heure, soit un nœud, ce qui n'est pas déshonorant compte tenu de l'ice-fog et de la catastrophique glace du premier degré.

Sept heures : La communication a été bonne, ils ne viennent pas mais restent en stand-by radio. Ici, le vent continue de plus belle, mais jusqu'où donc ça va aller ? C'est peut-être l'usure de ma patience et de mon courage qui me le fait percevoir plus violent ? Je ne sais pas mais ma situation est bien précaire. J'ai quand même trois à quatre jours d'avance de nourriture et d'essence.

Onze heures : Toujours extrême violence du vent. J'ai dû sortir pour essayer de construire un mur de neige tout autour de la tente, ce qui semble un peu me protéger et soulager la toile des coups de boutoir des rafales. A quand l'accalmie ?

Dix-sept heures : J'ai eu ma première communication radio avec un avion d'Air France, plutôt brève. Mon correspondant, visiblement, n'était pas très passionné par mon aventure et le dialogue est resté du genre sobre : « Quelle température avez-vous ? Vitesse du vent ? Quelle est votre position ? Merci. Au revoir. » Je crois qu'il n'a pas très bien réalisé à qui il parlait ni compris ce que je pouvais bien fabriquer là-dessous. Mais enfin, le défi technique est relevé. C'est la première fois dans le secteur qu'un contact radio est établi entre le sol et des avions de ligne à l'aide d'un aussi petit émetteur que le mien. C'est un élément important à connaître pour les lignes aériennes Europe-Japon en cas d'atterrissage forcé sur la banquise. Nous avions passé un accord dans cet objectif.

Un autre défi radio que je n'ai pas encore relevé, c'est d'établir une communication avec le père Jaouen actuellement sur son bateau. Avant de partir pour les Antilles, il m'avait demandé mes fréquences et noté l'heure de mes vacations avec Resolute.

— On essaiera de trafiquer, m'avait-il dit, avant de hisser les voiles de son *Bel Espoir* pour sa Nième traversée de l'Atlantique. Ça me ferait vraiment chaud au cœur de l'entendre. C'est par lui que j'ai découvert la mer au printemps 1976. J'étais médecin de bord pour une croisière de réhabilitation de toxicomanes qui voulaient s'arracher à la pression des fournisseurs...

Jaouen, un monstre de générosité qui a tout donné de son temps, de son énergie, de sa forte gueule, de sa malice à dérouter lois et contrôles, pour aider les délinquants, les pauvres, les sortis de prison, les toxicos et maintenant les chômeurs. Quand il n'est pas sur son bateau, à l'Aber-Wrach dans sa Bretagne natale, aux Antilles ou à New York pour représenter la France dans les rencontres internationales des grands voiliers, il vit à Paris. Chez lui, rue Saint-Denis, c'est table ouverte tous les jours. On y dîne en compagnie de clochards, de stars ou de leurs enfants, de délinquants, d'originaux de tout bord, de prostituées et de notables. Autrefois, on y voyait tous les jours Jacky le Marin apportant les restes de chez Castel ou du Don Camillo — hauts lieux de la nuit parisienne — pour alimenter dignement la cuisine de Jaouen. Quel mec ! Ça fait du bien de penser qu'il est là, toujours à l'écoute — même si sa radio ne marche pas continuellement bien.

Vingt heures : Le vent n'est pas encore tombé, mais comme il a faibli à Wart Hunt Island il devrait en principe cesser dans la soirée. Le rythme de mes jours et de mes nuits se télescope depuis quarante-huit heures et une exceptionnelle envie de ch... me saisit. Impossible de sortir les fesses à l'air. Je dois m'exécuter dans un sac en matière plastique, accroupi au plus serré dans l'abside de la tente. Ce n'est pas commode. Normalement, le besoin s'en fait sentir tous les matins au réveil et je sors accompagné de ma pelle pour ensevelir les selles, afin de ne pas exciter l'incroyable odorat des ours. Sinon, ils pourraient me repérer à plus de dix kilomètres ! C'est une opération qui, en temps normal, dure quelques secondes. Ici, la constipation serait catastrophique. On ne peut se permettre d'attendre trop longtemps les reins exposés au vent... Pour prévenir ce désagrément, je bois beaucoup et ma nourriture est enrichie en son. Lorsque, revenant de cette expédition délicate, je me blottis à nouveau dans la chaude humidité du sac de couchage, j'ai l'impression d'avoir accompli une nouvelle conquête !

J'espère que l'avion pourra atterrir car je suis tout imprégné d'eau et de glace. En restant quatre journées entières plus huit nuits bloqué dans le duvet je suis sûr qu'il a emmagasiné au moins deux kilos de glace.

5.

QUATRE TRACES FRAÎCHES SUR LA BANQUISE !

Au réveil, le matin du 25 mars, je suis presque étonné d'être encore vivant. Les hordes du blizzard ne sont pourtant plus qu'un souvenir, aussi exécrable soit-il, il fait *chaud*, moins vingt-quatre degrés et le ciel est encore voilé. Une nouvelle fois la dépose est reportée à demain. Le repère du halo solaire est maigre à travers l'ice-fog mais suffisant pour partir et progresser assez vite au sein des pans de brumes glacées. Il me faut avancer, j'ai trop perdu de temps.

Je traverse une mer de tempêtes, la surface de la banquise est sauvagement ravagée. Le vent tombe progressivement et dans l'après-midi le ciel se dégage. Cela augure bien de la dépose, cependant, le sol est si abîmé que je me demande comment même Ross, l'un des meilleurs pilotes de la Bradley Airline Company, va bien pouvoir s'y poser.

Au détour d'une crête de compression quelque chose de bizarre sur la glace attire mon regard. Je m'approche, je m'agenouille et brutalement je comprends de quoi il s'agit. Quatre traces sont là, bien claires, bien dessinées, un peu palmées, tranchées d'empreintes de griffes. Deux ours polaires sont ici, marchant ouest/sud-ouest, remontant contre le vent. Avant même que mon esprit ait analysé la teneur du danger, mon corps a réagi. Il est pris de frissons — et cela va durer dix minutes sans que je ne puisse rien y faire, même en bandant ma volonté pour l'empêcher. Je réfléchis à toute vitesse, pendant que tout le reste tremble ; où sont ces ours maintenant ? Compte tenu du blizzard de ces deux derniers jours — qui aurait effacé des traces anciennes —, celles-ci sont donc fraîches ; ils ne doivent pas être loin. Il est même fort possible qu'ils m'aient déjà repéré, qu'ils rôdent autour de moi. Leur odorat est prodigieux, à dix kilomètres de distance ils décèlent la moindre odeur, mais par contre on les dit plutôt myopes. Je me force à plaisanter... il était une fois sur la banquise un explorateur qui avait la tremblote et qui rencontra deux ours polaires myopes, et alors... J'ai beau pousser mon sens de l'humour dans ses ultimes retranchements, je ne trouve pas de suite très drôle à mon histoire... Je m'arrête pour camper entre les deux plus gros blocs que je peux trouver et j'enterre ma tente, enfin je « l'enneige », pour parfaire un camouflage dont je n'ignore en rien l'illusoire efficacité. Quoi que je fasse, mon odeur les attirera. J'ai marché dix heures aujourd'hui, après l'angoisse du vent c'est le tour de celle des ours, le pôle Nord ne ménage jamais celui qui ose s'en approcher. La nuit sera démente à souhait, le moindre bruit suspect me pétrifie, j'ai prévenu Resolute par radio mais ils n'arriveront que demain...

***

Cela devient presque une habitude, je suis toujours étonné d'être encore en vie dans l'aube polaire du lendemain. Avec le soupçon permanent des deux ours à mes trousses je plie le camp à une vitesse record et je pars à la chasse à la piste d'atterrissage. L'énergie qui littéralement me propulse, où se mêlent en une violence confuse peur et instinct de survie, est incroyable. Les limites de l'homme sont surprenantes, acculé il devient capable de tout. Je vais marcher cinq heures en quête d'une nouvelle zone, certes mon traîneau est léger, comme avant chaque ravitaillement, mais je franchis DIX KILOMÈTRES de banquise ! — malgré plusieurs arrêts angoissants pour mesurer d'éventuels terrains pour l'avion. Ce jour-là, le traîneau semble voler derrière moi sur la neige ; si les ours continuent à me donner la chasse je risque même d'arriver avant eux au pôle Nord ! En plaisantant, en tournant ainsi en dérision la trouille viscérale qui m'étreint, je l'endigue à la frontière du supportable. Mais l'après-midi touche à sa fin et je n'ai toujours pas trouvé de piste.

***

Ce sera le pilote qui la repérera lui-même. Lorsque l'avion arrive vers cinq heures du soir et qu'il se pose c'est, à mes yeux, comme un miracle car je n'y croyais plus. Michel Franco est le premier à me rejoindre avec un véritable arsenal. Je suis pris d'un fou rire en l'apercevant, hélas vite figé par les embâcles de glace qui crispent douloureusement mon visage. Il a apporté avec lui un fusil à lunette, le Magnum 44 de ma tentative de l'année dernière, il a sous le bras une boîte de balles grosses comme l'index pour le fusil et, en plus, un petit revolver en matière plastique qui tire des cartouches faisant un petit « pet » en l'air, style fusée de détresse. Je serais à la place des ours, je foncerais directement au pôle Sud afin d'avoir une petite chance de lui échapper !

J'apprends qu'à la suite de mon appel radio, un conseil de guerre s'est déroulé au camp de base. Étaient présents les membres de mon équipe morts d'inquiétude, Bezal, qui leur avait affirmé que les ours me visiteraient sûrement dans la nuit — ce qui n'avait pas arrangé leur moral — et le remplaçant du chef de la gendarmerie de Resolute Bay.

Dans le coffre de ce dernier se trouvait enfermé mon 44 Magnum, car une nouvelle loi interdit le port d'arme de poing sur le territoire canadien. Il se refusait strictement à confier mon 44 à Michel Franco afin qu'il me l'apporte car je n'étais pas encore sorti des limites des eaux territoriales du Canada, situées à deux cents milles après la côte. Heureusement, Norman que je connaissais bien, supérieur hiérarchique de ce remplaçant appliquant la loi à la lettre, est arrivé à point et trancha net en disant : « Il faut absolument qu'il ait son 44 sinon il va se faire dévorer ! » De toute façon, appliquer cette loi est assez absurde puisque, à partir de Resolute Bay, il n'y a plus rien de vivant hormis des ours et des explorateurs !

Tandis que Laurent Chevalier et un cameraman d'Antenne 2, Gilles Dobbelaere, me filment, Michel me dit : « Papy, il faut absolument que tu prennes une arme, c'est très dangereux, l'ours est une bête féroce... » Je lui réponds : « Ton fusil à lunette, tu peux te le garder, c'est beaucoup trop lourd ; par contre, j'accepte le Magnum. » Il semble soulagé et part immédiatement chercher les munitions du revolver. J'ai enfin le temps d'embrasser Judy, très émue, qui me raconte qu'elle n'a pas pu dormir de la nuit croyant ma dernière heure arrivée.

Peu après, Michel revient, effondré. Il a cherché partout et ne retrouve plus les balles du Magnum, il a dû les oublier. Je fais mine d'être navré mais en mon for intérieur je suis plutôt content. Même après l'incident des traces fraîches je n'ai pas envie de me retrouver avec le sentiment d'être sur le pied de guerre qu'implique la compagnie permanente d'une arme à feu, quelle que soit la réputation de cruauté — usurpée ou non — des ours. Je propose à Michel une solution intermédiaire. « Voilà, je te rends ton arsenal, lui dis-je, mais j'accepte le petit revolver en plastique ! » C'est un jouet qui envoie cinq cartouches et il est évident que sur le terrain son efficacité sera douteuse face à l'ours blanc ; mais c'est mieux que rien, et surtout cela semble rassurer un peu toute l'équipe, c'est le principal à mes yeux.

Le reste de la dépose se déroule très bien. Michel maîtrise impeccablement tous les problèmes d'intendance et d'organisation, cette fois. J'ai même pu me laver les pieds à l'eau tiède dans une cuvette à l'intérieur de l'avion — ce qui, le lendemain, fera dire à certains médias américains destinés au très grand public que, tel un explorateur aux mœurs particulièrement raffinées, je prends un bain dans la baignoire de mon avion privé à chaque étape de mon périple vers le Pôle !

L'avion est reparti au bout de trois quarts d'heure, je me sens presque serein, mes rapports avec les hommes ont été beaucoup plus détendus cette fois, et le matériel est OK. J'étais tellement content que Ross soit parvenu à se poser que je lui ai serré la main au moins une dizaine de fois de suite en lui répétant *Thank you, thank you, thank you very much...* c'était vraiment sincère, et ça le toucha énormément. Ce sera le point de départ d'une amitié entre lui et moi, ce qui n'est pas évident avec ce type d'homme dont les réflexes au manche à balai sont aussi exceptionnels que la timidité. En fait, ce sont de grands ours qui ne se livrent que difficilement mais qui ont un cœur d'or.

***

Le jeudi 27, après sept heures de marche, j'inaugure une nouvelle stratégie : je mets en route la balise Argos dès mon arrivée et je décale d'une heure mon appel au camp de base. Resolute peut alors me donner ma position du jour le soir même, ce que je trouve fabuleux pour le moral. Auparavant, j'étais obligé d'attendre vingt-quatre longues heures pour connaître quelle distance j'avais parcourue la veille. Or, la plus forte de mes motivations demeure cette sanction des kilomètres parcourus, quatorze kilomètres et demi aujourd'hui, c'est excellent.

Surtout que le chaos reste incroyable pour cette latitude, ce fut toute la journée un voyage dans un paysage de science-fiction, une mer blanche démontée frappée de paralysie éternelle, surmontée d'une houle hachée de vieilles compressions sculptées par le blizzard et d'hétéroclites crêtes aux fourmillements fantastiques. Je n'ai aperçu aucune zone d'atterrissage potentielle, les grandes aires planes que j'avais rencontrées à partir de 83° 20′ de latitude ont disparu. Rien de plat ne permet plus de reposer un peu la cadence. Je suis éreinté.

Depuis mon départ de Ward Hunt Island je dors tout habillé, mais Judy, lors de la dépose d'hier, m'a apporté un ensemble de « pyjamas polaires », veste et pantalon de fourrure et, en me couchant, débarrassé de mes habits de route, je les ai enfilés par-dessus mes sous-vêtements, hélas ! déjà imbibés de transpiration, de ce fait la soirée et la nuit ont été infiniment plus agréables. Je bénis Judy d'avoir eu cette merveilleuse idée.

Par contre, le 28 au matin, lorsque j'enfile mon pantalon de marche raide comme un tuyau de poêle, puis mes vestes glacées, je maudis Judy pour sa sinistre initiative. J'ai l'impression alors de saisir très précisément ce que pouvait éprouver un chevalier du Moyen Age, enfilant les pièces successives de son armure au cœur de l'hiver, dans l'aube fade d'une salle d'armes glaciale, avant de partir pour la guerre.

Mais, apparemment, il n'y aura pas de combat pour moi aujourd'hui. Dehors, il fait beau, le vent est nul, la température est à moins quarante, c'est le temps idéal. Le ciel est vraiment magnifique, d'une merveilleuse limpidité, pas un souffle d'air, pas un bruit ne viennent troubler l'immensité qui s'étend devant moi. C'est poignant. Le mirage qui reflète le chaos dans le ciel rend cet univers encore plus insensé, sublime même.

Je commence à devoir me protéger de la réverbération solaire des pans de neige verticaux à l'aide de lunettes de soleil. Au début de mon voyage j'avais porté un masque — genre plongée sous-marine — mais il s'était révélé d'un usage difficile car la chaleur dégagée par la peau et l'humidité allaient se coller contre son double vitrage jusqu'à trop souvent aveugler ma vue.

Maintenant, je mets des lunettes de soleil, des Vuarnet, mais sans protections sur les côtés, de manière qu'il y ait quand même une ventilation derrière les verres, et ça va plutôt mieux même s'il faut périodiquement dégager le givre qui se forme. En sortant mes doigts des gants, je profite du soupçon de chaleur qui les anime encore pour faire fondre cette pellicule glacée. J'y vois donc assez bien mais ces lunettes ont les inconvénients que procure un corps froid proche du visage, et j'ai des gelures très douloureuses aux endroits où elles se posent, les tempes et la base du nez. Oh, mon pauvre nez ! Au fur et à mesure qu'il coule — la goutte au nez, c'est inévitable dans ce secteur — cela confectionne des stalactites qui s'incrustent sous la peau et gèlent. Ce genre de douleur m'horripile.

J'ai annoncé précédemment : pas de combat pour moi aujourd'hui, car pendant des heures et des heures j'ai cru être enfin sorti du bouclier des glaces, mais en fin d'après-midi je comprends que j'ai vendu un peu tôt la peau de l'ours. Un labyrinthe inextricable me coince pendant plus d'une heure. Un type inédit de crêtes de compression dépassant les dix mètres de hauteur a fait surgir de nouvelles formes de glace torturées qui me sont apparues telles des tours, des statues, des chandelles. D'un seul coup, je me suis retrouvé dans le Sidobre. C'est un massif de granit près de chez moi, du côté de Castres, dont les pierres relativement rondes et galbées forment d'étranges apparitions ; à tel point qu'elles ont donné lieu à l'organisation d'un circuit touristique. Certaines pierres ont des configurations tellement évocatrices qu'on les a nommées, il y a ainsi le « Roc de l'Oie », trois pierres plates posées les unes sur les autres sont devenues les « Trois fromages » et on y trouve même le « Sabot ». Très jeune, j'allais me promener souvent dans cet assez vaste parc fort stimulant pour l'imagination.

Mes souvenirs des étranges modelés du massif du Sidobre se calquent maintenant sur les reliefs fantastiques de cette banquise, j'use de cette sorte de dédoublement de ma perception pour me donner l'illusion d'être à la fois le gamin d'autrefois qui courait des « Trois fromages » au « Sabot », et l'homme de bientôt quarante ans qui, lui, chemine dans cet univers fabuleux de la banquise, à la frontière du réel. Au fond, j'ai le sentiment de ne pas avoir beaucoup changé. Peut-être que l'esprit d'aventure qui émane de l'imaginaire naît très tôt et persiste, sans jamais changer en l'être, si certaines pressions sociales ne l'étouffent pas. C'est lui qui sculpte la vie intérieure, engendre les idées un peu folles de côtoyer le Pôle, la haute mer, les cimes, comme autant de reflets extérieurs où il peut se reconnaître, se retrouver vraiment chez lui. Lorsque je pars, je ne fuis pas, peut-être que l'idée d'aventure même est un leurre. C'est l'inverse de l'exploit, je retourne enfin chez moi, là où la sauvagerie de toutes les beautés accorde mes instincts à mes battements de cœur. Ma maison est l'Aventure, elle n'a pas trop de murs, guère de toit, sa chaleur est plutôt relative, au fond j'habite son sentiment, le loyer en est très élevé, il peut même coûter la mort, tant mieux, cela ne manque pas de piquant.

***

Sur cet immensément blanc où mon cœur a retrouvé ses repères de l'amour des grands espaces, mon corps sans échelle déambule à la recherche d'une dimension.

Ai-je fait deux cents, cinq cents, mille mètres ? Je n'en sais rien. Les géants de glace que je vise à l'horizon pour ne pas m'éloigner de la route m'apparaissent comme des monuments et je leur donne des noms : la Maison carrée de Nîmes, Notre-Dame de Paris, l'arc de triomphe... mais, une fois dessus, l'illusion des formes s'effondre car ils ne font jamais plus de six, huit ou dix mètres de haut. Un château s'avère souvent n'être qu'un petit bloc décevant. Dans de telles conditions, il est impossible d'estimer la distance séparant deux points. Je m'en réfère alors aux chemins de mon enfance, mille fois parcourus, mémorisés à tout jamais. C'est de Vielmur que toujours je pars, de la maison du tailleur, à côté de la barrière du chemin de fer. C'est ma maison natale où mon grand-père et mon père ont passé leur vie à tirer l'aiguille, elle est à la sortie du village. De là au carrefour de la Pierre Plantée, sur la route nationale 112, il y a très exactement un kilomètre. C'est mon repère étalon pour les petites distances. J'en compte les platanes plantés à dix mètres d'intervalle les uns des autres ; mais l'unité de mesure journalière est Vielmur-Castres — treize kilomètres jusqu'à la sous-préfecture du Tarn —, une route que je connais par cœur pour l'avoir faite à pied, à bicyclette, en voiture, en car, le samedi soir et le lundi matin, quand j'étais en pension à la ville. Au kilomètre 2, c'est le clocher de Jonquières ; là naquit le docteur Pinel, le premier aliéniste qui eut l'audace de déchaîner les « fous » hospitalisés à la Salpêtrière. Au kilomètre 4, sur la côte de Lafumade, on trouve la ferme de Gérard Bastier, qui m'apprit à dénicher les pies que j'apprivoisais. Sur le plat du Bousquet, Maurice Veine est toujours là, c'est lui qui m'avait donné mes premières tourterelles domestiquées — j'en ai eu jusqu'à huit couples. Dans la grande descente qui mène au pied de la côte de Lissartade, Massip est maintenant à la retraite ; lorsque j'avais huit ans il était maquignon et ses affaires périclitèrent quand les automobiles et les tracteurs remplacèrent les voitures hipomobiles et les chevaux de trait...

Il est quatorze heures. Mon ombre sur la glace est à trente degrés à droite de la route. Ça fait six heures que je marche et j'espère avoir dépassé les Farguettes, ou peut-être suis-je déjà dans la descente de Baumont ?... Difficile à dire car j'ai perdu du temps dans le chaos de fin de matinée, mais, à deux kilomètres à l'heure, le panneau Castres devrait quand même déjà être en vue.

Après une heure de cheminement entre les blocs, je décide de m'arrêter, vers quinze heures, et de monter le camp. Castres est à l'ère glaciaire ; je dresse la tente place Jean-Jaurès à l'abri d'une crête de compression, en plein centre de la cité déserte.

Plus tard, vers la fin du mois d'avril, quand les journées de marche seront plus longues et ma progression plus rapide, je ferai l'aller et retour dans la journée afin de revenir dormir à Vielmur.

***

D'autres idées me passent par la tête, elles ont essentiellement comme but de ponctuer ma souffrance de repères psychologiques par rapport à ce que les hommes ont pu subir dans différentes épreuves de leur vie. Ainsi, je m'imagine être un évadé pour qui la seule issue serait le Pôle. « Il n'y a qu'une seule sortie, c'est là-haut », me dis-je en me remémorant toutes les histoires de prisonniers dont j'ai entendu parler — notamment celle de mon oncle et d'amis de mes parents qui, durant la Seconde Guerre mondiale, se sont échappés des geôles allemandes dans des conditions dramatiques, bien plus graves que celles que je vis, creusant des tunnels, n'ayant rien à manger mais étant motivés par ce courage, cette force qui pousse à aller jusqu'au bout pour retrouver la liberté. Et, à force de me répéter que je suis le prisonnier du Pôle, j'arrive à me mettre en tête que je dois en terminer le plus vite possible. Ce que j'accomplis n'a rien à voir avec une promenade de santé, la banquise est tout sauf un coin charmant où flaner. Plus rapidement j'avancerai, plus le courage me viendra pour en finir.

Un autre mécanisme que j'utilise, plus drôle celui-là, consiste, lorsque je plante ma tente le soir, à jouer au compte à rebours avec les soixante jours prévus comme durée de mon expédition. Selon le chiffre obtenu, j'essaye de retrouver à quel département français il correspond. A moins quarante-sept jours, par exemple, numéro du Lot-et-Garonne, je visualise les endroits où j'avais fait de nombreux remplacements de médecins. Le 47, c'est Agen, le pays du pruneau, et pour me distraire je fais de mémoire une espèce de visite touristique, situant le département, énumérant les cours d'eau qui le traversent, les villes et les villages dont je me souviens. Mon grand-père, que j'ai bien connu, était féru de géographie — tout comme mon père, d'ailleurs —, ils avaient été à l'école primaire à l'époque où l'instituteur ne badinait pas avec la carte de France. Lorsqu'on leur citait le nom d'un département, ils en énuméraient instantanément la préfecture, les sous-préfectures, le nom des villes annexes, les chiffres de leur population, les fleuves, les rivières et leurs affluents et ainsi de suite... Et, au milieu de la banquise, je m'amuse beaucoup à essayer de retrouver toutes ces interminables listes de chefs-lieux de cantons gravés dans la mémoire de mon enfance, c'est un passe-temps certes... primaire, mais à l'ombre des glaces bleutées il a l'avantage de ramener sur terre.

***

D'autres fois, au contraire, je laisse aller l'imaginaire, c'est si facile — du fait des aberrations de perspectives — de se dire que l'on se trouve maintenant dans une profonde vallée, avec de véritables montagnes de chaque côté, la banquise prend alors une ampleur effarante. Je ne vais plus d'un bloc à l'autre, je passe d'une cime à un défilé gigantesque dans un paysage digne des Himalayas ; ce microcosme anarchique dans lequel je progresse devient le territoire de mes visions, c'est ce que j'appelle le syndrome de Gulliver, une soupape indispensable pour l'esprit ; j'ai découvert que pour résister à la pression de la claustrophobie du labyrinthe polaire l'expansion mentale est une pertinente stratégie, elle permet de se soustraire à cette emprise. Dédale, dans un tout autre lieu et il y a bien des siècles, rusait-il ainsi ? J'aimerais bien le savoir. Quoi qu'il en soit le mythe du labyrinthe et le combat de l'homme fragile qui y progresse demeure le même de toute éternité.

***

Au camp de base, Judy fait ses valises pour rentrer à Paris où un film historique l'attend — elle en fait les costumes. Elle va beaucoup me manquer. Diane est arrivée de Montréal pour prendre le relais aux communications radio. C'est une amie que connaissait Judy. Elle nous avait hébergés lors de la préparation de l'expédition au Canada et, depuis mon départ, elle joue un rôle crucial de relais entre la France et Resolute Bay, résolvant une lassante série de problèmes matériels épineux qui vont du transport des nouveaux traîneaux de rechange jusqu'aux détails rébarbatifs de choix d'un modèle de fermeture Éclair précis ou de bande de Velcro à commander d'urgence...

6.

DANS L'ANTICHAMBRE DE L'ENFER

Le samedi 29 j'écris dans mon journal : « Très grosse et dure journée dans l'antichambre de l'enfer ! » Cela fait vingt jours que je suis parti, je me trouve à 84° 34′ de latitude Nord et la banquise est toujours effroyablement abîmée. Peary aurait-il menti dans son livre lorsqu'il raconte qu'à partir d'un certain moment tout devient plat et que l'on peut enfin faire route directe vers le pôle Nord ? A Resolute tout le monde croyait à son histoire, en tout cas chacun m'avait confirmé que les premiers cent kilomètres franchis, la glace s'arrangeait. Mais seul, au milieu de ce chaos, je commence à en douter sérieusement.

Après une première communication radio le soir, Michel me rappelle pour me soutenir mordicus ce que je ne parviens toujours pas non plus à admettre : j'aurais parcouru seize kilomètres aujourd'hui — ce qui me paraît invraisemblable, impossible, dans un secteur aussi tourmenté. Il faut dire que le traîneau passe bien et que je commence à trouver la cadence. A force de vivre dans une galère, on rame de mieux en mieux, c'est bien connu. Même l'antichambre de l'enfer a son côté... pédagogique, un peu forcé, forcené même. Ici, on ne fait pas dans la nuance. La cadence c'est huit heures par jour, avec les ours comme gardes-chiourmes, tous les ongles qui se décollent, les doigts des pieds et des mains perclus de crevasses, des paquets de glace énormes pendus à la moustache et au menton, qui recouvrent en l'encerclant mon masque de poudreuse — que j'ai dû remettre car les lunettes ne suffisent plus. Je suis l'abominable homme des neiges, le docteur Étienne Yéti lancé comme une bête dans ces pièges de glace qui ne sont même plus des défilés mais des entonnoirs, c'est ignoble. Aucun hélico ne poserait le moindre patin par ici et même à un avion volant très bas il faudrait un sérieux coup de dé du hasard pour repérer un homme blessé. Les éventualités de l'entorse maudite, de la jambe brisée connaissent un succès renouvelé et ravageur au hit-parade de mes trouilles, je ne marche plus sur la glace, je marche sur ma propre peur, et le satellite — observateur impartial — sanctionne : seize kilomètres ! Ce soir, que dois-je remercier ? Certainement pas ma volonté propre, ni mon sens de l'orientation pour ma « navigation » glaciaire ; mais quelques glandes de mon corps stimulées par l'angoisse, dont les sécrétions — notamment l'adrénaline — sont venues à bout de l'antichambre de l'enfer.

***

Dimanche 30. C'est Pâques. JE SORS DU CHAOS. Les crêtes de compression sont devenues de plus en plus distantes et de vastes zones de plat me permettent de très bien avancer. Je me suis levé à cinq heures du matin pour démarrer à sept, mais à quatorze heures je m'endormais sur mes skis, épuisé. J'ai monté la tente dans un brouillard de fatigue et je me suis étendu immédiatement, trop las pour avoir même envie d'avaler quoi que ce soit. Pourtant, d'habitude, je mange régulièrement, mon appétit a été bon jusque-là, sans surprise. Les faux départs, les journées de blizzard, les ours, enfin tous ces stress à rebondissements n'étaient pas encore parvenus à dérégler mon horloge gastrique. Que se passe-t-il ? Du calme, Papy, ce n'est peut-être qu'un incident de parcours...

En comparant mon plan de route avec celui des Finlandais,

je m'aperçois que je les ai un petit peu dépassés. Champagne ! ET JE SUIS SORTI DU CHAOS ! Champagne ! Je fais fondre de la neige et je m'octroie... le champagne polaire : un thé bouillant qui, pour une fois, a comme un léger goût de bonheur.

***

Le lundi 31 il fait beau, moins quarante degrés, dehors ; dedans c'est partout la glace, la glace toujours, la glace encore... Cela devient monotone. J'ai le soupçon que c'est cette lassitude qui sape mon appétit. La lampe ne marche plus mais c'est moins grave qu'au début, j'arrive à écrire car les journées sont de plus en plus longues, la lueur du soleil se laisse deviner au travers de la tente.

Écrire dans ces conditions de basses températures n'est pas de tout repos. Lors de ma préparation, j'avais testé le « Space Pen », un stylo créé pour la NASA pour fonctionner à moins soixante-dix degrés. Mais il était métallique, donc d'un contact particulièrement... glaçant ! Je me suis alors rabattu sur le banal crayon en bois avec mine de graphite qui me donnera toute satisfaction.

Par moins quarante degrés, il est hors de question d'écrire sans gants. Hélas ! les extrémités chaudes de mes doigts enfilés à l'intérieur font toujours un peu fondre la glace entreposée dans la laine ; et les gouttes d'eau se détachant gèlent instantanément au contact de la page du livre de bord. Afin de l'éviter, enfin... le plus possible, j'essaye de toucher le papier au minimum, en le calant à l'aide de mon seul petit doigt. La nuit, le problème de l'écriture s'aggrave encore. Sous le pinceau de lumière de ma lampe frontale, le halo de buée jaillissant à chacune de mes expirations élimine toute visibilité, donc « lisibilité » ! Je ne peux écrire alors qu'à... l'inspiration ! Et lorsque je... l'ai, au point d'inscrire une phrase entière, je dois retenir mon souffle jusqu'au bout. Même la mine de graphite la plus grasse finit par me trahir en durcissant sous l'effet du froid. J'ai toujours un couteau Opinel à côté de moi afin de la gratter toutes les quatre ou cinq minutes et pouvoir continuer.

L'écriture me sauve. Ce journal de bord, avec lequel j'ai rendez-vous tous les soirs, remplit un rôle de confident. Il est l'ordonnateur de mes pensées, le réceptacle de mes émotions, mon garde-fou. Sans cet exorcisme, j'aurais sans doute pu perdre la tête, devenir gâteux, prisonnier du cercle vicieux de mes hantises... Ce livre de route est un irremplaçable compagnon. C'est sans pudeur que je le retrouve pour lui confier que je doute, que je souffre, que je pleure.

***

La gelure du gros orteil gauche que j'avais eue l'année dernière est de retour. Lorsque j'ai enlevé mes chaussures ce soir, je ne sentais plus ce doigt de pied, quand j'ai ôté le chausson de marche je ne le ressentais pas plus. Arrivé au tour de la chaussette, l'orteil m'est apparu dans le sac en plastique transparent entourant mon pied. Il était énorme, avec une phlyctène de toute beauté. Le lendemain matin, c'est tellement gonflé que mon pied n'entre plus dans la chaussure, je dois la crever. Je prends mon aiguille à couture, préalablement rougie à la flamme, et « pof », je l'ouvre. Beaucoup d'eau s'en échappe, bon, ce n'était pas grand-chose, les prolongements d'une gelure superficielle. Je remets chaussette et chausson, je peux à nouveau entrer dans la chaussure. Drôle de poisson qu'une phlyctène pour un 1er avril, ça s'annonce plutôt mal !

C'est aujourd'hui l'anniversaire de mon père, je vais lui dédier cette journée. Depuis quelque temps j'ai en effet commencé à « dédier » des journées à ma famille, aux amis, cela me donne du courage. Il y en a même eu pour Michel Franco, Franco le terrible, le coach impitoyable qui me pousse, me pousse, en me disant, par exemple, à la radio : « Bon, eh bien jusqu'à maintenant tu as fait le plus souvent huit heures par jour de marche, il faudrait que tu envisages désormais de faire huit heures et demie ! » Bien planqué derrière son micro, il peut en parler à l'aise. Je lui en veux à mort, cependant j'irai quand même jusqu'à faire mes huit heures et demie en lui dédiant la journée... mais seulement à l'arrivée ! Il y aura beaucoup de ces journées Franco. Plus tard, plus loin, elles atteindront même jusqu'à douze heures...

***

La journée de mon père, c'est important aussi. Ma mère, évidemment, en fait partie. J'essaye de m'imaginer comment eux, si loin là-bas, à Vielmur, perçoivent mon aventure. Ils avaient très peur lorsque je suis parti. Certes, mes départs répétés en expédition étaient devenus une habitude ; mais cette fois, avec le pôle Nord comme cible, c'était impressionnant. Pourtant, ils étaient restés calmes et tendres, disant : « On te fait confiance, donc on est tranquilles. » C'était assez fantastique, de la part de parents, d'accepter les choses ainsi. Tandis que je skie, je réfléchis au chemin que j'ai accompli en tant que fils. Mon père a été tailleur d'habits toute sa vie, il avait peut-être d'autres ambitions et certainement beaucoup de capacités intellectuelles pour faire autre chose que ce métier qu'il n'a jamais aimé. Il s'est usé à travailler soixante heures par semaine pour pas grand-chose. Lorsqu'il a arrêté à la cinquantaine il était encore locataire de son atelier, il n'avait même pas pu se l'offrir. Il a eu une vie difficile mais a tout accepté pour que la mienne ne le soit pas. Dans son esprit, son rêve pour moi s'arrêtait au certificat d'aptitude professionnelle, enfin à quelque chose qui me permettrait de suivre une option technique et d'envisager une carrière de technicien. Il en aimait et comprenait l'idée car il s'agissait de quelque chose de tangible, d'envisageable.

Quand je lui annonçai un jour que je voulais faire ma médecine, il s'écria : « Ah bon, tu veux faire médecin ! », et sous le choc il ne put ajouter un mot de plus. Il était sidéré.

Parmi ses clients il comptait des médecins — à l'époque, les professions libérales s'habillaient encore chez le tailleur. Il commença à les questionner régulièrement. « Mon fils veut faire médecin, qu'en pensez-vous ? » L'un d'entre eux lui répondit : « A-t-il fait du grec ? » « Ah non, il fait technique ! » C'était alors la naissance du bac technique, honni et frappé de dérision pendant ces années-là. « Le pauvre, il n'y arrivera jamais. Il aurait fallu qu'il ait une formation de grec afin qu'il soit à même de comprendre notre langage médical, quatre-vingts pour cent de nos termes sont en effet grecs. » Mon père me rapportait tout ça le samedi, et bien pire parfois, j'étais alors en pension. « Écoute, j'ai parlé au docteur Untel, il pense que tu auras des difficultés, et tout, et tout... » Moi, j'étais déjà assez tenace et surtout têtu, je lui répondais : « Ne t'inquiète pas, je le ferai ! » L'autre souci de mon père concernait le coût de ces études, évidemment très longues. « Ne t'inquiète pas, j'en fais mon affaire, je me débrouillerai. »

Aujourd'hui, j'avance sur la banquise avec ces bribes de dialogues ricochant tendrement dans ma mémoire. Décidément, j'aurai eu une trajectoire de fils guère en harmonie avec l'idée que s'en faisait mon père. Et, me voici approchant du pôle Nord, c'est quelque chose d'invraisemblable, aux antipodes de ce que lui aurait imaginé du destin de son rejeton — issu d'un petit village isolé du sud de la France où, en principe, les gens naissent là, meurent là, où il n'y a guère d'échanges avec l'extérieur ; ce n'est pas un port, rien n'attire vers un au-delà, il n'y a pas de montagnes, il n'y a pas d'évasion, c'est la campagne. Ce qu'aurait dû être ma vie est devenu autre chose, une autre vie. Comment cela a-t-il pu se produire ? Je m'interroge et je ne trouve pas de réponse. Il y eut, certes, une succession d'indices, ils indiquent que j'eus très tôt de l'intérêt pour ce style d'existence qu'on appelle l'aventure. Lorsque j'étais petit, je montais déjà des expéditions, qui valaient bien celles du pôle Nord à mes yeux d'alors. Je partais avec mon vélo, j'allais dormir dehors le plus loin possible, souvent seul. J'ai toujours eu horreur du scoutisme du jeudi ou du dimanche, j'allais simplement aux camps d'été où l'on faisait quinze jours de montagne ou de mer. Puisque l'on passait du temps dehors, cela me convenait assez, mais mes rapports avec le groupe restaient... limite. Non, j'ai beau me creuser la tête, réfléchir à l'éducation donnée par mes parents, je ne vois rien, mais rien qui aurait pu me guider vers ces glaces.

***

A quatorze ans j'avais quitté l'école pour le collège technique, avec comme probable destin celui d'un ajusteur. La pension était sévère. J'y étais arrivé un dimanche après-midi de rentrée en culotte courte et cheveux en brosse. Quelle erreur pour un bizuth ! Il fallait déjà se battre pour exister.

L'ordre alphabétique m'avait placé en étude entre Carola, Courteau, Faure et Gavanou... pas vraiment, vraiment terrible ! Là, il fallait même se battre pour travailler. Pendant la classe il était formellement interdit d'étaler son savoir au tableau après qu'un « ancien » — entré un an plus tôt — eut séché. Toute trahison était punie au cours de la promenade des pensionnaires du jeudi après-midi. Les fautes graves, « insultes à anciens », étaient passibles du châtiment suprême : cul au cirage ou bite au dentifrice. La marque Signal aux raies rouges employée à cet usage jouissait d'une très solide réputation... J'ai toujours rusé pour en être dispensé.

Nous travaillions quarante heures par semaine, histoire de déjà bien nous préparer à la vie active : vingt-quatre heures de cours et seize heures d'atelier. Étant donné qu'aucun élève n'aurait eu l'originale idée de se doucher nous sentions tous fortement le gasoil, mais ça ne dérangeait personne. C'était ma mère qui me le faisait remarquer à mon retour à la maison le samedi soir. Un jour, on nous menaça de supprimer la « pâte Arma » — savon d'atelier agrémenté de grains de sable — pour raison économique. J'ai alors pris les devants en organisant une grève, ce qui me valut de gagner l'estime des plus féroces anciens.

Les cours me plaisaient assez et je travaillais bien. Pour avoir la paix, je distribuais les solutions aux problèmes de maths et de physique. Mais à l'atelier, c'était plutôt la galère. On ne pouvait en être dispensé que pour raison de santé. Les plus audacieux se faisaient des automutilations : brûlures de la paume de la main à l'aide d'une loupe placée au soleil... Landes, qui était de Lacaune, m'avait demandé de lui faire un croc-en-jambe alors qu'il courait ; il s'était étalé de tout son long sur l'asphalte de la cour et ses mains très écorchées lui avaient valu jusqu'à quinze jours de dispense.

La pension, d'abord trop dure, était peu à peu devenue une famille pour moi. On ne s'y ennuyait jamais. J'avais découvert les règles du jeu pour avoir la paix. Une chose me fut cependant absolument interdite avant la fin de la première année : déclencher « baraque » au réfectoire. Pour les repas, nous étions groupés par tables de huit. Quand un ancien criait « baraque » au moment de sa convenance, il fallait se précipiter sur le plat qui venait d'être servi ; baraque supprimant par magie l'ordre classique de circulation des aliments. Par chance, ce n'était pas toujours les plus grands, les plus gros ou les plus forts en gueule qui arrivaient forcément à se servir les premiers. Coutume de sauvages dans ce microcosme d'adolescents qui, vers quinze ou seize ans, terminaient en liesse l'école pratique et l'apprentissage d'un métier pour entrer prochainement dans le monde du travail.

En quatrième technique, un professeur de mathématiques qui expliquait mieux que les autres m'a aidé, poussé. Je me suis retrouvé à la fin de la troisième — là où tout aurait dû s'arrêter pour moi — avec mon CAP d'ajusteur, sélectionné dans une petite grappe d'élèves pour passer le bac technique.

Le réussir, pour moi, fut vertigineux, jamais l'idée d'être bachelier un jour ne m'avait effleuré, de multiples portes s'ouvrirent. Je choisis celle de la médecine avant tout par affinité avec... les sciences naturelles. Était-ce le souvenir des nombreuses petites expériences auxquelles je m'étais livré très jeune avec des animaux, des plantes, qui me fascinait ? J'ai un peu oublié mais il me semble que oui.

Pour gagner ma vie durant ces études carabinesques je faisais des aides opératoires en assistant des chirurgiens. Le docteur Guibé s'intéressa à mon cas et me poussa pour l'internat à me spécialiser dans cette voie. Je venais du technique, et la chirurgie l'est essentiellement mis à part les problèmes de diagnostic. Je m'étais donc révélé doué, mais déjà l'appel de l'aventure me travaillait. Un jour, je délaissai gants et scalpels pour partir. L'ai-je regretté ? Non, si l'on suit ses impulsions profondes, la nostalgie devient sourire.

***

Le point de départ de mes tribulations d'aventurier professionnel fut une lettre d'Éric Tabarly qui me proposait d'embarquer sur *Pen Duick VI* comme médecin de bord pour la Course autour du monde de 1977.

J'avais rencontré Éric Tabarly en février 1976, au retour de mon premier voyage en Patagonie, où j'avais été faire une tentative d'ascension du Fitz Roy. Ce séjour de quatre mois là-bas m'avait conforté dans mon choix de vie : j'allais devenir médecin d'expédition. Je ne connaissais alors que la montagne mais je sentais déjà naître l'appel de la mer.

Je fais donc escale à Rio pour quarante-huit heures, là se trouvent des bateaux de la course du Triangle, arrivés de la deuxième étape, Le Cap-Rio. Les plus grands voiliers de course européens sont rassemblés au richissime Yacht-Club et certains skippers projettent déjà de faire la prochaine Course autour du monde ; mais, à cette époque, seul Éric Tabarly est vraiment certain d'y participer.

J'arpente les pontons en espérant glaner quelques informations, appréhendant quand même un peu d'avoir à aborder Tabarly — mais je ne le vois pas. Il est en ce moment sur *Pen Duick VI*, où il effectue les cinq cents milles de qualification nécessaires à la Transat en solitaire de 1976. Je repars donc bredouille mais néanmoins heureux d'avoir passé deux jours en compagnie de marins de course au large, dont j'ai découvert le milieu.

C'est à l'aéroport de Rio que je rencontre Éric Tabarly, il y attend des amis. Me voilà au pied du mur, je dois impérativement lui parler. Je m'arme de courage et fonce droit sur lui. Il porte un tee-shirt blanc et des tongs. « Bonjour, monsieur, je voudrais faire la Course autour du monde. Je suis médecin, si vous en cherchez un, j'aimerais partir avec vous... » Éric me demande posément si je suis marin et à quelles courses j'ai déjà participé. « Je n'ai jamais navigué, je suis alpiniste mais cela me plairait beaucoup de faire une longue course. J'ai du temps, de l'énergie et je crois que je pourrais assez vite me rendre utile. » Il me répond : « Laissez-moi vos nom et adresse ; je vous préviendrai si j'ai besoin de vos services. » Je griffonne mes coordonnées sur un petit morceau de papier. « Je n'arrive pas à vous lire... » Je suis tellement ému que je ne peux me concentrer sur mon écriture, je recommence avec plus d'application. Il glisse le papier dans la poche de son short blanc. A ce moment-là j'ai l'horrible certitude que papier et short passeront ensemble dans la machine à laver et que les enzymes engloutiront inexorablement cet instant magique dès la prochaine lessive.

Eh bien non : début mars 1977, je reçois une lettre signée Tabarly. « Monsieur, nous partons prochainement pour Los Angeles, via les Antilles et Panama, nous faisons la transpacifique Los Angeles-Honolulu, puis nous irons rejoindre à Auckland les bateaux de la Course autour du monde, via les

Marquises, Tahiti, Bora-Bora... Nous ferons les deux dernières étapes de la course Auckland-Rio et Rio-Portsmouth. »

Une année de rêve, comme on en connaît peu dans sa vie, au cours de laquelle je vais découvrir les hommes qui deviendront mes meilleurs amis au monde.

***

Lorsque j'ai reçu cette lettre, mes parents se sont dit : « Le petit, quand même, si Tabarly le demande, c'est qu'il est sérieux, c'est qu'il fait bien les choses. » Dès lors, j'ai commencé à les contaminer, ils se sont faits à l'idée qu'ils avaient un fils aventurier effectuant de grands voyages pour découvrir le monde. Eux-mêmes se sont mis à « pratiquer », à partir faire des « expéditions » à leur échelle, ils allèrent jusqu'à traverser la France en bicyclette — cela engendra une complicité entre nous.

Aujourd'hui, quand je reviens d'expé, que je téléphone pour leur demander : « J'arrive à Toulouse au train, ou à l'aéroport, viendrez-vous me chercher ? », ils sont toujours là à mon arrivée — dans les trois minutes qui suivent nos retrouvailles mon père commence à parler de ses aventures à lui. S'asseoir à ses côtés et l'écouter, c'est partir pour quatre heures d'odyssée, carnet de bord à l'appui, où les Corbières deviennent la Patagonie ; à soixante-trois ans il a complètement épousé le monde de l'aventure. La dernière fois qu'il vint me chercher avant que je ne parte pour le Pôle, j'arrivais alors de Pékin — venant de la face nord de l'Everest, ayant traversé le Tibet, puis la Chine —, mais quatre minutes après les embrassades il commençait à placer sa traversée du Lot : « Et alors Charlotte a crevé, on a changé le pneu... — Charlotte c'est ma mère —... et après nous avons eu de grosses difficultés, tu ne peux pas savoir, et... »

Au milieu de cette banquise, à force de penser à mes parents leur présence a presque fini par me rejoindre. J'ai murmuré : « Cette journée, je vous l'offre », et j'ai senti que les dissonances de nos routes respectives frôlaient une forme d'harmonie, que depuis le tout commencement leur tolérance n'avait pas été sans beauté.

***

Au campement, le soir, je fais le bilan de mars. Du 9 au 31, en vingt-trois journées, j'ai marché dix-sept jours, cent heures au total. Cela représente une moyenne de six heures par jour pour cent quatre-vingts kilomètres parcourus, soit approximativement dix kilomètres de progression par vingt-quatre heures. Je suis à 84° 39′ de latitude Nord, ce n'est vraiment pas beaucoup. Un degré et demi de gagné en latitude c'est peu, c'est même très peu. En extrapolant, je vais mettre quatre-vingts jours pour atteindre le Pôle, c'est catastrophique. — Enfin, Papy, un peu de patience, entre hier et aujourd'hui tu as fait vingt-sept kilomètres selon un nouveau positionnement expérimental par le système Sarsat. L'ice-shelf, c'est fini. Les données de ta progression vont se modifier du tout au tout, tu iras beaucoup plus vite désormais, ces quatre-vingts jours ne veulent rien dire...

***

Mercredi 2 avril. Ombres et lumières. Moins trente-huit degrés. Je m'attends à une journée ordinaire. Mais vers deux heures de l'après-midi, un bruit sourd parvient à traverser le casque de glace, étouffant les sons, qui enserre le capuchon fourré de peau de loup rabattu sur ma tête de manière à englober le plus possible de mon visage. Qu'est-ce que c'est ? La banquise qui s'effondre ? ! Visuellement, tout est calme pourtant dans les encablures proches. Suis-je stupide ! cela doit se passer dans le ciel ! Je lève les yeux : un avion de ligne. Enfin ! un signe humain dans ce paysage complètement mort depuis des jours, des jours, des jours... Je pousse un hurlement : OUUUUUUH !...

C'est un cri de joie, de défoulement et cela me fait un bien fou. Simultanément, je suis abasourdi par ce nouveau son, c'est la première fois que j'ouvre la bouche pour m'exprimer à voix haute en marchant dans la solitude de la banquise. C'est ma propre voix que je viens d'entendre. Dire que je n'avais jamais pensé à le faire avant. Pourquoi ? Sans doute parce que j'avais peur de déranger, peur de troubler quelque chose de la virginité de cette immensité. Quel choc ! Après avoir passé trois semaines à marcher en ne se parlant qu'à soi-même, de découvrir soudain qu'on a une voix, ici, aussi ! Quelle merveille ! Il n'y a pas de journée « ordinaire » sur la route du pôle Nord.

7.

« DOCTEUR ÉTIENNE, I PRESUME ? »

Rectificatif : il y a des jours comme les autres sur la banquise. La dépose du 3 avril, dont le ballet avion-hommes-matériel est réglé comme un mouvement d'horlogerie, ne me prodigue qu'un enthousiasme relatif.

Pourtant, Diane est là. Elle est venue me rejoindre sur la glace pour la première fois, avec beaucoup de cadeaux et de douceurs. Elle m'apporte des petits pompons amoureusement confectionnés pour attacher aux curseurs de mes fermetures Éclair, un assortiment de bonbons au chocolat, une orange et une pomme afin que j'absorbe quelques fruits frais et un sandwich au saumon. Dans la tente, les chocolats et les fruits deviendront durs comme pierre au bout de quelques minutes, mais je les conserverai en guise de... souvenirs congelés. Je ne profite que du sandwich au saumon que je dévore à la hâte à l'abri dans la carlingue, alors que l'avion va repartir, ses moteurs tournant déjà. Dans la précipitation, je suis obligé d'enfiler mes chaussettes en même temps et c'est Diane qui me fait manger... mes mâchoires vont alors trop loin, je lui mords sérieusement les doigts. Mes dents sont même passées au travers des gants qu'elle porte, sans que je m'en rende compte ! Plus tard, Franco me racontera qu'en les ôtant dans l'avion, et découvrant mes morsures, elle s'écria : « Le pauvre ! qu'est-ce qu'il doit avoir faim quand même ! » Plaisantait-elle ?

***

Le soir, dans mes habits neufs et mes sacs de couchage secs, je me suis installé confortablement sous la tente pour ouvrir mon courrier. Franco m'a même apporté deux quotidiens, *Le Monde* et *Libération*. Lire *Le Monde* au pôle Nord, cela se savoure, c'est vraiment quelque chose. Je parcours les gros titres, j'essaye de lire un article ou deux mais leurs auteurs rentrent dans des détails si ahurissants, vus d'ici, que la tête m'en tourne. Je renonce. Je m'attaque à *Libération* avec un peu plus d'espoir, mais soudain tout s'éteint. Panne de lampe frontale. Zut... et tant mieux. Par 85° de latitude Nord, le décalage avec la presse quotidienne française est infranchissable. Le lendemain matin, je laisserai *Libé* et *Le Monde* sur la banquise. Peut-être que les ours les liront ? Sait-on jamais...

***

Nous sommes le 4 avril, je me souviendrai toute ma vie de l'extraordinaire spectacle offert par les glaces aujourd'hui. Pour la première fois LA BANQUISE SE SOULÈVE, l'eau apparaît dans les failles ouvertes entre les blocs qui s'écartent. On dirait le réveil d'un dinosaure ou d'un mammouth géant : lent, progressif, majestueux, inexorable. Lorsque les glaces entrent en collision, elles commencent d'abord à s'appuyer les unes sur les autres ; puis elles s'organisent avec des grincements qui serrent le cœur. Elles se chevauchent, s'érigent. Celles qui deviennent verticales finissent par basculer. En s'effondrant, elles s'écrasent dans un vacarme sourd, profond, qui se propage sur des kilomètres. J'ai l'impression de traverser un champ de bataille où une guerre datant de l'origine de l'univers se déroule, l'effet de ralenti est titanesque.

Ce ne serait guère judicieux d'avoir un ski ou un pied happé à l'intérieur. Heureusement, la majorité des blocs ne sont pas en mouvement constant. C'est cyclique, lorsqu'une vieille crête de compression s'ébranle — on dirait qu'un géant hyperboréen la chatouille par-dessous —, l'espèce de mouvement en dents de scie colossal s'amorce de loin et s'annonce bruyamment ; je détourne alors ma route en conséquence.

« On a vu souvent rejaillir le feu d'un ancien volcan qu'on croyait trop vieux... » Ces paroles de la fameuse chanson de Brel m'accompagneront toute la durée du jour...

***

« J'ai vu de l'eau, j'ai vu de l'eau ! », je répète : « De l'eau, j'ai vu de l'eau ! »...

La communication est mauvaise avec Resolute mais ils finissent par comprendre ce que je crie. Pour Michel, c'est le signe que la débâcle a déjà commencé. Il me répond sans une hésitation : « Un canot, il te faut un canot ! je répète, Papy : est-ce que tu veux un canot ? »

J'ignore ce qui m'attend plus loin. Il me reste un mois et demi à marcher sur les glaces. Aujourd'hui, il faisait moins trente-cinq degrés et l'eau a regelé très vite dans les failles. Mais plus tard ? Que va-t-il se passer lorsque le climat se réchauffera ? La vision d'un bras de mer libre, tentaculaire, impossible à traverser, me coupant la route du Pôle dans les tout derniers kilomètres, m'obsède depuis si longtemps déjà...

« Commande un canot, dis-je à Franco, vas-y... »

« Bien reçu, Papy. Bien reçu. Je m'en occupe tout de suite. Ne crains rien tu l'auras avant la Berezina. »

« Bien reçu Franco. Bien reçu. L'empereur des glaces te salue ! je répète : l'empereur des glaces te salue ! »

***

Dans la nuit, Michel appelle à Paris l'architecte naval Olivier Petit — mon vieux complice de tant de navigations, avec Tabarly, puis au Groenland, en Patagonie — pour lui faire dessiner cette embarcation ultra-légère. Puis il rameute mes sponsors : l'UAP, ELF, Damart pour le financement. Obtenir une rallonge du budget n'est jamais facile. Ils se feront un peu tirer l'oreille avant d'accepter. Il faudra mettre ce sacré canot dans un container spécial et l'expédier, depuis la France, à Resolute par avion. Ce sera ruineux en énergie et surtout... en coups de téléphone. Le pire étant que je ne m'en servirai jamais. Mais savoir qu'il était là, paré à être droppé, m'a souvent rassuré. Dans une expédition, la stratégie consiste à ne jamais rien négliger, même au prix de l'excès. Sur le plan technique, l'aventure doit être banalisée jusqu'à la logique du puzzle ; il suffit que la dernière pièce soit manquante pour que tout échoue.

Trop de sponsors refusent de le comprendre. Ils essuient un échec final par refus de financer ce qui n'était qu'une broutille pour eux. Surtout en proportion des sommes, souvent considérables, déjà consenties à l'homme ou à l'équipe choisis. J'ai de la chance. Les miens auront toujours eu l'intelligence de m'accompagner jusqu'au bout de mes choix. Je les en remercie ici.

***

Le dimanche 6 avril, j'ai gagné un canot mais perdu une baleine. Au cours du voyage, c'est le seul objet que j'oublierai sur la banquise. Celle-ci était recouverte d'une gaine blanche — c'est la couleur locale —, en tombant à même la neige elle a dû s'y confondre sans que je m'en aperçoive.

Enfilée dans l'ouverture de mon sac de couchage intérieur, cette baleine l'empêchait de se rabattre sur mon visage lorsque je dormais. Au même titre que le petit trou ménagé dans le Velcro du duvet extérieur, elle m'évitait de m'étouffer. Nous avions presque des rapports de complicité, elle était la gardienne de mes nuits. Parfois, il arrivait qu'elle s'arque trop fort ou pas assez, arrachant le Velcro ou, au contraire, le laissant se refermer. Dans les deux cas, je me réveillais furieux, soit grelottant, soit à demi asphyxié. Je n'admettais pas qu'elle me trahisse ainsi. Quelquefois, je l'accablais d'injures, lui criant : « Alors ! il faut que je m'occupe de tout ici, nom de nom, tu ne peux donc pas faire attention ! » Après sa perte, j'ai utilisé la bouillotte en guise d'arceau, en attendant qu'une nouvelle baleine me soit apportée par l'avion.

C'est assez curieux, même comique, ces relations très intimes qui s'établissent entre le matériel et moi au fur et à mesure que je m'enfonce dans ces solitudes glaciaires. Il faut comprendre que sans l'intégralité de ma panoplie je n'y survivrais pas longtemps. Chacun des articles a un rôle si précis qu'il m'arrive de les interpeller comme des personnages. Le réchaud, par exemple, est le saint sacrement. Pas question de hausser le ton avec lui ; s'il fonctionne c'est la vie, s'il s'arrête c'est la mort. C'est le seul objet, en dehors d'une paire de gants, dont je dispose en double. Et malgré tout, j'appréhende la loi des séries qui pourrait les faire tomber en panne tous les deux ensemble. Lorsque je change un joint sur l'un des réchauds c'est toujours un grand moment de cérémonial, de suspense, de concentration. Presque un culte !

J'ai surnommé la balise Argos-Sarsat « la petite traîtresse ». Quand elle fonctionne elle n'émet aucun signal alors qu'elle devrait clignoter. C'est pour économiser les piles qu'on a supprimé ce contrôle lumineux. Plus tard, je découvrirai qu'en l'installant sous l'antenne radio pendant mes communications, elle fait « Tschutt-Tschutt », selon une fréquence régulière, toutes les cinquante secondes ; mais à l'époque, je l'ignore encore.

***

Le vent s'est levé dans l'après-midi, il y a une humidité latente dans l'air, la neige est poisseuse, elle colle au traîneau qui est encore chargé au maximum après la dépose de l'avant-veille. Je souffre comme un bœuf pour le remorquer. Après sept heures et demie de marche forcée, mon corps me contraint à m'arrêter, il n'en peut plus.

Mon instinct m'annonce du blizzard pour demain. Ce vent d'ouest, cette « impression de chaleur » — même par moins trente-cinq degrés, la neige pâteuse où se reflète une lumière de plus en plus laiteuse ; tous ces éléments confirment objectivement ce sentiment. Demain, je vais avoir droit à un assaut en règle.

***

J'avais raison. Ce lundi 7, je végète sous la tente. Dehors, le grésil exulte. Je ne peux m'empêcher de repenser à la peur fulgurante que j'ai éprouvée très tard dans la soirée d'hier. La glace s'était fendue à quelques mètres du camp ! Et aujourd'hui, le même bruit exaspérant de papier kraft qui se déchire avec une lenteur sinistre se renouvelle ; la banquise m'assaille par-dessus à coups de rafales puissantes, et par-dessous en se lézardant. Il n'y a aucune visibilité et les hululements du vent prennent de plus en plus d'ampleur. Bientôt, tous les sons macabres de la danse des crêtes de compression qui se disloquent sont étouffés. Seules les vibrations du travail de sape du dégel subsistent. Il est de plus en plus difficile de déterminer si cela se produit à mes pieds... ou un peu plus loin. Mon inquiétude, c'est une faille qui s'ouvrirait sous le tapis de sol. Je ne risque pas de tomber à l'eau, car la vitesse de déchirure de la glace est lente et j'aurais toujours le temps de m'écarter ; je crains surtout que la tente soit écartelée, le matériel s'en allant d'un côté de la faille béante et le traîneau de l'autre — tandis que l'antenne radio, si précieuse, tendue à cheval sur la cassure, s'étire jusqu'à la rupture. Comment ferais-je alors pour récupérer et réparer tout ça ?

Pour l'instant, j'applique la politique de l'autruche en me

répétant : « Ça va passer, ça va passer ! » Mais le vent hurle, ses pointes de vitesse s'approchent des cent kilomètres à l'heure maintenant, impossible de mentir à mon oreille de marin. A onze heures du soir, je sors pour construire un mur de protection. Dehors, face au blizzard, mon masque de poudreuse est littéralement boxé par les rafales saturées de cristaux de glace. Je suis aveuglé. Si je me retourne, dos au vent, une dépression se forme autour du capuchon. Le grésil turbule follement à l'entour de mon visage, il se mêle au souffle de mon expiration et recouvre de gel la vitre du masque en entier. Je suis encore aveuglé. C'est insoluble. A tâtons, je mets une heure et demie pour en finir ! Durant la nuit, je sors toutes les deux heures pour pelleter la neige qui s'accumule derrière le mur. Comme dans un supplice chinois assez subtil, c'est sa pression progressive sur mes pieds qui me réveille — car elle s'élève au fur et à mesure au long de la paroi du fond de la tente, tendue à craquer. Plusieurs fois avant l'aube, j'évite de justesse une déchirure. J'en ai marre, marre, tellement marre !

Et le 8 au matin, ça continue de plus belle. Je me remémore le pire coup de tabac que j'ai vécu, au large du Groenland, après le cap Farewell. Tout l'équipage avait fini par s'enfermer en bas, attendant que ça se passe, le bateau était à sec de toile, à la merci de creux énormes le ballottant en tous sens. « Allez, Papy, ne te plains pas trop, ici au moins il n'y a ni tangage ni roulis, c'est la mer ferme, ça ne *bouge* pas ! Parlons-en ! » Au même moment, la banquise entre en vibration, on dirait qu'un serpent vient de se faufiler à toute vitesse sous mon dos. Mordra-t-il ? Mordra-t-il pas ? Non, tout est trop stable, intact autour de moi. Ah, j'ai presque la nostalgie des déferlantes, elles paraissent des monuments d'honnêteté comparées à cet univers vicieux, sournois. Je n'ai jamais connu de tremblement de terre grave, mais l'attente entre les secousses dont parlent les survivants n'est pas sans similitude avec ce que j'endure ici. Tout habillé, enfoui dans le noir au fond de mes sacs de couchage, en quête d'un repos illusoire, je guette, prêt à me ruer à l'extérieur si le pire advenait.

A quatorze heures, le vent tombe enfin, la température est remontée à moins vingt-cinq degrés, il fait beau. Tous azimuts, d'épais nuages noirs s'élèvent au-dessus des champs de glaces. Ce n'est que de la vapeur d'eau née des failles, condensée au contact de l'air glacial ; mais on dirait que partout la banquise brûle, comme après un bombardement. De nombreux blocs s'écroulent dans le lointain, imitant à s'y méprendre le roulement sourd du canon. J'étais venu pour trouver la paix dans ces hautes latitudes ; après le chaos, c'est une image de guerre qu'elles m'offrent, détestable.

***

Les journées sont assez longues maintenant, il n'y a plus de nuit, quoique le soleil se couche encore un petit peu. Je me demande si je dois repartir ou non. La luminosité ambiante ne me plaît guère. Je décide de rester. Je fais des essais de radio, et une chance étonnante me permet d'entrer en contact avec le pilote d'un 747 d'Air France venant de Paris et se dirigeant sur Anchorage. Il est beaucoup plus bavard, et surtout plus cordial, que le précédent.

Il ne me reçoit pas très bien mais nous parvenons à échanger quelques mots. En guise d'adieu, il me lance : « Je ramène de vos nouvelles au pays ! » J'ai l'impression qu'il est parti avec un message, cela me fait plaisir, peut-être que d'autres personnes vont partager mon aventure grâce à lui.

Autour de moi, c'est encore et toujours l'éternel désert blanc, je campe à côté de deux grosses crêtes de compression en forme de pyramide, dont l'une m'abrite efficacement contre les attaques répétées du blizzard.

Vers six heures du soir, je dîne sous la tente, la soupe sur mes genoux, lorsque j'entends soudain un « ou-ou-ou-ou... » prolongé, j'en ai la cuiller qui se fige entre la gamelle et la bouche. Qu'est-ce que c'est que ça ? J'hallucine ? Oui, ça y est, ça ne va plus, j'ai des hallucinations. Et tout d'un coup, je réalise : « C'est Steger ! » Ce sont les chiens esquimaux qui ont cette façon d'aboyer, si modulée. Je pose ma soupe et me rue hors de la tente de peur de les manquer. Je gravis à une vitesse folle la crête de compression la plus proche et de là, comme dans un songe, je vois passer la caravane qui défile juste en contrebas.

Steger m'aperçoit. Je me demande lequel d'entre nous est le plus stupéfait. En découvrant soudain un homme perché sur un bloc, au beau milieu de l'océan Arctique, j'imagine que pendant de longues secondes, il a dû, lui aussi, avoir quelques soucis pour sa vue !

Il descend en marche de son traîneau, et accourt vers moi. Nous nous regardons mutuellement un bref instant, comme pour vérifier que nous ne rêvons pas. Il me dit : « Etienne ? » Je lui réponds : « Steger ? », et nous tombons dans les bras l'un de l'autre, une fois, deux fois de suite. C'est incroyable cette rencontre, nous sommes bouleversés, ébahis, sidérés.

Depuis le départ, nous étions un peu comme chien et chat, chacun dans son coin sur la banquise ; par radio nous recevions des rumeurs sur nos progressions respectives, ceci avait instauré un certain mystère — et surtout l'idée d'une compétition sur la route du Pôle. En nous serrant dans nos bras, tout comme dans l'échange de nos regards, nous nous rendons compte combien cette attitude était ridicule, dérisoire. Ce que nous vivons est tellement fort, si difficile que nous ne pouvons que nous aimer dans ce climat complètement inhumain, inhospitalier jusqu'à la nausée.

La compétition n'a aucune place ici, nous sommes arrivés si loin pour y puiser quelque chose d'infiniment plus riche, la lamentable paranoïa de qui sera le dernier, le premier, est rayée de nos cœurs. Les yeux de Steger ne reflètent qu'hébahissement et fraternité complice.

— C'est dur par ici ! dis-je à Steger.

— C'est dur ! me répond-il.

Et cela nous suffit.

Ses compagnons s'approchent. Des mains humaines se serrent.

Ils ne sont plus que sept, dont une femme, Ann Bancroft.

Bob Mac Kerrow a été évacué la première semaine, à la suite d'une chute.

Le courant de sympathie, d'émotion, est fantastique. Il nous suffoque tous.

On ne triche plus, il me suffit d'observer les traits de leurs visages : décharnés par la tension, couverts de gelures et de peaux de cicatrisations, pour saisir que nous avons enduré les mêmes souffrances, les mêmes peurs viscérales.

Tous ensemble, nous repassons de l'autre côté de la crête de compression, ils veulent absolument visiter mon camp. « Oh boy ! » s'écrient-ils sans arrêt en faisant le tour de ma minuscule tente. « Oh boy ! » s'écrient-ils médusés en se penchant sur chaque pièce de mon matériel. Ils me font penser à de grands enfants découvrant une maison de poupée au cœur de la banquise ; tout doit leur paraître si menu, si réduit à l'essentiel comparé à leurs traîneaux transportant en tout plus de deux tonnes de matériel !

Ils n'en reviennent pas, je les sens admiratifs — et surtout d'une insatiable curiosité. Je devine qu'ils mesurent ce que tout cela implique de solitude et de risques, mais aussi d'autonomie et de liberté, que d'avancer vers le Pôle avec cette panoplie d'aventurier... cinquante kilos. « Oh boy ! cinquante kilos *I can't believe it !* » Ils me prennent en photo, ils me filment, c'est drôle, un peu comme un extraterrestre. Steger et moi posons pour la postérité, on s'amuse comme des fous. Nous rejouons pour la caméra la scène de notre rencontre, c'est quasi historique, grandiose.

Je leur propose un peu de soupe et là, soudain, je vois les sept visages s'immobiliser d'un seul coup, comme frappés de stupeur, et, dans un ensemble parfait, pivoter de droite à gauche, tandis qu'un « *no* » collectif jaillit en chœur de leurs lèvres subitement crispées.

« Nous faisons une expédition sans ravitaillement extérieur... » renchérissent-ils !

Je m'incline, mais je trouve qu'ils exagèrent un peu. Il n'y a que des Américains pour pousser le cochonnet aussi loin, au point de refuser chacun un quart de soupe française au pôle Nord par crainte de se faire accuser d'assistance... étrangère ! Sur cette fausse note, nous nous séparons. Ils doivent continuer pour dénicher une aire propice à leur campement. Il est convenu que nous nous retrouverons demain.

Par instants, la nuit, j'entends au loin les curieux aboiements de leurs chiens. Cette proximité de quelque chose d'enfin amical, vivant, je la savoure jusque dans mon sommeil, comme un émerveillement.

***

9 avril. Ce n'est pas un matin ordinaire. Cela fait un mois aujourd'hui que je suis parti, et j'ai rendez-vous avec Steger sur la route.

Il me faut près d'une heure de marche rapide sur leurs traces pour découvrir le camp. Impossible de le rater : deux tentes igloo jaunes, quatre traîneaux disposés en étoile, et quatre chaînes tendues fixées au sol sur lesquelles sont attachés les trente-six chiens, à une distance respective qui leur empêche tout contact. A huit heures quand j'arrive, le camp est endormi. Seuls quelques chiens, qui m'ont entendu, lèvent la tête et s'ébrouent dans un léger cliquetis de chaînes. J'ai tiré mon traîneau jusqu'à l'entrée d'une tente mais personne ne bouge. Même les chiens se sont recouchés, pas le moins du monde surpris de cette visite insolite. Auraient-ils la même attitude si un ours — qu'ils ne connaissaient pas — s'approchait d'aussi près ? C'est bien ce qui était arrivé à Uemura... Lorsque l'ours était venu renifler sa tente, ses chiens n'avaient pas réagi.

« Steger ! Steger !... » Personne ne répond. J'hésite à crier plus fort, je n'ose pas les réveiller. Il fait très beau et je ne voudrais pas non plus perdre de temps à les attendre, d'autant qu'en allant plus vite que moi ils pourraient me rejoindre en suivant mes traces.

Je décide de partir. J'ai à peine fait cent mètres que je suis déjà pris de remords, et je fais demi-tour.

« Steger ! »... « *Yes, come in*, Jean-Louis. »

J'entre par la chatière, l'intérieur est tout jaune, ensoleillé. Leur tente est beaucoup plus haute que la mienne, je peux me tenir debout. Ils sont trois, allongés dans leurs gros sacs de couchage, sur des peaux de caribou. Au milieu trône une grande boîte de conserve qui fait office d'urinoir, elle est presque pleine d'urine gelée. A trois, la condensation est plus importante et leur cheminée d'aération est obstruée par un bouchon de glace. Tout m'apparaît en désordre et sans entretien ; moi, qui passe près d'une demi-heure par jour à tout brosser, je dois avoir l'air d'un vieux maniaque ! Il faut dire qu'ils n'ont jamais changé d'habits et de sac de couchage depuis leur départ. Le soir, ils chauffent à l'intérieur de la tente pour sécher un peu, mais c'est insuffisant.

Ils me proposent un thé, que j'accepte bien volontiers. Ils sont très chaleureux. Will Steger me demande mon adresse, il viendra me voir cet automne à Paris. Paul, de Frobisher Bay, Canada, me parle de son deuxième enfant né peu avant son départ. Le ton est à la confidence, c'est très émouvant. Nous discutons technique mais ce sont toujours les mêmes mots qui reviennent : c'est dur, dur... très dur. Pour gagner du temps, ils me suggèrent de suivre leurs traces. Ils vont maintenant plus vite que moi et, devant eux, à une heure, un éclaireur sans charge ouvre la piste et jalonne avec de petits fanions. OK pour aujourd'hui, on verra pour la suite.

Vers midi, nous démarrons. Je me sens heureux au sein de cette caravane. Le travail des chiens est incroyable, jamais je n'aurais imaginé qu'ils puissent franchir de tels obstacles avec d'aussi lourdes charges. Pour le moment, j'arrive à les suivre sans trop de peine sur ce terrain très chaotique. Je me rends compte que leur choix de route est assez différent du mien, les contours sont plus grands et, d'une manière générale, ils évitent toujours les obstacles par l'est. Les chiens sont intrigués par ma présence, il leur arrive de s'arrêter à ma hauteur ce qui perturbe un peu la cadence. En fin d'après-midi, nous sommes stoppés par la première grande cassure d'une banquise fraîchement regelée. Nous nous trouvons sur une zone de grande activité qui s'étend très loin à l'est comme à l'ouest. La glace est bien trop fine pour lancer les chiens. De toute évidence, la journée s'arrête là ce soir. J'ai bien envie de rester avec eux cette nuit, mais l'idée même de l'obstacle m'est insupportable. J'essaye de traverser, j'y arrive sans problème.

« Tu as davantage de bravoure que moi », me dit leur éclaireur. Il faut dire qu'étant plus léger, j'ai l'habitude de passer sur des glaces bien plus fines, inacceptables pour leurs traîneaux de cinq cents kilos.

Steger décide de monter le camp. « Nous attendrons ici l'avion de demain, me dit-il, d'ici là j'espère que la glace aura bien regelé... » Son optimisme sur les possibilités d'atterrissage de l'avion me surprend, il n'a pas le moins du monde l'air inquiet.

Chacun dans son coin prépare la nuit. Après qu'ils eurent donné à manger aux chiens, Steger vint discuter un moment dans ma tente. J'ai l'impression que, par moments, le groupe lui pèse un peu. « Je fais souvent des raids en solitaire, j'adore ça », me dit-il ; et il me confie ses inquiétudes pour le proche avenir : « Cette cassure, c'est le genre d'obstacle que je redoute le plus, et si ça commence, à 85° 30′, jamais je n'arriverai au Pôle. Il ne me reste que vingt jours de vivres, c'est-à-dire jusqu'aux premiers jours de mai... » nous mettons cet accident de banquise prématuré sur le compte du blizzard de ces dernières quarante-huit heures. Au cours de cette conversation les silences sont longs, témoins déjà d'une grande complicité. Nos regards se croisent et, sans se concerter, nos pensées se rejoignent sur l'énigmatique convergence de nos routes. « Te rends-tu compte, nous retrouver ici, au milieu de l'océan, sur une mer sans horizon... C'était impensable, impossible d'envisager une telle rencontre alors que nous sommes partis à cinquante kilomètres plus à l'ouest que toi... ? ! »

« Tu sais, Will, j'ai ma petite idée là-dessus. J'ai observé que toute la journée vous avez évité les obstacles par l'est, si vous procédez de même depuis le début c'est normal que vous vous soyez rapprochés de moi. »

Les Américains naviguent au sextant et quittent en général leur camp après la méridienne, visée de midi faite à l'heure où le soleil culmine plein sud, ce qui leur permet de connaître la latitude. La longitude ne devrait en principe pas avoir changé, entre 74° et 75° Ouest, s'ils ont bien suivi la direction du nord donnée, comme pour moi, par une montre dont l'aiguille principale fait un tour en vingt-quatre heures.

Mais Steger et son équipe partent à l'heure où le soleil commence à passer à l'ouest, éblouissant à l'est tous les reliefs, arrondissant les contours des obstacles, fondus dans l'éclat de leur luminosité. Au couchant, par contre, la lumière s'embrase et tous les accidents du terrain découvrent leurs ombres, obscures comme des murs infranchissables. C'est l'heure où tout paraît alors plus facile à l'est — et c'est ce qui peut expliquer la dérive de leur route. C'est un phénomène évident, auquel il est difficile d'échapper. Je le vis tous les jours mais, comme je partage mes journées de part et d'autre de midi, ma trajectoire sinusoïdale s'équilibre naturellement, ma dérive du matin étant effacée par celle de l'après-midi.

Steger m'invite à venir chez eux un peu plus tard pour une « banquise pop-corn party ». Ce soir, ils brûleront un traîneau dans un tout petit poêle léger prévu à cet effet. En chauffant toute la nuit, ils espèrent bien faire sécher leurs vêtements et leurs sacs de couchage imbibés d'eau. Malheureusement, je serai privé de chaleur et de la bonne odeur de la fumée pour m'être endormi dès qu'il m'aura quitté.

Le matin du 10 avril, je décide d'attendre l'avion qui vient chercher les chiens. Michel Franco, qui suit la manœuvre sur les ondes, apprend que je suis toujours aux côtés de l'équipe américaine. Leur radio me demande alors de me mettre à l'écoute car il a un message à me transmettre : « Mais qu'est-ce que tu fais encore là ! ? Pars, Papy, vas-y ! Tu as déjà perdu assez de temps avec le blizzard, ne gâche pas des jours précieux ! L'avion ne viendra pas aujourd'hui. Je me doute que tu espérais un petit colis du camp de base — et je t'en avais d'ailleurs préparé un — mais ici, personne ne peut dire quand l'avion pourra décoller. Vas-y ! Arrache-toi et fous le camp ! » Je lui en veux mais je vais partir. Michel a bien compris qu'il devait être difficile, en ces lieux tellement inhumains, d'abandonner la chaleur des hommes et la sécurité du groupe. Une fois encore, c'est dur mais il a raison. A onze heures, j'aurai plié le camp.

8.

DE LA BERGERONNETTE AU MAMMOUTH

Ce jeudi 10 avril, il fait moins trente-six degrés, je suis à 85° 29′ de latitude Nord. J'ai donc repris mon chemin tout seul, après la diatribe de mon *cher* coach à la radio. Steger n'aura pas son avion aujourd'hui donc, puisque le mauvais temps interdit les décollages à Resolute Bay. Mais il a l'air décidé à continuer jusqu'à l'épuisement des neuf chiens auxquels il ne donnera plus rien à manger maintenant. Il espère un avion pour demain.

J'imagine que les amis des animaux vont être scandalisés. Qu'ils se rassurent : ces chiens n'auront plus rien à treuiller car leur traîneau a été brûlé. Ils se contenteront de gambader autour des trois attelages restants. Cette race esquimaude peut fort bien se passer de nourriture pendant un jour ou deux sans que son endurance soit réellement sollicitée. Nous sommes très loin de la « technique » des expéditions du début du siècle où, au fur et à mesure que les traîneaux s'allégeaient du poids des vivres, les chiens devenus inutiles étaient abattus, pelés puis dépecés sur place, constituant des stocks de viande fraîche pour les explorateurs et leurs bêtes de trait.

***

Quoi qu'il en soit, je n'envie pas Steger en ce moment. Outre ses problèmes d'attelage de chiens, le franchissement des zones d'eau fraîchement regelées, où la glace est si fragile, risque de lui interdire l'accès du pôle Nord.

Techniquement, ce sont deux écoles qui s'affrontent à travers nos tentatives respectives. D'un côté, pour Steger, celle de l'expédition traditionnelle — avec des traîneaux dont les formes n'ont pratiquement pas évolué depuis 1909 —, où tout est lourd, volumineux. De l'autre, pour moi, celle d'une adaptation à l'Arctique de ce que l'on nomme « le nouvel himalayisme » ou technique alpine. Objectif unique : la légèreté, quel qu'en soit le prix.

Malgré celle-ci, je retiens ma respiration lorsque je dois franchir successivement deux cassures incontournables, sur une glace en formation, très jeune, encore grinçante. J'en ai des sueurs froides, surtout au milieu des plaques. De l'autre côté, une fois parvenu sur une glace d'âge mûr, tout à fait paisible, je me sens... nettement mieux.

Mais cette banquise du troisième âge n'a pas dit son dernier mot. Elle demeure toujours très abîmée. L'après-midi je ne rencontre que deux zones plates. Le reste du temps ce sont des « dauphins » et des sillons qui se succèdent interminablement, avec des neiges qui ne portent guère. C'est pénible. Ce soir, je dois m'arrêter sans avoir beaucoup progressé. Le camp est très calme, trop même, j'ai retrouvé mon immense solitude. Elle me pèse, je me sens presque triste à la fin du repas.

A la radio, j'apprends que durant les deux jours d'immobilité dus au blizzard j'ai dérivé de quinze kilomètres vers l'est et de deux kilomètres vers le nord. Hurrah ! D'ennemi, le blizzard s'est fait mon allié. Sa puissance est démesurée. J'évalue à quel point la banquise est une sorte de radeau colossal, fait de milliards de tonnes de glaces à la dérive sur le haut de la planète, livré au gré des masses d'air qui y tourbillonnent.

Et subitement, j'ai la vision fantastique que toute la terre est devenue une montagne que j'escalade, que je suis un infime point perdu là-haut, tout là-haut, qui s'approche de son sommet, le pôle Nord, dernière limite entre le globe terrestre et l'espace ! C'est sublime, et je m'endors comme grisé. Mais il reste encore cinq « degrés » à gravir, 85° 29′ aujourd'hui, 86... 87... 88... 89... 90 ! Ce sera encore long, encore dur, très dur. En tout cas, quoi qu'il advienne, cela valait le coup d'essayer et d'être arrivé jusqu'ici pour jouir de la fulgurance de cette image !

***

Vendredi 11 avril, journée record pour mon « ascension » vers le sommet de la terre. J'ai marché pendant dix-neuf kilomètres, je le ressens dans le dos, dans les jambes. A quoi dois-je cette performance ? Certes, à la nette amélioration de l'état de la glace. Mais peut-être aussi à l'enthousiasme né de ma fabuleuse vision de la veille au soir. Les retombées de l'admonestation du terrible Franco (même à vingt-quatre heures de distance) m'ont parfois fouetté la volonté. Ces trois éléments : une bonne surface, une belle vision, un « affreux cerbère », voilà la recette pour foncer.

Dans le ciel, j'ai aperçu longtemps l'avion de la Bradley Airline Company survolant la banquise en la quadrillant. Il passait cependant assez haut, à une altitude entre six cents et huit cents mètres, à la recherche de Steger. Une bonne heure s'est écoulée avant qu'ils ne se posent et repartent. Les chiens vont donc rentrer à la maison, j'en suis ravi pour eux. Voici les derniers potins de la banquise, tellement peuplée et animée ces temps-ci. Ce répit dans la sauvagerie ambiante n'est pas pour me déplaire.

Ah, la voix de Michel ce soir à la radio ! « DIX-NEUF KILOMÈTRES, Papy, c'est fantastique ! Je répète : DIX-NEUF KILOMÈTRES, c'est extraordinaire ! » Sa forme semble étincelante derrière son micro. Il jubile, tandis que je guette la venue des crampes le long de mes jambes dures comme de l'acier. Quelle crapule... Enfin, je suis ravi qu'il soit content et je lui dédie cette journée. A Resolute, je sais que mon équipe entière a un moral à toute épreuve désormais. J'en profite pour commander des douceurs pour la prochaine dépose. Des galettes de pain Poilane, dont j'ai tout un stock à Resolute depuis l'expé de l'année dernière. Elles sont à base de farine de froment, d'huile d'olive et de beurre, donc très riches et agréables à grignoter au rythme de deux par jour, en cas de petits creux, sur la route du Pôle...

***

Le lendemain, je suis KO, c'est le chaos ! Huit heures à marcher dans un enchevêtrement de glaces turquoise superbes, occultant entièrement l'horizon. Certains passages sont dignes de mes pires souvenirs de l'ice-shelf. La colère de retrouver *ÇA* jusqu'ici, si haut en latitude, me force à avancer, elle décuple mes énergies ! La neige, soufflée par le blizzard récent, est croûteuse en plus, cassante sous le ski. C'est insupportable, lorsque je prends appui sur elle pour tenter de décrocher le traîneau en butée contre une bosse : Schouuu ! elle se dérobe, je m'enfonce de vingt centimètres à chaque fois. Sortir de là n'exige qu'un minimum d'énergie ; mais comme cela se produit sans cesse, à la fin cela en coûte... un maximum. Heureusement que mon traîneau s'inspire plus de la luge que du modèle à patins. Sinon, je serais resté là, c'était la fin de l'aventure.

Je me demande comment font — ou vont faire, car j'ignore sa position — les chiens de Steger dans ce terrain pourri où la consistance de la surface se modifie tous les mètres. J'en avais parlé avec lui et il m'avait confié : « S'il y a de la neige je n'y arriverai jamais ; s'il y a de la glace j'ai des chances. » Les pauvres bêtes ! Elles vont s'y enfoncer presque jusqu'au ventre, en perdant toute leur puissance de trait. Les membres de l'équipage de chaque traîneau seront contraints à en descendre pour pousser, haler, arracher à ce piège blanc et mou leur tonne et demie de matériel. J'ai une pensée émue pour mon condisciple, j'espère de tout mon cœur qu'il parviendra quand même au but.

Le soir, ma petite traîtresse annonce seize kilomètres deux cents parcourus. Une fois de plus cela me paraît considérable. Techniquement, c'est une preuve que j'ai accompli d'importants progrès d'adaptation au milieu par rapport au chaos d'antan.

***

Pour la première fois j'ai chaud en marchant, le dimanche 13 avril. Il fait moins trente degrés mais j'enlève mes gants. Évidemment, je les réenfile dès que je m'arrête deux minutes car la contre-offensive du froid est immédiate, sordide même, lorsque l'effort cesse.

Mes mains supportent plutôt bien les basses températures — je l'ai déjà dit. Au camp de base, lors de mes entraînements par moins quarante degrés, je n'avais qu'une paire de gants de laine qui me suffisaient amplement. Tout le monde portait une première paire en soie, puis une autre semblable à la mienne et enfin de grosses moufles pour recouvrir le tout. Je n'ai pas eu besoin de m'emmitoufler à ce point. Il faut dire que je poussais sur mes bâtons de ski, j'avais l'avantage de devoir... m'activer !

En fait, je crois avoir tout simplement moins froid aux mains que la moyenne des gens. Quand je skie dans les Alpes, je m'en passe le plus souvent. Sur la banquise aujourd'hui, la température atteint moins trente degrés certes, mais il n'y a pas un souffle de vent et je ne vais pas aussi vite que si je dévalais une pente, cela compense.

De toute façon, ne pas porter de gants par moins trente degrés présente trois avantages. D'abord de moins les imprégner de la glace due à ma transpiration, ensuite de m'éviter de faire de la couture le soir — ce que je déteste —, et puis de mieux sentir les bâtons de ski. Avec les mains nues, je serre beaucoup plus fortement leurs poignées et cela me donne davantage d'impulsion. Avec des gants, elles glissent toujours un peu et de la puissance se perd alors.

Plus tard, sous la tente, je serai quand même obligé de constater l'ouverture de quelques crevasses sur le dos de mes mains. J'échappe au fil et à l'aiguille, mais pas à la cérémonie de la crème, interminable, car il faut la réchauffer entre ses cuisses, sur la bouillotte, avant de pouvoir l'étaler.

Une nouvelle fois aujourd'hui, j'ai traversé une cassure très faiblement regelée, les fesses serrées, comme si je marchais sur des œufs. C'est passé, non sans un stress extrême qui m'a coûté très cher en énergie.

Pourtant, c'était dérisoire en comparaison de l'adversaire qui me coupe la route ce soir. Un véritable fleuve de glace atteignant cinq cents mètres de large, s'étalant d'est en ouest, à perte de vue. Sa surface, animée de grincements et craquements perpétuels, est d'une finesse qui me soulève le cœur. J'évalue à un nœud le courant de cette chausse-trape polaire. Me portera-t-il ? Je l'ignore. Je dors très mal cette nuit-là. J'ai le soupçon que mon expédition va se clore ici. Ce mastodonte à la peau fine qui me guette à quelques mètres de ma tente bruit sinistrement dans le noir. Chacun de ses grincements est comme un ricanement, odieux à mes oreilles. Il attend son heure, avec une patience sans mémoire, pour m'engloutir.

***

Le duel commence à l'aube. La « bête » est comme un tapis roulant gigantesque charriant une interminable et frêle couche d'ivoire sombre sur laquelle j'ai posé l'extrémité de mes skis pour tâter le terrain. Hop, les deux spatules se font emporter immédiatement ; c'est très bizarre comme sensation, ça me fait frissonner ; sèchement, je me carapate en arrière, vraiment méfiant. L'impression d'une puissance colossale dégagée par ce fleuve en mouvement, je l'ai reçue directement par ces antennes assez subtiles que sont mes skis, devenus partie prenante du schéma corporel à force d'explorer la banquise depuis tant et tant de jours. Une première onde de peur, comme surgie du fond des âges, serpente le long de ma colonne vertébrale. Elle est longue, elle persiste, elle m'énerve. Mais qu'elle cesse ! Je dégrafe ma ceinture. J'ai décidé d'y retourner, et sans traîneau.

Progressivement, je remets les skis sur le fleuve. Et hop ! ils filent de travers, nom de nom, encore ce sursaut de peur qui m'assaille, tant pis, j'insiste, j'avance, ça y est je suis sur le dos du monstre, ça patine un peu, ça vibre beaucoup mais ça tient. Je fais quelques mètres ainsi, en longeant la rive, sans jamais m'écarter du bord. Je reviens. Je l'ai un peu dompté, mais quant à le franchir... Trois fois, quatre fois, cinq fois même, je recommence mes incursions, à la fois sauvages et timides, le traîneau me servant de point de repère pour estimer ma dérive. Mes traces dessinent des boucles de plus en plus larges au fur et à mesure que je m'éloigne de la berge. Je prends confiance. Mais de là à oser la traversée ! L'autre rive, je la vois très loin... très très loin.

Allez ! Sans même savoir pourquoi, je me suis élancé tout droit, et je n'ai plus rien senti, plus RIEN. C'était le vide, le grand vide... Tchuu... Tchuu... le bruit de mes skis peinant sur cette glace fine un peu fondante, Tchuu... Tchuu... il y a une pellicule de petites fleurs de gel, grosses comme le pouce, en surface, qui s'écrasent sous mes spatules, c'est très joli, s'agit-il d'un rêve ou d'un cauchemar ? Tchuu... Tchuu... c'est long, très long, ça n'en finit pas, je suis un seul muscle, Tchtraa... Tchtraa... qu'est-ce que c'est que ça ? C'est rien, c'est le traîneau qui suit derrière ! Dans le rush, j'avais oublié qu'il était là... Tchuu... Tchuu... Chut, Papy, tais-toi, c'est pas grave, un muscle ça tire, ça oublie tout, ça ne pense plus... il ne faut pas réfléchir, surtout pas. Sinon la peur va monter... Tchuu... Tchtraa... Tchtraa, boucle-la mon cerveau, si tu passes à travers la glace, tu vas mourir et crever en silence, c'est digne... Tchuu... Tchuu... Je dégouline de transpiration, mais pas question d'arrêter, il faut glisser, glisser de plus en plus vite, et légèrement, légèrement, chaque avancée de ski atténue la pression du corps, du traîneau sur cette peau de glace... Tchuu... Tchuu... la peur est permanente... Tchoc ! Tchoc ! Tchoc ! C'est la résonance de la rencontre du bâton et de la glace, la peur s'exacerbe, c'est de plus en plus mat, normalement lorsque la plaque est grosse, bien épaisse, cela fait Ting-Ting-Ting... car il n'y a que le bâton qui vibre... Tchoc ! Tchoc !... ça résonne donc avec l'eau qu'il y a dessous, juste dessous... A combien ?... cinq centimètres ?... Oh, oui, pas plus... D'ailleurs, la glace a un peu la couleur de l'eau maintenant... Tchuu... Tchuu... Tchoc !... Tchtraa... je me concentre sur les sons, rien que sur les sons, je ne veux pas regarder à mes pieds... je lève les yeux... JE SUIS AU MILIEU DU FLEUVE... à droite et à gauche, je vois pour la première fois l'horizon, barré de brumes à l'est... barré de brumes à l'ouest... J'ai l'impression que je suis en mer... Tchuu... Tchuu... Tchoc ! Tchoc !... Tchtraa... trois sons répétitifs comme du morse, et je sais que j'avance, que la glace n'a pas cédé, que je vis toujours... Devant, toute la surface du fleuve glacé ondule de brumes noires... Je sais, c'est la condensation, mais c'est aussi sinistre que possible comme mise en scène... Tchuu... Tchuu... Encore combien à faire ?... cent mètres... Tchouc ! Tchouc !... les bâtons percutant la glace vibrent différemment... Ça s'épaissit... Tchuu... de nouveau le vide dans la tête... et rien... plus RIEN... ce vide encore... le grand vide... et... un hurlement phénoménal, un cri guttural, c'est le mien, il est sorti de ma gorge au moment où je touche l'autre rive, où j'accoste, avec le monstre juste derrière, qui meugle fort par ici, tantôt sourdement, puis avec des grincements suraigus, car sa glace racle sans cesse contre la berge, formée de la vieille banquise qui lui résiste. Tchac ! Je dégrafe la ceinture du traîneau, et simultanément la joie qui m'inonde est accompagnée de deux idéations opposées. D'une part, j'ai la sensation d'être devenu un Esquimau, maître de la glace, sagace, qui a eu le simple courage de passer, de l'autre côté. Je n'ai plus du tout peur de ce monde, d'ailleurs je ne l'ai jamais eu. Je suis né sur cette banquise. Il n'y a rien d'autre à ajouter. Il ne me reste qu'à continuer, c'est ma vie de tous les jours. Tout se passe dans mon esprit comme si je n'avais jamais connu une autre réalité.

Et puis, une histoire de mon père défile. Un jour, il était allé chez le cardiologue pour s'entendre dire : « Écoutez, vous avez un cœur qui n'est pas en très bon état, il faut arrêter de faire de la bicyclette ! » Il a pris son vélo, il a gravi un col se trouvant à côté de Vielmur dont la pente fait vingt et un pour cent. Lorsqu'il est arrivé là-haut, il a posé sa machine, et il a gueulé : « Je ne suis plus cardiaque ! je ne suis plus cardiaque ! » comme un fou, pour se convaincre qu'il allait bien.

J'ai compris. Le courage n'est qu'une image que s'invente l'esprit de l'homme. Je repars plus léger. Je n'aime pas l'idée d'exploit. Je n'aime pas l'idée d'être fort. L'aventure n'a pas besoin de gagnant, de vainqueur, de battants. L'aventure, c'est un Français qui traverse un fleuve glacé pour avoir l'illusion quelques secondes de comprendre le regard d'un Esquimau. Cela ne suffit-il pas ?

***

Après le passage du monstre, j'ai marché huit heures d'affilée. Vers midi, un petit coup de fatigue s'est accompagné d'une légère déprime, car le terrain est toujours difficile. Désormais, je sais que l'idée d'océan Arctique devenant plus plat n'était qu'un leurre. Devant moi, c'est encore le chaos, jusqu'au bout de l'horizon.

Mes gelures au nez me font souffrir. Depuis soixante-douze heures, une douleur du côté de l'appendice m'inquiète. Je pense qu'il ne s'agit que d'une légère colite, une inflammation intestinale due à la compression répétée de la ceinture du traîneau sanglée autour de mon ventre. Mais en fin d'après-midi, le point douloureux devient de plus en plus localisé. Je redoute une appendicite. Je n'ai jamais accepté de me faire opérer de l'appendice à froid, mon passé de chirurgien m'ayant coupé de toute velléité de m'allonger volontairement sur un billard ! Je prends des antibiotiques. Cela suffira-t-il ? On verra bien...

Un peu plus tard, ma fixation du ski gauche se casse. C'est irréparable. J'enrage. Sans skis, je suis désarmé. Le poids de mes pas appliqués directement sur la glace engendre une telle pression que traverser une zone fragile est devenu impossible. Me voici immobilisé. La dépose qui me rapportera une fixation de rechange est prévue... pour après-demain. Je vais perdre vingt-quatre heures. J'ENRAGE !

***

Néanmoins, le lendemain matin, j'apprécie de faire un peu la grasse matinée du côté du pôle Nord. A la hauteur de mon corps, il ne fait que zéro degré sous la tente. C'est surprenant. Dehors, il y a un bon moins vingt-cinq degrés ! Cet écart de température provient du soleil. Ma tente bleu nuit fonctionne à la manière d'un corps noir, en captant la chaleur de ses rayons. J'aurais dû la choisir d'une teinte encore plus sombre, la température intérieure serait sûrement alors devenue positive. Il y a toutefois une contrepartie à cette ascension spectaculaire du thermomètre. La glace de mes vêtements et des sacs de couchage a fondu, je suis contraint d'y barboter avec une joie sans mélange.

Je songe au futur de l'expédition. Maintenant, ce sera comme la banquise voudra. Et je *voudrais* tellement qu'elle me laisse continuer vers ce Pôle qui me tient tant à cœur. Cela fait quarante jours que j'avance. Pourrais-je tenir encore un mois ? Steger est passé devant. Hier soir, à la radio, ils annonçaient une position par 86° 46′ de latitude Nord. J'ai des doutes. Ses informations sur sa navigation n'ont jamais été précises. Cela me paraît invraisemblable qu'il soit déjà si loin dans ces conditions de neige lourde et de crêtes de compression à répétition.

Pour ma part, j'ai une avance de trois jours sur mes amis les Finlandais, mais je risque de la perdre à cause de cette idiotie de fixation cassée. Au bilan : cent soixante-douze heures de marche pour cent quatre-vingt-huit milles parcourus, depuis le départ la moyenne est toujours la même. Il me reste deux cent trente milles à faire, à ce rythme il va me falloir quarante jours. C'est trop long. Il faut absolument descendre à trente jours, quitte à passer jusqu'à dix heures de marche par vingt-quatre heures. Oui, désormais, ce sera comme la banquise *voudra*...

***

A Resolute, c'est la « saison » du Pôle qui débute. Quelques Américains en avion, un Australien en hélicoptère et la bande à Hulot et Chevigny en ULM qui doivent arriver dans une dizaine de jours. Il va y avoir du spectacle dans le ciel. En fait, il n'y en aura aucun, la banquise ne *voudra* pas d'eux...

***

Non, ce n'est pas une illusion, ça sent la violette dans ma tente. Son odeur est même entêtante. Oh, je sais d'où ça vient ! Dans une de ses lettres, ma mère a glissé une violette, que j'ai gardée dans la poche gauche de ma veste d'arrêt, avec quelques photos auxquelles je tiens. Comme mes vêtements sont trempés depuis que la température de la tente est devenue plus civilisée, la violette s'est réhydratée, son parfum s'exhale de ma veste... et envahit tout le reste ! C'est merveilleux, la force de cette odeur qui revient au monde ici, sur la banquise.

Je suis assailli de réminiscences. Les violettes, c'étaient

les vacances de Pâques chez mes grands-parents, et les bords du ruisseau à Vielmur, où je les cueillais. Comment arrêter cette marée de souvenirs qui monte en moi ? Je revois les pièges à mésanges, à bergeronnettes que je construisais. J'avais la passion d'attraper les oiseaux — mais vivants — pour les garder un peu avec moi, avant de les relâcher. C'est idiot, je crois que je vais pleurer.

Ça y est, je pleure. Ici, dans cet univers désolé, j'ignore si admettre de se laisser aller ainsi épuise, ou fait du bien... Est-il préférable de refouler les émotions en se durcissant ou d'accepter de les évacuer de temps en temps afin de se régénérer ? Je n'ai toujours pas la réponse. Je ne l'aurai jamais d'ailleurs. Ce dont je suis certain, c'est que les signes de la vie me manquent cruellement.

Violette... Bergeronnette... Signes de vie... ma mémoire est comme un œil subtil qui erre dans mon passé en quête d'une image dont la sensation de *déjà vu* l'émoustille et l'agace. Oui, cette fois, elle a trouvé. Les Himalayas ! La face nord de l'Everest. En octobre 83, j'étais parti en expédition avec Yannick Seigneur, pour gravir l'arête nord-ouest du Toit du Monde. Nous sommes restés là-haut deux mois et demi, éparpillés entre les camps : camp 1, camp 2, camp 3, camp de base. Le 9 octobre exactement, le mauvais temps est arrivé.

J'étais coincé au camp 1, tout seul. Lourdes chutes de neige, avalanches à répétition, visibilité nulle, l'ambiance était dense. Un matin, au bout du quatrième jour d'isolement forcé, en ouvrant la porte de ma tente je tombe sur une bergeronnette grise, avec sa longue queue si caractéristique oscillant au moindre souffle d'air. Quelle surprise ! Comment un si petit oiseau a-t-il pu atterrir là, à près de six mille mètres d'altitude, dans des conditions atmosphériques épouvantables ?

J'ai mis de la nourriture devant la tente, la bergeronnette était venue pour manger. A chaque fois que je m'en approchais un petit peu, elle s'éloignait. La malheureuse était toute pelotonnée, très secouée, choquée par le mauvais temps et le froid. J'ai essayé de l'attraper pour la faire entrer au chaud, mais hélas je n'y suis pas parvenu. Faute de mieux, nous nous sommes beaucoup observés l'un l'autre.

Le lendemain, en ouvrant la tente, elle était morte, devant la porte. J'ai éprouvé une très grande tristesse. J'avais perdu son regard. C'est là, je crois, que j'ai mesuré la toute-puissance d'avoir une paire d'yeux vivants à ses côtés dans un monde aussi hostile. A cette époque, j'avais déjà le pôle Nord en tête et je me suis dit : « Si tu y vas seul, emmène un animal avec toi, ne serait-ce que pour son regard. Souviens-toi de celui de la bergeronnette grise. »

J'ai commencé alors à dresser la liste des bêtes susceptibles de s'adapter là-bas. Il y avait le chien, bien sûr. A condition qu'il soit de race esquimaude, mais cela posait des problèmes de nourriture, j'étais à cent grammes près dans mon devis de poids concernant la charge du traîneau. Et l'ourson ? C'était l'animal idéal — en cas d'incursion d'ours, il pourrait négocier avec eux ! En plus, c'est vraiment mignon un ourson, affectueux, il me tiendrait chaud lors des longues veillées sur la banquise. Mais il faudrait le nourrir, lui aussi...

Et puis, au fond, aurais-je forcément besoin d'aussi grosses bêtes ? A la limite, un petit loir, une souris même suffiraient. J'avais déjà eu des souris apprivoisées, c'est attachant ces petites bestioles, très vivant. L'expérience pourrait être amusante. Comment une souris s'adapterait-elle au pôle Nord ? Pas si mal peut-être. Sous l'effet du climat, il lui pousserait sûrement de longs poils et je ramènerais une souris phénomène, avec un pelage traînant par terre !

Deux ans plus tard, à Resolute Bay, Bezal me fera part d'une théorie analogue, mais concernant... les éléphants !

« Si je monte une expédition au pôle Nord, Jean-Louis, ce sera avec des éléphants, je te jure ! »

Difficile de savoir s'il était vraiment sérieux ou s'il s'agissait d'un canular. Bezal est né en Inde, à Madras ; ces pachydermes lui étaient aussi familiers que les souris le sont pour nous.

« Ces éléphants, je les ferai venir ici. On les laissera dans le grand hangar là-bas pendant trois ans, pour voir... Peut-être qu'avec le froid les poils leur pousseront et que finalement nous aurons des mammouths... Alors, je partirai ! » ajouta-t-il, écroulé de rire.

Pour ma part, j'avais déjà renoncé à emmener la moindre trace de vie avec moi, même une souris équipée de poils de mammouth. Il m'aurait fallu les lui couper tous les jours pour pouvoir échanger un regard avec elle. Et, beaucoup plus sérieusement, pour peu qu'elle s'échappe de sa cage calorifugée, elle aurait grignoté tout le matériel à mon insu. C'était périlleux. Un trou de souris dans un sac de couchage, par moins quarante degrés, voilà un rafraîchissement dont j'ai préféré me passer...

***

En fin d'après-midi, j'ai trouvé une piste bien lisse pour la dépose de demain, mais je crains que le pilote ne la trouve trop courte. Il me faut en chercher une autre, de rechange. Je pars à skis vers le nord, laissant le traîneau derrière moi, première destination : un gros bloc de glace d'une dizaine de mètres de haut. Je l'escalade. Du sommet, j'observe les alentours. J'entrevois une piste plausible un peu plus loin, vers le nord-est. Je pars en traversant un petit chaos vers le nord. Je sais que le traîneau est derrière moi, je franchis vers l'est quelques zones assez ondulées pour parvenir à ce que je croyais être une bonne piste. Finalement, elle n'est pas terrible. Je l'arpente quand même afin de la mesurer, elle m'entraîne deux à trois cents mètres dans l'ouest. Non, ça ne peut pas aller. Je décide alors de revenir au camp par une route directe, sans repasser sur mes traces. Donc, j'ai marché un coup vers le nord, puis vers l'est, j'ai refait un peu d'ouest, aucun problème, le traîneau doit être plein sud. Je prends cette direction, je marche, je marche, je ne le vois toujours pas. Cela me paraît de plus en plus long. Ai-je parcouru autant de chemin que ça à l'aller ? Difficile à dire. Je me retourne et, tout à coup, j'aperçois le gros bloc de tout à l'heure, celui que j'avais escaladé précédemment. Je me dirige vers lui, non, ça n'est pas le même, il n'y a aucune trace de pas. Il est assez haut et je l'escalade, toujours rien autour, vers le sud, vers le nord... seul le dédale blanc règne, vierge de piste. Où suis-je ? Je n'arrive pas à croire que le traîneau a disparu, que je suis PERDU ! La panique me tombe sur les épaules, brutalement. Accablé, je redescends. — Ressaisis-toi, Papy ! Ce n'est surtout pas le moment de céder à l'affolement, la seule solution consiste à refaire en sens inverse tout le chemin parcouru en suivant tes traces... C'est obligatoire, comme le fil d'Ariane, elles te ramèneront à ton point de départ, ce labyrinthe n'aura pas ta peau. La journée est longue, le soleil ne se couche pratiquement plus, tu as tout ton temps devant toi... Assez calmé, je repars.

Oui, mais voilà, par moments mes anciennes traces sont à peine marquées sur la glace dure, elles disparaissent souvent. Ah ! l'angoisse ! Je dois errer sur la banquise, de droite et de gauche, en tapant assez fort pour bien imprimer mon nouveau chemin, tout en espérant retrouver les indices du précédent.

Tantôt, j'y parviens — puis je le perds. J'ai peur de m'embrouiller. « Et ça, tout là-bas ? », je crois deviner mes pas sur le premier bloc à côté du camp. « Est-ce que ce sont vraiment mes traces ? » ou un bloc qui, en se détachant, a roulé et marqué ainsi la pente ?

A-Dieu-vat ! J'y vais...

Je bâtis un petit cairn pour marquer mon point de départ, en entassant des morceaux de glace en forme de pyramide.

Je marche avec un espoir mitigé. Et ouf ! quel soulagement, ce sont bien mes empreintes de pas.

Elles me ramèneront tout droit au traîneau.

Le cauchemar a duré vingt minutes, mais j'ai l'impression que cela fait des heures que je tourne en rond.

Je viens de dépenser une énergie considérable pour avoir sous-estimé la traîtrise de la banquise. Je vais rester là ce soir. J'enfile ma veste d'arrêt. L'odeur de la violette me rassérène en un clin d'œil.

***

Dans la nuit, j'ai senti la banquise trembler. Toujours le même sentiment qu'un serpent vient de se glisser à toute vitesse sous le tapis de sol de la tente ! Mais cette fois il a mordu très, très près. Ma belle piste d'atterrissage est complètement fendue dans le sens de la longueur. La faille mesure trente centimètres de large et se prolonge sur deux cents mètres, un peu en zigzag. Que va dire le pilote ? ! J'introduis dans la glace un bâton de ski pour en mesurer l'épaisseur : plus d'un mètre ! Excellent ! A partir de soixante centimètres, ils se posent sans problèmes. Oui, mais au bord d'une faille ? Je déménage ma tente sur l'autre versant pour mieux signaler le côté de la piste encore indemne. Le temps se couvre, le brouillard empèse la banquise. Trop tard pour prévenir Resolute, l'avion a déjà décollé — il leur faut huit heures pour arriver jusqu'à moi.

Heureusement la visibilité revient. Dans l'avion, Michel a cru un moment que le pilote refuserait de se poser à cause de la cassure. Mais non, il ne fait guère de commentaires et réussit un atterrissage impeccable. J'apprends que ce type de faille, dans le sens de la piste et assez à l'écart, ne le gêne pas le moins du monde, du moment que la glace est épaisse.

Vite, je monte dans l'avion pour me changer. Franco est déjà en train de remplacer ma fixation défectueuse. Cette dépose sera menée tambour battant. Il le faut. Même moi, je ne fais rien pour en ralentir le mouvement, profiter des embrassades ou de l'affection ambiante. Je suis extrêmement concentré, comme immergé dans mon propre univers de blocs de glace et de kilomètres à parcourir encore. A aucun prix je ne veux rompre le bouclier mental que constitue cet état d'esprit ; car une arrière-pensée me talonne sans répit depuis que l'avion s'est posé. Celle de m'embarquer à son bord une bonne fois pour toutes, de renoncer, de quitter ce labyrinthe piégé guettant ma mort. J'en ai assez des duels contre des monstres à la peau gelée, des dédales à devenir fou, des failles vicieuses, et surtout de cette solitude sans nom. L'avion repartira. Sans moi. Je n'ai pas craqué mais c'était limite. Je n'écoute même pas s'éloigner le ronronnement des moteurs, comme je fais toujours après son décollage. Je skie déjà, je n'ai plus qu'une seule idée en tête : en finir avec le Pôle, et puis rentrer chez moi. Jamais, au grand jamais, je ne recommencerai quelque chose de semblable. Craché, juré, on ne m'y reprendra plus.

***

Trois heures plus tard, je plante le camp. C'est à cette latitude de 86° Nord que Mac Guire avait échoué l'an dernier. Tout en progressant, j'ai repensé à son expédition. Cet Américain aux sept cents sponsors avait créé une fondation pour financer sa tentative d'atteindre le pôle Nord à pied, en tirant des traîneaux — sans skis. Je l'avais rencontré l'année précédente à Resolute, dans la petite maison de bois servant de hall d'arrivée à l'aéroport local. C'était un géant d'au moins un mètre quatre-vingt-dix et ses trois coéquipiers étaient du même gabarit. Tous les quatre portaient des combinaisons rouges genre astronaute, des bottes montantes blanches, le tout flambant neuf, immaculé, avec des badges un peu partout. Ils semblaient sortir directement d'une affiche du film *L'Étoffe des Héros* qui relate l'épopée des cosmonautes américains dans l'espace. Ils étaient vraiment très impressionnants.

Moi, j'arrivais avec mon mètre soixante-huit et mon sac de

voyage. A côté d'eux j'avais l'air de l'immigré, d'un plaisantin de *frenchie.* Par chance, un photographe du National Geographic Magazine et une équipe de télévision de TF1 m'accompagnaient. Cela m'a servi de caution, sinon ils ne se seraient même pas aperçus que j'existais. J'ai tenté de discuter avec Mac Guire. Ça n'a pas duré longtemps. Il était très froid, ne laissant passer aucune émotion. J'ai essayé d'obtenir quelques informations, savoir par exemple quel type de réchaud ils utilisaient... il m'a consenti une réponse évasive, je n'ai pas osé insister...

Par contre, deux des membres de son team paraissaient plus ouverts. C'étaient deux Californiens de Santa-Barbara, deux bons marathoniens avec de *bons* muscles et de *bons* poumons. Mac Guire avait dû les sélectionner en pensant qu'il suffirait d'aller très vite sur la banquise pour arriver plus tôt. Derrière leur masque d'athlète, ils étaient un peu inquiets. Il s'agissait de leur première expérience du grand froid. Je les avais surpris en leur parlant de mon expédition à l'Everest, de ma traversée du Hielo Continental [1], en Patagonie. « L'immigré » arrivait de loin... Et, sur ces entrefaites, nous nous étions séparés en échangeant des poignées de main qui étaient comme autant de questions les uns envers les autres.

Ils s'étaient lancés à l'assaut du pôle Nord la veille de mon départ. Nous avions eu le même type de relations que celles qui existaient entre Steger et moi, au début. Des rumeurs à la radio, du mystère, de la compétitivité. Les deux Californiens déclarèrent forfait le troisième jour. Moi, je devais échouer le 25 mars. Mac Guire continua avec son dernier coéquipier jusqu'au 86° Nord, ma position d'aujourd'hui. Il fut vaincu par la glace fine qu'il ne pouvait franchir à pied. Il lui aurait fallu des skis, je m'en étais clairement rendu compte en cassant ma fixation avant-hier.

1. *Hielo* : glace en espagnol. Le Hielo continental est un immense glacier entre l'océan Pacifique et la Cordillère des Andes, en Patagonie chilienne.

Au départ, le 7 mars 1986.

L'adieu du bâton.
Le pôle Nord est droit devant.

(Ph. Bernard Prud'Homme.)

Ravitaillement affectif sur la banquise...
et ravitaillement... matériel !
(Ph. Bernard Prud'Homme.)

LYOFAL
SAFT PILES LITHIUM

(Ph. Éric Préau/Sygma.)

Dans l'enfer du chaos ! C'est DUR, DUR, DUR.
(Ph. Bernard Prud'Homme.)

Le répit d'une aire plate.
(Ph. Jean-Louis Étienne.)

Blizzard ! *(Ph. Bernard Prud'Homme.)*

L'art du lyophilisé par 50° au-dessous de zéro. *(Ph. Jean-Louis Étienne.)*

Communication radio, mon ski soutient l'antenne. *(Ph. Jean-Louis Étienne.)*

Premier drapeau français au pôle Nord, 11 mai 1986, 2 h GMT. *(Ph. Bernard Prud'Homme.)*

Sans skis, le pôle Nord est inaccessible dès que la banquise dégèle. Beaucoup d'énergie gâchée pour une mauvaise option technique ; c'est un héros un peu abattu qui retrouva la petite maison de bois de l'aéroport de Resolute...

Dire que j'ai failli me laisser aller au point d'abandonner de mon propre gré, alors que mon matériel tient encore. Heureusement, ces trois heures de ski m'ont éclairci les idées. Le soir, j'écris dans mon journal : « Il me reste à marcher pendant un mois, ça fait peu de chose si la réussite est au bout. Un mois dans une vie, ce n'est rien, et celui-là est très important. Si j'arrive au Pôle quelque chose changera en moi et j'attends de la réussite de cette expédition plus de sérénité, ce calme que donnent les grandes tâches accomplies jusqu'au bout. Pourvu qu'il n'y ait pas d'obstacle infranchissable ! ! ! J'aimerais m'offrir le pôle Nord l'année de mes quarante ans comme une belle récompense à une trajectoire que j'ai prise il y a près de dix ans, quand j'ai compris que partir en expédition serait toujours une partie de ma vie. Pour ça, j'ai abandonné toute carrière, toute installation sociale, j'ai pris un chemin solitaire dans le maquis du monde sans pitié pour les décalés dont je fais partie. Et si atteindre le pôle Nord pouvait me conforter sur ce chemin, ce serait ma plus belle gratification, la voie de la sagesse. Papy, il faut tenir, c'est un mois de ta vie comme il n'y en aura pas beaucoup, un mois qui peut te donner des forces pour toute l'existence, un mois sans lequel la vie peut être frustration. « *Go* Papy, *go*... Le Pôle est droit devant... »

9.

LA MORT SUR L'AVENUE DU PÔLE NORD

Jeudi 17 avril, c'est le printemps... arctique ! Il fait moins vingt degrés aujourd'hui, j'ai chaud. Pour la première fois je peux enfiler un simple pantalon coupe-vent, assez léger, facilitant l'effort.

Je marche de sept heures du matin à quatre heures de l'après-midi. Neuf heures de crêtes de compression, de champs de bosses, avec le traîneau lourd qui me freine un peu.

C'est plus que jamais la guerre sur la banquise. Un sourd roulement de canon, des grondements d'orages lointains. La glace se déchire sur des kilomètres à la ronde. A ma droite, à ma gauche, devant, derrière, je suis encerclé par des bandes de brouillard noir, condensation des vapeurs issues des cassures de la banquise. On dirait une mise en scène d'opéra, dramatique, superbe. Le soir, je campe au bord d'une très large cassure, copie conforme de la « bête » à la peau sournoisement fine que j'avais franchie il y a quelques jours. Le secteur est bruyant, ça crisse, ça grince, ça s'écartèle, c'est incessant. Je fais la sourde oreille. Je suis... habitué, désormais !

***

Vendredi 18 avril. 86° 29′ ! ENFIN ! Je suis presque à mi-chemin du Pôle. A l'assaut ! Je pousse sur mes bâtons comme un diable, avec un moral d'acier. J'ai découvert une brèche dans le labyrinthe, je la surnomme « l'Avenue du pôle Nord ». C'est une cassure orientée nord-sud qui n'en finit pas. C'est parti, je vais battre tous mes records.

Je ne battrai rien du tout. Trois heures plus tard la neige et le brouillard arrivent. Très vite le soleil se mue en aura abstraite derrière moi — pas de soleil, pas de nord. J'avance malgré tout. Je me fie à l'angle de chute des flocons de neige croisant mes skis, mais soudain tout tourbillonne, je ne sais plus où j'en suis.

Je me retourne pour vérifier mon cap d'après le halo fragile du soleil. Tout va bien, il luit faiblement dans mon dos. D'un coup d'œil, je balaie ce qui reste d'horizon tout autour. Nom de nom, ce point lumineux, à droite, là-bas, c'est peut-être lui, aussi... ! Mais non, il est à gauche, c'est cette lumière irisée, tremblotante ! Bon sang, il est partout à la fois, même devant moi la brume s'est maintenant éclaircie, et... beaucoup plus qu'ailleurs ! Nom de nom, ce n'est pas possible, s'il est vraiment là, j'ai dû rebrousser chemin sans m'en apercevoir. Cela fait combien de temps que tu marches PLEIN SUD, espèce d'idiot ? Une heure, peut-être plus même !

J'arrête. Spasmodiquement, des détonations et grincements lugubres retentissent derrière l'écran feutré du brouillard et des neiges. Quelle ambiance ! Cela me rappelle le bruitage des trains fantômes dans les fêtes foraines. A chaque instant je m'attends à ce que le squelette de l'ingénieur Andrée [1] surgisse de la banquise. J'explore les environs en tapant du bâton, comme un

1. L'ingénieur Andrée, Suédois, tenta la conquête du pôle Nord en ballon, en 1897. Ayant échoué, il hiverna sur la banquise avec ses deux compagnons, où ils périrent. On retrouva sa dépouille trente-trois ans après.

aveugle. Je cherche une glace plus rassurante, celle de l'avenue du pôle Nord est trop fraîche à mon goût. Je monte sur une assez haute marche et tombe enfin sur une plaque plus épaisse, bien durcie. Zut ! elle l'est tellement que mes piquets de tente ne peuvent la pénétrer. Jusqu'à présent, j'avais pu enfoncer ces sardines de vingt-cinq centimètres de long dans la neige de surface, même très tassée. Ce soir, je dois monter ma tente à l'aide des skis. Il y a deux anneaux prévus à cet effet, à chaque bout, et qui la tendent. Des blocs de glace, découpés à la pelle — non sans difficultés —, les immobilisent bien droits, ils servent de poteaux. Ça a l'air de tenir... Heureusement que le blizzard n'est pas de la partie !

Je réitère pour le piquet central de l'antenne de radio. Il faut se battre à coups de pelle avec la glace pour en extraire les petits blocs nécessaires à son soutien. J'oriente l'antenne un peu au hasard. Pour que la communication radio s'établisse, elle doit être absolument perpendiculaire à la direction de Resolute. Facile à dire ! Où est Resolute, derrière ces brumes blanches ? Il faudrait que je retrouve le nord pour le savoir...

Toute la journée la banquise gronde mais j'arrive quand même à dormir. Cette plaque où je campe, c'est... du béton ! Tout peut bien s'effondrer autour d'elle, elle résistera !

Hier soir, à la radio, j'ai appris qu'au retour de ma dépose, l'avion avait récupéré sir Ranulph Fiennes par 84° de latitude Nord, lui-même en route vers le Pôle et qui abandonnait. Encore une tentative avortée ! C'est bizarre, il m'avait soigneusement caché son projet lorsque nous nous étions rencontrés à Ward Hunt Island. Je n'aurais jamais soupçonné qu'il avait des comptes à régler avec le pôle Nord, surtout au point d'être si discret. Mais qui n'en a pas dans le secteur ?

***

Au goûter, mon müesli habituel a une drôle d'odeur, on dirait celle de l'ammoniaque. C'est l'horreur. A tous les coups j'ai fait chauffer l'eau qui m'a servi à le confectionner dans la gamelle que j'utilise pour uriner. A la guerre comme à la guerre, tant pis, je le termine. Je n'ai qu'une ration par jour, il est hors de question de faire la fine bouche.

Au dîner, je me concentre avec amour pour préparer mon plat cuisiné. J'y ajoute même un peu de sel — c'est exceptionnel, je ne sale jamais mes aliments d'habitude. C'est du cabillaud au fenouil avec de la purée. Je prélève avec délectation une bouchée dans la gamelle.

Pouah ! Je la recrache, c'est infect, immangeable tellement c'est salé. Je me traite d'une série de noms que la simple décence m'interdit de répéter ici.

Mais que t'arrive-t-il ? Tu ne contrôles plus rien ou quoi ? Tu perds le nord, tu te trompes de gamelle, tu ne maîtrises même plus le nombre de tes pincées de sel ! Je suis encore fou de rage au moment où j'essaie de m'endormir.

Au petit déjeuner du lendemain, je veille sur la gamelle comme sur la prunelle de mes yeux. Je verse l'eau sur le contenu de mon sachet de semoule comme si ma vie en dépendait.

... et je renifle...

Ça sent l'ammoniaque !

C'est l'horreur.

Ah non ! Là c'est impossible, je n'ai pas pu intervertir les récipients, j'ai fait trop attention.

Que se passe-t-il ? Mais bien sûr, je sais !

C'est la glace que j'ai fait fondre afin de mélanger à mes plats lyophilisés qui est salée ! elle est trop jeune, c'était encore de l'eau de mer il n'y a pas si longtemps.

J'éclate de rire !

Tout seul, ce son semble incongru au milieu du désolement du paysage. Je pars ramasser de la neige accumulée en surface un peu plus loin. Elle est encore assez salée mais c'est supportable.

Au bilan, je n'aurai pas beaucoup mangé, à part du sel. Je

m'attelle au traîneau avec une sensation de soif qui persiste désagréablement, ce matin du 19 avril.

***

Quelle merveille pourtant de progresser ce matin-là ! Aussi loin que porte mon regard, la cassure de l'avenue du Pôle fuit indéfiniment vers le nord, où miroite enfin un horizon très plat, indicible. Je skie à haute cadence, cette fois je suis réellement parti pour accomplir une performance.

De temps en temps, je me fais un peu peur. Mes yeux fascinés par cette vastitude des perspectives — si nouvelle pour eux — ne s'en détachent plus. Sous mes skis, la glace devient parfois assez noire, donc assez mince, sans que j'y prête même attention. D'instinct, je me rapproche un petit peu du bord, histoire d'y trouver refuge s'il se produisait quelque chose. Puis je reprends confiance. Je me recentre pour profiter jusqu'à la griserie de cet espace immense ; après les affres du labyrinthe, j'éprouve la joie du prisonnier évadé, ébloui par la lumière du monde.

Je marche, je marche — physiquement c'est quand même dur car la pellicule de glace ou de neige en surface est pâteuse. L'adhérence sur le fond du traîneau est insistante, elle exige une dépense importante des muscles pour la vaincre. Mais ce sont des efforts réguliers, sans à-coups, très supportables, même si je dois m'arrêter tous les quarts d'heure pour souffler, récupérer. Je n'ai plus d'obstacles à escalader, aucun souci de route, c'est tout droit, tout droit, tout droit !

Incroyable ! A cent mètres devant, la grande avenue n'est plus vierge. Elle est rayée de traces, nombreuses, sillons de skis, de traîneaux, empreintes de chiens. Steger ! C'est Steger ! Je m'approche. Aucun doute, c'est bien lui, mon cœur bat follement : les traces sont fraîches ! Il n'est peut-être pas très loin devant. Je vais le rattraper — c'est mon rêve secret le plus fou depuis tant de jours déjà. Il n'y a plus une minute à perdre ! La course poursuite est lancée. Je m'enquille sur sa trajectoire, et en avant, j'ahane, je tire, je tracte, plus rien ne me résiste. Je perds la notion du temps, ma progression a ce goût d'absolu que donne la course de fond, ce vertige de fatigue à chaque fois surmonté où les limites sont repoussées plus loin, toujours plus loin. A nous deux Steger ! Je t'aurai !

Arrêt brutal ! Les traces des traîneaux et les empreintes des pattes de chiens s'interrompent. Puis elles repartent en dessinant un large cercle à la surface de cette allée géante et se déportent jusqu'au bord, à deux ou trois cents mètres d'ici. Sidéré, je m'interroge : pourquoi se sont-ils arrêtés là ? Je remarque alors d'autres traces plus fines, dessinant les épis du pas de patineur, qui s'éloignent vers le nord, puis reviennent. L'éclaireur ! Je commence à me sentir mal dans ma peau. Ils ont envoyé l'éclaireur, ils ont fait demi-tour, et ils ne sont pas revenus sur l'avenue ! Auraient-ils aperçu un obstacle, décelé une zone de glace piégée, dangereusement fine ? Ou bien, sont-ils allés voir de l'autre côté et, en escaladant le bord, ont-ils découvert une surface encore meilleure, plus vaste, filant d'un seul trait vers le Pôle ? Toujours ma paranoïa de croire qu'ils choisissent mieux leur route que moi.

Je réfléchis cinq très longues minutes, et je ne suis guère plus avancé. Droit devant, la glace est semblable à elle-même, ni plus épaisse, ni plus fine qu'auparavant. L'avenue est strictement rectiligne. L'énigme reste totale. Sans doute Steger, ses chiens et ses traîneaux ont pris une voie parallèle, plus à l'intérieur, dans une autre vallée.

Je décide de persister pour l'instant sur l'avenue du Pôle. Je marche très longtemps, toujours aussi vite. Vers trois heures de l'après-midi, brusquement, le mauvais temps surgit, brouillard et neige m'engloutissent au moment où une falaise de glace apparaît au loin, au milieu de la cassure, la séparant en deux. Cette bifurcation implique un nouveau choix. Faut-il prendre la route de gauche ou celle de droite ? Le brouillard devient de plus en plus épais, la falaise s'estompe, disparaît.

J'avance désormais dans un tunnel de feutre, la visibilité est nulle. Seul le souvenir des proportions de la falaise et l'orientation des deux voies entrevues, il y a un long moment déjà, me guident. Mais la mémoire est traître, dans ces conditions l'imagination l'influence démesurément. Je n'aime guère cette sensation de perte de contrôle vis-à-vis de l'espace avec corps et traîneau enlisés à jamais tout au fond de cette brume. Il est quatre heures, je suis épuisé. Rejoins le bord, Papy, vite, il est temps. Toute cette fantasmagorie peut cacher trop de pièges.

Je crois me souvenir que la berge de droite était trop loin, celle de gauche, à l'ouest, paraissant plus rapidement accessible. Rester sur place ici, planter la tente, serait périlleux. Cela travaille sous mes skis, ça dérive, ça vibre... Je n'ai aucune envie de camper sur le dos de la mort. Comme hier, je veux retrouver une plaque plus ancienne et plus stable. J'oriente mes skis à 90° de ma route précédente, et je fonce vers l'ouest, vers la berge.

Je marche, je marche. Quinze minutes, vingt minutes. Et... il n'y a toujours rien devant, mais rien. Je suis furieux. J'ai complètement sous-estimé la distance me séparant du bord.

« Au lieu de faire l'imbécile vers l'ouest, tu aurais mieux fait de continuer au nord, plutôt que de te crever pour rien... », me dis-je. Vingt-cinq minutes... encore rien !

J'ai dû faire une erreur de cap. La berge est toujours invisible. Arrêt ! Je rebrousse chemin, définitivement, en suivant mes propres traces, afin de me recentrer pour me réorienter. Je parcours cent mètres. Stop ! « Arrête, Papy, tu ne fais que des conneries. Tu es trop crevé pour revenir au point de départ. Tu ne peux pas non plus camper ici. Et puis zut, prends une décision une fois pour toutes ! » J'opte pour la berge. Et, pour la troisième fois, je repasse sur mes traces ; puis je continue tout droit. Derrière des lambeaux de brouillard, des blocs apparaissent.

Le rivage !

Je dégrafe le traîneau, et je me rapproche avec l'intention de tester le terrain.

Encore une fois, les perspectives étaient trompeuses.

Il est encore très éloigné.

Je reprends le traîneau derrière moi, je skie à nouveau.

Me voici *enfin* tout au bord de la cassure, dont la jeune glace s'unit à son ancêtre de la banquise — non sans un conflit de génération bruyant et fissuré, plutôt inquiétant. Par prudence, je dételle le traîneau.

Juste devant, la pellicule glacée est d'une finesse exquise, hors de question de passer là. C'est très joli mais il s'agit d'un piège mortel. Je refais quelques dizaines de mètres vers le sud.

Pour découvrir une plaque plus épaisse, formant une sorte de pont entre jeune et vieille glace. Je suis si fatigué... Je renâcle à me hisser dessus. Je skie jusqu'en bordure, la berge est à quelques mètres à peine, c'est la fin du cauchemar, un dernier effort, allez c'est terminé.

Un craquement.

Très sec.

Suivi d'une infinité d'autres.

L'espace chavire.

Je hurle : « Je passe à l'eau ! Je passe à l'eau ! »

J'y suis jusqu'aux genoux en une fraction de seconde.

J'ai encore le réflexe de m'allonger sur ce qui reste de glaces en lambeaux.

Mais je m'enfonce toujours.

C'est fini, Papy, c'est foutu !

Le pôle Nord m'a eu.

Tétanisé, comme broyé par des mâchoires glaciales, le corps ne répond plus.

C'est la mort ça ? Ces myriades d'étincelles qui explosent dans ce qui me reste de conscience ?

Soudain, je sens quelque chose de dur, à l'extérieur de moi. Je m'agrippe.

Ça tient !

Centimètre par centimètre, je rampe. Le point d'appui résiste.

C'est une aspérité sur la plaque en forme de pont. Mon gant l'a rencontrée par hasard.

Je rampe toujours.

La résistance des skis, immergés, coincés sous la surface glacée, est tenace.

L'un après l'autre, je parviens à les dégager.

Les skis à moitié en l'air, les chaussures et les pantalons détrempés, la poitrine et le flanc gauche raclant le gel, je dois avoir l'air d'un pitoyable ver de glace, ondulant par spasmes grotesques sur la banquise, pour sauver sa peau.

Peu importe.

Je suis vivant.

JE SUIS VIVANT.

Je dois me le répéter plusieurs fois pour le croire.

Mon état d'excitation est extrême et dans ma tête j'ai comme des mouches noires qui bourdonnent. Du calme ! Tu es sorti de l'eau maintenant, c'est fini. Sois efficace, sinon tu vas geler sur place en commençant par les pieds, prisonnier des chaussures déjà gorgées d'eau, pleines de charmants petits glaçons. Debout, titubant, je pars à la recherche du traîneau.

Mais ça ne va pas. Il y a quelque chose qui ne va pas du tout. Oh, bon sang ! je n'ai plus qu'un seul bâton ! Je me retourne, l'autre flotte au milieu de la glace cassée, hors d'atteinte. Catastrophe ! Sans bâtons, je suis un peu comme un unijambiste, comment vais-je faire si je n'arrive pas à le récupérer ?

Je m'approche avec précaution du bord de ce qui aurait pu être ma dernière demeure. Muni du bâton restant, je pars à la pêche à la dragonne de son homologue, qui surnage. Elle m'échappe deux fois... trois... quatre fois de suite ! Nom de nom, ce satané bâton se fout de moi — il me nargue même —, à chaque tentative sa dragonne glisse et s'esquive. Je me concentre, j'allonge le plus possible le bras, le bâton pêcheur parfaitement horizontal. Hop ! raté ! Une nouvelle fois, elle s'est entortillée du mauvais côté.

Dès lors, je tremble de rage. Quelle journée ! Je l'attrape au septième coup. Dès lors, je tremble de froid. Quelle... Censuré !

Dans mes chaussures résonnent des floc-floc éminemment sympathiques. Lorsque je repars, ouf, l'eau n'a pas gelé, mes pieds sont saufs. Mais de bas en haut mes vêtements sont devenus une carapace de glace.

Plutôt hagard, voire cliquetant, je rejoins le traîneau, je m'y attelle et je marche plein sud. Pas question de séjourner un instant de plus dans cet endroit maudit, je le déteste, je ne veux plus le voir.

Je découvre un passage à priori sain, pour aborder la banquise. Retenant mon souffle, l'esprit le plus vide possible, je traverse.. le plus vite possible. Tout se déroule sans incident. Je laisse le traîneau sur le bord pour aller chercher un lieu où camper.

Partout règne un chaos terrible !

Il n'y a même pas un espace plat de la taille de la tente. Cette barrière de glace est hérissée de blocs énormes, atteignant sept, huit mètres de hauteur. Tous vibrent, certains même se déplacent avec une lenteur extrême, millimètre par millimètre. Leur fracas sourd a comme un écho d'éternité. J'ai donc largement le temps de monter dessus, et il m'en faut car mes chaussures trempées se sont chargées de neige au passage, qui en a profité pour geler. Je traîne donc deux blocs de glace à chaque pied maintenant. Lorsque j'arrive assez haut pour pouvoir scruter les environs, le chaos continue... c'est un régal pour les yeux !

Écœuré, je redescends. Peut-être que cent mètres plus à l'ouest j'aurais fini par découvrir un petit méplat juste assez grand pour y blottir ma tente ? Mais je n'ai plus ni la force ni le courage de revenir ici, avec le traîneau, en le hissant à travers ce tumulte glaciaire, dans le vague espoir de pouvoir camper... un peu plus loin encore.

De retour en bas, je me dis : « Tu n'as qu'une solution désormais : reste calme. Retrouve tes traces, puis retraverse la cassure et tente ta chance de l'autre côté, sur la rive est. »

Comme un automate, je replonge dans la brume, skiant dans un état semi-comateux, à l'ultime frontière de l'épuisement.

***

Lorsque, au milieu du bras de glace, je retrouve mes toutes premières traces nord-sud, je suis désespéré. Mon corps refuse d'accomplir un pas de plus. A-Dieu-vat ! Je vais camper là. A défaut d'être épaisse, la glace est dure, mes piquets de tente sont inutilisables. Comme la veille, mes skis vont entrer en action pour tendre la toile. La chasse au petit bloc commence, dans le but de les soutenir. Je fais plusieurs allers et retours, sur une centaine de mètres, pour en trouver. Voûté, je les rapporte tant bien que mal en les appuyant contre mon ventre. Je cale les deux skis en l'air. Je cale les arceaux de la tente. Je cale le piquet de l'antenne. Je cale... C'est fini, Papy, arrête, tout est maintenu en place, enfin... le mieux possible. J'entends des grondements profonds, mal étouffés par la brume. Le secteur est... disons, instable. Je soupçonne une dérive globale de la glace vers le sud, et c'est vrai. Toute la nuit, je vais perdre du terrain. Je le vérifierai demain, en comparant mes positions successives, fournies d'après ma balise, par les satellites du système Argos.

***

Avant de me mettre à l'abri, il me faut encore racler mes vêtements car la glace s'est imprégnée dans le textile. Elle est très jeune, donc salée et pâteuse, j'utilise ma brosse pour se faire. Grave erreur : dès lors imbibée de sel, elle sera inutilisable, rendant poisseuse la moindre couche de gel — je devrais attendre la prochaine dépose pour enfin en changer.

Je me glisse sous la tente, je m'assois. C'est terminé ! Oh que non, hélas ! Il reste un sérieux problème à résoudre : les pieds ! Je dois me déchausser à coups de couteau — carrément — car chaussures et chaussons intérieurs forment désormais un seul très joli et très gros glaçon compact, leur union semble inséparable. Je finis par en dégager mes pauvres pieds, pour lesquels je n'ai même pas de chaussettes de rechange. Faute de mieux, j'essore mon unique paire au maximum, et je la remets. Par-dessus, j'enfile mes « super mouflons », ce sont des bottes fourrées très légères, très montantes, ça va nettement mieux côté température.

Par contre, côté fatigue, je me sens très atteint. J'avais pris un gramme de vitamine C, juste après mon passage à l'eau, j'en ai toujours sur moi dans la poche de ma veste. Il m'a aidé un peu pour tenir. Mais son effet se dissipe maintenant. Je suis accablé par l'épuisement, comme jamais. Même au cœur de l'ice-shelf, je n'avais pas connu ça.

Cela me rend très impressionnable. En pénétrant dans la tente, je viens de prendre un nouveau choc, visuel cette fois, mais dont l'effet persiste. Dehors donc il fait sombre à cause du brouillard et des nuages. À l'intérieur, la lumière traversant le tapis de sol transparent provient DU DESSOUS, de la glace elle-même, sa surface absorbant le rayonnement ambiant, et le rediffusant. Rien de tel que cette transparence lumineuse du sol pour deviner l'eau clapotant en dessous. Je suis à une dizaine de centimètres d'épaisseur de la mort, éclairage d'ambiance fourni gracieusement en sus, quel plaisir !

***

Pour préparer ma nourriture, je ressors une fois encore, en quête d'un peu de neige amoncelée sur le relief d'une plaque voisine. Fondue, elle est tellement sale que je suis à la limite de vomir. Bois, Papy, tu dois absorber du liquide, absolument. Je repense alors à Bombard, qui conseille d'en consommer sans trop de soucis au début, plutôt que de rester sur sa soif. Je sais que l'organisme peut le tolérer jusqu'à un certain seuil. Au goûter, au dîner, je bois du sel, je mange du sel ; j'ai la bouche en feu, au moins... ça me tient chaud, me dis-je en guise de consolation.

***

A vingt heures, lorsque j'entre en communication radio avec Resolute, j'ai décidé de ne pas parler de ma chute. J'ai honte de m'être laissé piéger ainsi par la glace. Et surtout je veux à tout prix éviter que mon équipe prenne peur. Passer à l'eau, dans une expédition arctique, c'est très grave. C'est le summum du péril. Pourtant, en retrouvant la voix chaleureuse de Michel Franco, je ne peux faire autrement que de me confier à lui. En échange, je lui demande le secret absolu. Personne d'autre ne doit être mis au courant, en particulier Bezal — Juré ! Cela reste entre toi et moi, répond Michel, très ému. — C'était une erreur énorme, une faute de débutant, cela ne se reproduira plus ! J'insiste pour le rassurer. — Bien compris, Papy ! Bien compris ! Je fais le black-out total. Pas un mot au téléphone, à la radio, pas de communiqué à l'AFP, t'en fais pas...

C'est à mon tour de me sentir un peu mieux. Mais, au moment de m'endormir, la scène du bord de la cassure redéfile. Je m'entends hurler : « Je passe à l'eau ! Je passe à l'eau ! » tout à fait comme si je criais : « Je vais mourir ! Je vais mourir ! » Il s'en est fallu de si peu pour que ce soit vrai...

Je me retrouve hanté par l'idée de la mort. J'ai l'image de moi-même coincé entre les blocs, flottant en surface, corps et visage enserrés, sertis par la glace ; je suis mort et pourtant mes traits semblent intacts, le gel les a étrangement préservés. Je n'arrive pas à écarter cette vision, où mes deux yeux sont blancs, révulsés ; le contraste est assez atroce avec l'expression singulièrement paisible du reste de ma face.

Un scénario catastrophe s'y adjoint : j'imagine Michel à Resolute, guettant mon appel radio le soir. Rien. Il tente de m'appeler de nombreuses fois. Rien. Il se dit : « Tiens, ça ne passe pas aujourd'hui... », un peu plus tard, il interroge l'ordinateur pour connaître ma position. Rien. Je n'ai pas émis par Argos. « Eh bien, décidément, la balise est restée muette aussi. Quelle poisse ! » pense-t-il, mais il ne s'inquiète pas outre mesure. Depuis le départ, il est convenu qu'en cas de panne nocturne, nous aurions une vacation radio dès le lendemain matin. A l'aube, il branche son émetteur-récepteur. Rien. Il réitère maintes fois ses appels. Rien. Il pianote sur le clavier de son terminal. Argos est toujours silencieux. C'est bizarre. Comme Sarsat. Mais ça c'est plutôt rassurant. Je ne suis pas en détresse, sinon je l'aurais déclenché.

Une journée passe au camp de base. Michel, discret, garde le silence. Les pépins techniques à répétition, ce n'est pas très bon pour ma réputation et il n'a aucune envie que cela s'ébruite.

Mais le soir, commence *vraiment* l'angoisse. Toujours RIEN à la radio. Toujours RIEN sur Argos. Et même pas une tentative de positionnement sur Sarsat ! là, il doit prévenir les autorités, éventuellement ma famille. Les médias, toujours à l'affût, s'emparent de l'histoire. C'est alors la dégradation, aussi cruelle que classique : « On est sans nouvelles du docteur Étienne, dont la dernière position sur la banquise était de 86° 23′ de latitude Nord », puis : « On est toujours sans nouvelles du docteur Étienne, mais on pense maintenant qu'il n'y a plus d'espoir... »

Dans le ciel, l'avion quadrille la banquise, et survole mon cadavre ; il ne peut pas se poser sur la glace trop fine de l'avenue du Pôle, mais trouve une piste plus loin. Peu importe, de toute façon l'expédition de secours arrivera trop tard.

Commence alors ce qui me fait le plus de peine dans l'idée de ma mort : la souffrance des autres. La mienne a été brève, la noyade dans l'eau glaciale tue vite. Par contre, le vide enduré par la famille, les amis — après une disparition —, est comme une plaie qui ne se referme pas, et dont suinte à jamais la tristesse.

Cette mort lente, celle du souvenir d'autrui, je ne veux pas l'infliger. Je la connais trop bien, j'ai perdu beaucoup de copains en montagne, surtout dans les Himalayas.

Je repense soudain à ces rapports si particuliers qui précèdent l'assaut d'un sommet himalayen, justement. Statistiquement, il y a un mort par expédition là-bas. Toute l'équipe le sait, et même si elle compte bien passer entre les mailles infernales de cette mathématique, il arrive que l'on se regarde en pensant : lequel d'entre nous ne va pas revenir ?

Enfin... quoi qu'il en soit, la mort fait partie du jeu, c'est la porte noire entrebâillée par l'aventure, tout au bout du voyage... ou très près !

***

Le vent se lève. L'antenne radio fouette la tente. Toute la nuit j'entends de terribles grincements, des tirs d'artillerie incessants, et même des vacarmes ressemblant à s'y méprendre à des trains qui défilent. Quelle nuit ! La porte noire n'est même plus entrebâillée. Elle est grande ouverte, elle claque tout au bord de ma vie. Impuissant, désarmé, je m'attends sans cesse à en franchir le seuil.

***

A l'aube, je me réveille dans une caverne hérissée de stalactites, mes vêtements mal séchés hier ont regelé en profondeur. Leur état est lamentable. Les chaussures sont comme deux mini-grottes, mes pieds font de la spéléologie pour y pénétrer. Quant aux lacets, ils tiennent droit en l'air, tout seuls. Je dois les frotter plusieurs fois entre mes doigts pour les assouplir. Tout le reste sera du même goût, cela me fera perdre un temps considérable en nettoyage, brossage et séchage, avant de pouvoir lever le camp.

En tout cas, quelque chose me ravit : à force d'y réfléchir, j'ai résolu l'énigme des traces de Steger. Il s'est arrêté et a rejoint le bord l'avant-veille, bloqué tout simplement par le même mauvais temps qui m'avait immobilisé aussi le 18 avril, et obligé à passer la journée dans ma tente. Il a donc un jour d'avance sur moi, c'est tout.

Je skie vers le nord-est en quête de ses traces. Coup de chance, je les retrouve. L'avenue du Pôle devient chaotique, parfois les sillons des traîneaux américains s'effacent, mais dans les goulets d'étranglement je décèle souvent des indices : épines de bois laissées par les attelages qui ont raclé les blocs, touffes de poils de chiens qui se sont bousculés en passant, restées incrustées dans la glace ; taches de sang au sol, où leurs pattes s'abîment, hélas ! si facilement ; et, de temps en temps, quelques crottes congelées, très... caractéristiques.

Je marche neuf heures en faisant de larges détours pour éviter les cassures dotées d'une glace friable. L'accident d'hier m'a rendu extrêmement prudent. Assez tard dans la soirée, je bute sur un « lead [1] » de cinq mètres de large dont la surface, très fine, grince, bouge, certaines parties se chevauchant même çà et là. Je ne prends aucun risque. Je visse au bord une broche à glace

1. Les leads sont des chenaux d'eau libre formés entre deux pans de banquise qui se séparent. Quand ils regèlent, en eau calme, ils deviennent de véritables « avenues » sur lesquelles il est alors facile de progresser.

— capable de soutenir un alpiniste en train de gravir un glacier —, je passe une corde en double dans la broche, et je franchis la cassure en faisant défiler la corde dans mes doigts. Si jamais la glace cédait sous moi, je pourrais rejoindre la berge en me halant grâce à elle. Parvenu de l'autre côté, je revisse une seconde broche à glace, où de nouveau j'enfile ma corde. Et je repars dans l'autre sens. J'arrive à bon port. Je peux maintenant traverser avec le traîneau, non sans avoir dévissé la première broche à glace qui, relayée par la seconde, est devenue inutile. C'est le troisième passage, le dernier. La surface n'a donné aucun signe de fragilité, je skie sans trop d'appréhension. De toute façon j'ai toujours une broche qui m'assure. A quelques mètres de la fin, UN CRAQUEMENT ! Bon sang ! ça recommence ! Comme un fou, je me tire sur la corde dans une variété spectaculaire de ski nautique, et j'arrive de justesse au bord, traîneau compris, sec et sauf, mais dans un état de stress total. Nerveusement, je suis de plus en plus éprouvé. Mais avant de me coucher, j'apprends à la radio que j'ai parcouru vingt et un kilomètres — et cela me console.

10.

RODÉO ARCTIQUE

Lundi 21 avril. 87° 02′ ! Ça monte ! Plus que trois degrés avant le Pôle. J'ai fait vingt-trois kilomètres aujourd'hui. J'avance de plus en plus vite. Les traces de Steger m'ont beaucoup aidé, psychologiquement, c'est un symbole de vie. Mais je dois les quitter dans l'après-midi, pour traverser une glace d'une finesse effarante. J'ai l'impression de me faufiler sur une succession de pétales de nénuphar. Pour la première fois, je découvre l'effet « trampoline », cette couche est si mince qu'elle ondule sous le ski avec une élasticité scabreuse. Même encordé, avec broches à l'appui, j'ai eu peur, réellement peur.

Les jours se succèdent. L'accélération de ma progression est spectaculaire, accompagnée d'une certaine monotonie cependant.

Mardi 22 avril : 87° 12′...

Mercredi 23 avril : 87° 22′... Jeudi 24 avril : 87° 36′ ! Record absolu, vingt-cinq kilomètres de parcourus ce jour-là, dans une zone où les blocs se livraient à des combats titanesques, remuant des millions de tonnes de glace. Tout bougeait, à tel point que j'ai dû attendre la collision finale de deux plaques énormes pour passer, c'était démentiel, et splendide.

Le vendredi 25, veille de ma dernière dépose avant l'assaut final vers le Pôle, la fixation du ski gauche se rompt. C'est insensé ! C'est la seconde fois que cela se produit ; d'un côté c'est une catastrophe, car je vais être immobilisé ; d'un autre, une chance extraordinaire, car cela arrive une fois de plus au moment où l'avion peut m'en rapporter une nouvelle. Si elle s'était cassée après-demain, juste après la dépose, comment aurais-je fait ?

***

Depuis quatre jours, j'ai des conversations aigres-douces avec Michel Franco, à la radio. Grâce à des Américains ayant affrété l'avion de Ross pour survoler le pôle Nord, celui-ci a appris qu'à l'ouest de la route directe que j'emprunte, il y a beaucoup moins de bras de mer libres. Pour ma part, je me méfie de cette information, basée sur des observations effectuées à deux mille mètres d'altitude ; alors que sous mes yeux l'état des packs change tous les jours. Mais il y a pire encore : soi-disant, devant moi, plein nord, ils n'auraient aperçu que d'immenses cassures, de véritables bras de mer. Je n'en crois pas un mot. Vu d'avion, de si haut, c'est gris-noir, on dirait donc de l'eau ; mais à un mètre soixante-huit, mon « altitude » personnelle, ces étendues s'avèrent regelées — et, en prenant des précautions, je peux skier dessus.

Franco ne cesse de me harceler, me disant : « Fais de l'ouest, fais de l'ouest, nom de Dieu ! » Et je lui réponds : « Laisse-moi aller le plus vite possible vers le Pôle, en ligne droite, plein nord, peu importe ma longitude, je fonce vers le Pôle ! » Sur l'écran de son ordinateur, il a découvert que je dérive vers l'est, à cause du vent qui, soufflant de l'ouest, pousse la banquise de ce côté. C'est le comble. Ça le met hors de lui. « Fais de l'ouest, de l'ouest, bon sang de bon sang ! Tu te vautres dans l'est en ce moment ! » — Je t'em... (censuré), lui dis-je. J'ai les pieds sur le terrain moi ! Et des yeux pour voir. Dans le nord-ouest règne un chaos indescriptible, infranchissable à l'instant même. Lorsqu'on se déplace à deux kilomètres à l'heure, dans un univers où la topographie est bouleversée sans interruption, on en a rien à balayer d'une stratégie de centralien basée sur des informations de touristes américains, espèce de... (censuré).

— Écoute, si tu veux passer tes nerfs sur moi, ne te gêne pas, je suis bien installé à Resolute Bay, j'ai de quoi dîner agréablement, il fait chaud, ça ne me dérange pas, vas-y ! répond-il !

— Va te faire... (censuré), et nous arrêtons là.

Demain, à la dépose, j'ai l'intention de lui dire deux mots sur son comportement. Moi, je me crève, je n'ai pas besoin de critiques mais d'encouragements répétés, et encore moins de ce genre de réflexions de très mauvais goût ; il me faudrait même de la tendresse. Mon avenir est trop incertain pour m'écarter du nord. Les kilomètres sont chers sur la banquise, tant que ça passera, j'irai tout droit. Et en cas de cassure infranchissable, j'aviserai. Physiquement, j'ai des crampes tous les soirs — à hurler —, j'ai terriblement maigri, lorsque je passe mes doigts sur mes côtes, je sens bien que je suis devenu un paquet d'os.

***

Ce jour du vendredi 25 avril, je n'arrête pas de faire et refaire mes calculs sur ma date d'arrivée au Pôle. L'enjeu est clair : y aura-t-il ou non une autre dépose après celle prévue pour demain ? Je suis très loin de Resolute désormais, le tarif aérien a augmenté en conséquence, c'est cent mille francs dorénavant. En neuf jours, dont deux petites journées de trois heures, j'ai parcouru quatre-vingt-dix milles. Il m'en reste cent quarante à faire, et donc, si je prends quinze jours de rations alimentaires en prévoyant quinze jours de marche, je devrais y arriver sans que l'avion ait à revenir. C'est un risque à prendre, un gros pari. Je le joue ? Je ne le joue pas ? Le soir, ma position est à 87° 40′, il ne me reste que deux degrés et vingt minutes à franchir. Je le joue !

J'ai l'intention de bourrer le traîneau à fond. C'est définitif. Ce sera l'ultime dépose. Il me tarde vraiment d'en finir.

***

Ce matin du 27 avril, tout s'annonce très mal, hélas. Un blizzard assez fort lève l'ice-fog, et la visibilité est mauvaise. J'obtiens Rudy à la radio, le manager de la Bradley Airline Company :

— J'ai trouvé une bonne zone d'atterrissage, très saine, bonne glace, pas de faille... dis-je.

— Quelle longueur ?

— Deux cents mètres ! Je répète : deux cents mètres !

— Non ! Refusé. C'est trop court ! Je répète : c'est trop court ! Trouvez-en une autre ! Je répète : trouvez-en une autre ! Il faut trois cents mètres au moins ! Je répète : il faut trois cents mètres au moins ! Terminé !

Terminé, terminé ! Facile à dire pour lui, dans son bureau climatisé. En tout cas, j'ai compris. Je me suis grossièrement trompé. Pour parvenir jusqu'ici, à plus de 87° de latitude Nord, l'avion doit être très lourdement chargé en essence, il lui faut donc un maximum de place pour se poser, et plus encore pour décoller.

Un peu plus tard, tandis que je plie le camp, Michel m'appelle. Une fois encore, il m'attaque :

— Mais pourquoi as-tu annoncé deux cents mètres ? Tu n'aurais jamais dû dire la vérité, Ross serait venu et il aurait trouvé un coin pour se poser et tu nous y aurais rejoints !

Michel n'a pas tort, pour une fois. Ce sera la cinquième fois que Ross viendra me voir. C'est devenu un ami. Et surtout, il a de plus en plus de respect pour ce que j'accomplis. Il aurait fait le maximum pour moi ; Rudy, en tant que manager de la Bradley, a un tout autre point de vue. Il ne veut pas que ses pilotes se posent

« à la sauvage » sur des terrains guère favorables car cela abîme ses chers avions.

— OK, dis-je à Michel. On fait comme ça cette nuit. Quand Ross arrivera à côté de moi, il cherchera un coin pour se poser. En attendant, je vais marcher. Pas question de perdre du temps !

Sans skis, je m'enfonce par moments jusqu'aux genoux dans la neige, je progresse trois heures. Je repère alors une zone propice à l'atterrissage, et je plante le camp. En principe, l'avion devrait décoller à huit heures du soir, et arriver vers deux heures, dans la nuit. La « nuit »... ce mot ne veut plus rien dire, désormais à cette latitude, le soleil est à la même hauteur dans le ciel quelle que soit l'heure, éternellement. Mon intention est de partir dès le départ de l'avion afin de rattraper le temps perdu à batifoler à pied dans la neige. Une fois sous la tente, je rappelle Michel. J'aimerais savoir combien j'ai bien pu parcourir durant cette marche exténuante. Le dialogue avec lui sera révélateur :

Moi, épuisé : « Quelle est ma position ? »

Michel, narquois : « Ça t'intéresse ? »

Moi, écœuré : « Oui. »

Michel, très sec : « 87° 45′ Nord...

Un silence...

Michel encore, furieux : « Et 66° O.U.E.S.T... »

Moi, faisant celui que l'ouest ne concerne jamais : « Je suis très content, les conditions étaient difficiles, angoissantes, mais j'ai trouvé une piste... »

Michel, me coupant la parole : « Si ça t'amuse de marcher dans la profonde, tant mieux. Continue. »

Fin de la conversation.

Décidément, il y a quelque chose de pourri au camp de base, ça ne va pas du tout.

Après cette communication, je me sens mal dans ma tête. Je bous de colère rentrée. Lorsque l'avion va se poser, ce cher

Franco risque d'en entendre de toutes les couleurs. Allez ! Du calme Papy, corrige le tir, prépare-toi à aborder sereinement le problème avec lui. Il faut apaiser les esprits et rompre ce cycle infernal de la surenchère dans l'agressivité. Mais qu'est-ce qui arrive à Michel ? Il a pourtant navigué, il a connu l'histoire classique du marin esseulé en pleine mer, branchant sa radio BLU pour téléphoner à sa famille, et dont la femme, tout d'un coup, lui dit : « Bon, écoute, ça va, je te laisse, j'ai des amis ce soir, donc on se retrouve dans une semaine... » Comme moi, et bien d'autres, il a dû alors raccrocher, sortir sur le pont, et vlam ! : dehors c'est la pleine mer, il faut déjà manœuvrer avec encore dans la pensée l'image de ses proches confortablement installés à terre, et qui nous ont déjà un peu oublié.

Michel, c'est mon garde-fou. Notre alliance, il faut la rétablir coûte que coûte. Il me reste le plus difficile à faire, et je me sens trop seul sans son aide. J'ai des relations avec le Pôle un peu comparables à celles qu'entretient un curé de campagne avec le pape ! Pour moi, le pôle Nord est encore sacré, c'est un monument. Je ne suis qu'un humain très frêle qui s'approche d'une entité dont les proportions le dépassent. J'ai besoin de toute la puissance du camp de base, et de l'appui inconditionnel de chacun pour y parvenir.

***

Je laisse la radio allumée, avec l'arrière-pensée que Michel, pris de remords, rappellera peut-être pour me réconforter. Mais c'est le pilote d'un avion militaire canadien qui entre en communication avec moi. Il m'annonce : « Le 29 avril, quand vous serez au Pôle, je viendrai. Confirmez-vous le rendez-vous ? » Je suis éberlué. Je lui réponds que, malheureusement, je ne serai pas au Pôle ce jour-là, mais seulement vers le 15 mai. Une troisième personne intervient alors, je reconnais la voix de Rudy. Depuis Resolute, il est en veille permanente à la radio ; il a donc entendu notre conversation. Il prévient le pilote qu'il y a erreur, que ce ne sera pas moi, mais Steger, qu'il doit retrouver au pôle Nord. Je suis suffoqué. Je demande à Rudy : « Est-ce que vraiment Steger sera au Pôle le 29 ? », « En principe, il devrait y être », me confirme-t-il. Soudain, ça me donne un courage fantastique, car l'Américain progresse un peu à l'est par rapport à moi — exactement là où Michel prétend que c'est infranchissable. S'il a réussi à passer avec le poids de ses traîneaux, ce n'est donc pas aussi ouvert et fragile que le camp de base voudrait me le faire croire. J'ai un degré de dérive vers l'est en longitude, par jour. Franco en a fait une maladie, pourtant mon pressentiment était juste : il ne fallait pas s'en soucier.

***

Dimanche 27 avril, six heures du matin. L'avion s'est enfin posé.

Éric Préau, photographe de l'agence Sygma, voulait des portraits.

J'ai regardé le ciel, j'ai regardé le soleil, j'ai regardé la glace, j'ai levé la tête, j'ai regardé par terre, j'ai souri.

Il est content.

Philippe Lavalette, cinéaste, assistant de Laurent Chevalier sur le film, veut aussi des images pour la télévision canadienne. Il m'accroche un micro au bonnet et me pose des questions.

Je commence à répondre.

Il n'est pas content.

« Ça, tu me l'as déjà dit la dernière fois ; que s'est-il passé depuis ? »

Je lui fais un nouveau numéro.

Il est enfin content.

Gilles Dobbelaere, d'Antenne 2, a filmé sans dire un mot, pour l'instant.

Je craque. Je lui raconte mon passage à l'eau, tout en

sachant que j'aurais mieux fait de me taire, car je vais affoler mes proches. En tout cas, ça me soulage, j'ai envie qu'on me plaigne un peu, c'est si dur par ici.

Humainement, il est touché.

Professionnellement, il est content.

Pascale, une amie, est venue me voir jusqu'ici pour me donner du cœur, mais elle semble un peu mal à l'aise dans ce milieu qui lui est complètement étranger. Je ne peux que lui offrir des sourires, entre les séances de photos et les tournages.

Elle demeure très timide.

Difficile de savoir ce qu'elle pense vraiment.

Malgré tout, elle semble contente.

Michel Franco est dans tous ses états. Visiblement, il attend que nous ayons une conversation un peu à l'écart pour mettre les choses au point entre nous. Elle sera brève mais suffisante. « Je n'ai pas besoin de grandes stratégies, je veux simplement que tu m'encourages », lui dis-je. Il ne répond pas, s'approche de moi et me serre très fort dans ses bras. Tout est dit. Le courant passe à nouveau.

Et un de plus qui est content.

Nous passons immmédiatement à l'aspect technique de l'opération : check-list en main, Michel et moi nous vérifions chaque détail du matériel, en chargeant le traîneau ensemble, pour la dernière fois. J'ai une nouvelle paire de skis et des chaussons de marche tout neufs, qui remplacent les anciens trop abîmés par le gel après ma chute. Nous reprenons encore et encore l'inventaire du traîneau, point par point, avec une concentration absolue — sur une erreur, en ce moment, se joue la réussite ou l'échec de ma tentative, peut-être même ma vie. Tout est en ordre, au complet.

C'est à mon tour d'être content.

Cela fait déjà deux heures que Ross attend, il veut décoller maintenant. OK, on y va, dis-je. Mais les deux cameramen et le photographe expriment le souhait d'avoir des images de moi m'éloignant avec mon traîneau sur la banquise.

J'accepte.

Nous convenons tous ensemble d'un faux départ, je reviendrai ensuite pour les embrasser.

Ils sont contents.

Je m'attelle et je pars. Je skie tout droit en m'enfonçant dans la brume blanche. J'entends qu'ils sifflent derrière, c'est le signal, ils ont eu les images désirées. Je me retourne, ils sont à cinquante mètres de là, cinq silhouettes un peu frileuses sur la banquise, et soudain j'éclate en sanglots. Je lève une main comme pour saluer, puis je leur tourne le dos, je repars, tout mon corps est comme irrésistiblement attiré vers le nord. Je laisse alors aller mes larmes, le retour était impossible, je ne voulais pas qu'ils gardent de moi l'image d'un homme cassé par l'usure et l'émotion.

C'est idiot.

J'avais tellement voulu que tout le monde soit content.

Et je n'ai pas pu aller jusqu'au bout.

Ces déposes, humainement, c'est quelque chose d'infâme.

Je skie. Huit heures, pour oublier.

***

Lundi 28 avril. 88° Nord. Moins vingt-deux degrés. Journée difficile. Le matin, il faut contourner des obstacles tous les mètres, choisir sa route en anticipant sur celle du traîneau, j'ai l'impression, par moments, de conduire un semi-remorque. Un peu plus tard, un lac surgit, encerclé de grandes barrières de glace turquoise. A sa surface, je vois un bloc entraîné par le courant, il ne va pas très vite mais c'est comme si, tout d'un coup, le décor s'animait. Je réalise alors que l'eau du lac n'a pas regelé ! Elle clapote librement, c'est un obstacle infranchissable. Nerveusement, je ne supporte pas cette vision. Depuis ma chute, l'eau est devenue un symbole de mort — elle le restera jusqu'à la fin du voyage. Je fais trois cents mètres à l'est. Aucun passage. Je repars vers l'ouest et je trouve enfin un secteur plus ferme. On dirait un damier fait de centaines de petites plaques flottantes et frémissantes. Je les compare à des feuilles de nénuphar recouvrant un étang, je choisis les points où leurs bords entrent en contact pour passer de l'une à l'autre. C'est skiable. Je reviens chercher le traîneau laissé sur la rive. Au second passage, c'est le choc : en avançant, je suis mes traces de ski, mais elles s'interrompent... pour reprendre, décalées de vingt centimètres sur le côté ! Vingt centimètres ! C'est énorme ! cela fait quatre ou cinq minutes que je suis passé à cet endroit, et les plaques flottantes ont déjà dérivé ; le damier est en train de se disloquer. Un peu plus loin — il était temps ! —, les feuilles de nénuphar laissent place à un chaos flottant, constitué de petits blocs de trente ou quarante centimètres d'épaisseur. Ils forment une sorte de plancher assez bouleversé sur l'eau. J'enlève mes skis. J'avance un peu. Ça tient. Un peu encore : Pluf ! le bloc sur lequel j'ai posé une chaussure se désolidarise des autres avec un bruit d'aspiration, de succion. Hop, je reviens en arrière, et... il se remet en place. Bon sang, je suis coincé, les nénuphars dérivant derrière, les blocs suçant devant, c'est foutu. Il n'y a plus que dix mètres à faire — donc presque rien —, pour réussir à aborder sur une autre zone qui paraît plus massive, plus solide. Je remets mes skis. Fantastique ! Grâce au rodéo arctique, à cheval sur plusieurs blocs, ça passe. Sauvé ! J'ai atteint la partie où les blocs sont beaucoup plus gros, je respire. SCHPLOUF ! A cinq mètres de moi, un bloc a chaviré, engendrant une vague de fond. Je me réfugie très vite le plus haut possible, sur un point ferme. Tout le paysage se met à danser, ou plutôt à se dandiner, c'est incroyable. Mon propre perchoir oscille longuement, avant de se stabiliser enfin. Arrête Papy ! Il faut attendre la « nuit », pour que ça gèle. C'est un réflexe de montagnard. Lorsqu'une expédition est bloquée par un torrent impétueux, en Himalaya par exemple, on attend la nuit. Les glaciers arrêtent alors de fondre et, tôt le matin, on peut passer dans très peu d'eau.

Mais là, quelque chose me gêne. Intuitivement, je ne veux pas rester sur ce bloc ce soir. Je sens qu'il est à la merci d'une cassure, de la moindre vague, et très près de se renverser.

Je décide de partir. Mais je ne m'attelle pas au traîneau. Je le prends derrière moi, en bout de corde de traction, et j'avance.

Commence une nouvelle séance de rodéo arctique. Le traîneau est sans cesse à cheval sur plusieurs blocs — tout comme mes skis, d'ailleurs. En dessous, l'eau clapote, sinistre.

A un moment, je dois franchir une succession de petits pans de glace qui ne me disent rien qui vaille. Mais il y en a un très gros, juste à côté, auquel je pourrai toujours m'accrocher en cas de... petits problèmes. Évidemment, ça ne rate pas. Juste en dessous de moi, ça casse, et je m'arc-boute les bras tendus, les mains crochetant le gros bloc, pour passer. Tout se déroule en un éclair, je mouille un peu ma chemise dans l'eau glaciale, mais j'ai traversé. J'arrive à poser les skis sur une zone un peu plus solide que la précédente et je fais venir le traîneau. Il s'approche. Doucement... doucement... Craaac ! Les petits pans de glace se déstabilisent et le traîneau touche un peu l'eau, il flotte. Je le hale à toute vitesse, ouf ! J'ai échappé de justesse au naufrage définitif de la totalité de mon équipement.

Le bloc sur lequel j'ai pris appui est très, très incliné, tout à fait lisse, on dirait une sorte de tremplin. Je monte sur lui avec mes skis posés de travers, en faisant des marches. Je suis presque arrivé au sommet lorsque la corde de remorquage du traîneau, tendue à fond, m'empêche de grimper plus haut. Il me faut à nouveau la haler jusqu'à moi ; il y a cinquante kilos de traîneau au bout, ce n'est pas une sinécure. Je cale mes skis le mieux possible sur la pente, en veillant toutefois à bien prendre mes carres. Je me sens stable à présent. Je commence à hisser le traîneau sur le tremplin. Soudain, je hurle. J'ai dérapé. Mes skis, mon corps, le traîneau, tout dévale le long de la pente. En bas, l'eau nous attend. C'est fini cette fois. Je ferme les yeux. Arrêt brutal. J'ouvre les yeux. Par miracle, le traîneau s'est immobilisé — le cul à toucher l'eau — sur quelques petits blocs flottants, dans un équilibre insensé. Il est presque à la verticale le long de la pente. A chaque seconde, il peut couler à pic. Mes skis et une partie de mes jambes sont passés sous lui, et restent coincés là ! J'ai le reste du corps vautré sur le tremplin-patinoire, je n'ose même plus respirer. Bon sang, comme vais-je faire pour me sortir de là ? Si je bouge, quand je vais m'appuyer sur le traîneau, les petits blocs flottants vont céder sous lui — et là, les cinquante kilos du matériel s'engouffreront dans le lac, en m'emportant avec eux. Pour sauver ma peau, je n'ai de libres que les bras et les mains. Et encore, à condition d'y aller très, très en finesse, l'équilibre est à la merci d'un à-coup, d'une secousse un peu brusque.

Je débute en rampant, j'utilise mes coudes, mes mains, comme dans un passage difficile en montagne. Je dégage mon corps centimètre par centimètre, puis je me cabre un peu. En piquant mes bâtons de ski, je suis de nouveau en appui et, mètre après mètre, je remonte sur le tremplin. Tout du long, je treuille le traîneau par saccades très courtes, j'arrête dès que je le sens un peu déraper. Le sommet franchi, je suis vivant une fois de plus. Brusquement, l'air de Georges Brassens *Gare au gorille* fait irruption dans ma tête. Allez savoir pourquci... Et, pendant des jours et des jours, je ne pourrai plus l'en chasser !

***

Mardi 29 avril. 88° 14′. Moins vingt degrés. Vent d'ouest/sud-ouest.

Dans la tête : *Gare au gorille...*

Dans le corps : une immense lassitude.

Aux pieds : des étriers de ski trop étroits.

C'est le chaos, le chaos, le chaos.

A la radio, j'apprends la catastrophe de Tchernobyl.

Je pleure.

***

Mercredi 30 avril. 88° 14′. Moins quinze degrés.

Arrêt dû au blizzard.

J'ai perdu un plombage dentaire hier. Le trou de ma dent me donne l'impression de se creuser de plus en plus au fil des heures, allongé dans le noir du sac de couchage. Ce n'est pas encore douloureux mais je redoute l'abcès.

Gare au gorille résonne dans ma tête continuellement. Pour tenter de l'évincer, je chante à haute voix tous les airs possibles et imaginables. Rien n'y fait.

La poignée du traîneau s'est cassée et j'ai découvert, en sus, une déchirure sur son flanc gauche. Lors de la dernière dépose, l'avion m'en avait apporté un tout neuf mais j'ai préféré continuer avec l'ancien, auquel j'étais « sentimentalement » attaché.

J'apprends à la radio que des avions de l'armée canadienne ont effectué des prélèvements pour déterminer la radioactivité au-dessus de la banquise. D'après les résultats, je ne risquerais rien. Pourtant, est-ce Tchernobyl ? l'extrême solitude ? l'épuisement ? j'ai le sentiment que la fin du monde approche, que je vais la vivre si loin de tout et de tous, ici et maintenant, sur cette banquise. Je suis atterré.

Ressaisis-toi, Papy !

Mais mon cerveau est mou. C'est trop tard pour avoir des regrets.

Comme dérivatif, je passe deux heures rivé sur les fixations de mes skis, je scie et je taillade le bord de mes chaussures afin qu'elles rentrent sans trop forcer dans les étriers. J'emporte toujours une scie à métaux avec moi lors des expéditions. Cette fois encore, je m'en félicite — c'est vraiment l'outil aux mille usages. Bravo ! voilà la première pensée positive de la journée ! Il était temps.

Ma carie est devenue une vraie caverne. Ça va s'arrêter, oui ou non ?

Je branche la radio pour me distraire. Je tombe par hasard sur une conversation entre l'expédition féminine française en route vers le pôle Nord et son camp de base du Spitzberg. Encore une tentative qui tourne mal. Ces filles sont à 83° de latitude Nord, et dérivent de quinze kilomètres par jour. Je ne parviens pas à comprendre dans quelle direction exactement ; la communication est entrecoupée de parasites. Hélas, ce ne doit pas être celle du Pôle car elles m'annoncent qu'elles abandonneront l'expérience vers le 11 mai. Pas de chance. Elles sont parties du mauvais endroit, à la longitude du Spitzberg la banquise est un véritable tapis roulant dû aux courants et cela ne sert plus à rien de marcher puisque la glace recule au fur et à mesure qu'on avance — vous condamnant, dans le meilleur des cas, à faire du sur-place, et dans le pire vous ramenant vers le point du départ.

***

Je pense à Pascale, qui doit quitter Resolute ce soir même, à destination de New York. Nous nous sommes tellement manqués le jour de la dépose. J'aimerais m'excuser, tenter de lui faire comprendre mon inadaptation. Je me doute qu'elle a dû me trouver très dur, si absent malgré mes sourires, si grossier lors de ma fuite du faux départ. Mais l'aventure du pôle Nord est obsessionnelle, à la limite d'une possession. Sa sauvagerie rejette toute autre connivence. Désolé Pascale.

***

Extraits de mon journal de bord du lundi 1er mai : « 88° 21′ de latitude Nord. Moins dix degrés. Me voilà cloué sur place à nouveau par le mauvais temps. Je me suis levé à quatre heures du matin car le soleil était visible à travers les nuages, suffisamment pour me donner le nord. Mais je me suis préparé sans conviction, un peu comme un prisonnier déciderait un matin de faire son sac simplement pour se donner l'illusion d'un départ, et dans l'espoir de provoquer l'inattendu. J'ai tourné alors une heure autour de la tente pour me convaincre qu'il n'était pas raisonnable de partir ; vers où d'ailleurs, et par quel chemin ? J'avais pensé : “ Mon vieux, tu vas te dépenser sur la banquise pour la fête du Travail ! ”, et le brouillard en a décidé autrement. Je me sens condamné à ne pas bouger, mon cœur est triste comme le temps, et mes espoirs s'effritent un peu plus tous les jours.

Je me trouve au cœur d'un anticyclone stationnaire, sans un souffle d'air, et le pire est la remontée de la température à moins dix degrés. Il fait si doux que les cassures ne vont pas se consolider, autant de barrières qui ne s'ouvriront pas pour moi.

De la solitude complice à la solitude détestable, la marge est faible, et il faut veiller à bien la respecter. Se laisser envahir par une solitude qui mine pourrait vite entraîner vers la folie dans cet univers où tout est figé, mort, sans bruits, sans couleurs — à part le bleu, le blanc, et aujourd'hui le gris. D'où le beau temps va-t-il venir ? Et, pendant cette attente, je dérive... mais pas vers le nord.

Bilan de santé : ma dent cariée devait être bien dévitalisée car je n'en souffre pas, malgré la perte du plombage et l'importance de la cavité. Par contre, j'ai une douleur de la cuisse qui irradie jusqu'au genou, me faisant craindre une tendinite. Je profite de la clémence de la température pour me dénuder. Aïe ! mes saphènes sont énormes — il s'agit de deux veines situées à l'intérieur des cuisses —, elles atteignent un centimètre de diamètre chacune en saillant complètement sous la peau. Cette situation m'inquiète mais je compte sur la souplesse de mes vaisseaux pour qu'elles retrouvent une dimension normale à mon retour. Voilà l'origine de mes douleurs dans les jambes, c'est encore une fois la pression de la sangle de traction du traîneau sur mon ventre qui provoque un peu plus bas une stase veineuse, en agissant comme une sorte de garrot. Il n'y a rien à faire pour éviter ceci, c'est la rançon imposée par la traction. Il ne manquerait plus que j'attrape des varices ! »

***

Vingt et une heures. J'ai finalement marché pendant six heures, en partant à onze heures du matin avec le dernier et unique rayon de soleil qui m'a permis de franchir une cassure très chaotique. J'ai continué cinq heures dans le brouillard en me guidant grâce au souffle persistant d'une petite brise... sur la joue gauche ! Ce soir, le temps est d'une instabilité surprenante, oscillant du beau au brouillard en quelques minutes. A la radio, Michel me somme de partir vers l'ouest, car Steger a eu de sérieux problèmes en restant trop à l'est ces derniers jours. D'une longitude de 53° Ouest, il est passé à 68° Ouest à quinze milles du Pôle. Ce soir, pour ma part, je suis à 68° Ouest, il me faut donc infléchir ma route d'une quinzaine de degrés, dorénavant. Sacré Michel avec son ouest ! plus têtu que lui cela n'existe pas. Mais, cette fois, les positions successives de Steger me confirment qu'il a raison, et je vais ENFIN suivre son conseil.

***

Vendredi 2 mai. 88° 31′ de latitude Nord. 68° 28′ de longitude Ouest. Vent d'est-nord-est.

J'ai TOUT eu aujourd'hui !

Toutes les glaces : un grand monstre à la peau fine de cinq cents mètres de large, des chaos de crêtes de compression, un vieux lead regelé où je me suis défoulé sur trois-quatre kilomètres, des chaos de blocs énormes, des cassures fraîches s'étoilant dans toutes les directions en une multitude de petites failles, sur des kilomètres ; des coulées de glace serpentant à n'en plus finir. La banquise semble en éruption, elle me fait songer à un volcan froid mais secrètement, sauvagement, somptueusement déchaîné.

Et *tous* les temps : le brouillard au départ, puis une lumière éclatante, par taches sur un fond de brume épaisse, auquel succéda le soleil dans un ciel nu, puis de l'ice-fog ; et le soir, avec le vent tombant, un regain solaire éblouissant.

La brèche fissurant la gauche du traîneau atteint maintenant le fond. Pauvre vieux compagnon, crois-tu que nous verrons jamais le pôle Nord ensemble ?

***

A Resolute, c'est la kermesse ! L'expédition des ULM au Pôle est arrivée avec dix-huit personnes, dont l'actrice Gabrielle Lazure, et des émetteurs de France Inter surpuissants. Denis, un pilote de chasse invité de France Inter à Resolute, me parle à la radio. Il me cite la fameuse phrase de Guillaumet de retour à la civilisation après son terrible accident d'avion dans les Andes : « Ce que j'ai fait, aucune bête au monde ne l'aurait fait. » Cela me réconforte soudain, très profondément. Quelle belle bande d'aventuriers que ces pilotes des premières heures de l'Aéropostale : Guillaumet donc, et Mermoz... et Saint-Exupéry... Je les admire depuis mon enfance. Mais c'est seulement là, ce soir, sur cette banquise qu'il me semble les comprendre vraiment. « Ce que j'ai fait, aucune bête au monde ne l'aurait fait », je me répète ces onze mots implacables, maintes fois. Avec eux, j'arriverai peut-être à l'extrémité de mon propre courage.

***

Samedi 3 mai. 88° 40′ Nord. 66° 07′ Ouest. Moins quatorze degrés. Vent du nord-nord-est.

STEGER EST AU PÔLE. Fabuleux ! il a réussi. C'est donc possible. Bravo ! BRAVO ! S'il l'a fait, je peux le faire. Bravo ! C'est fantastique. J'exulte toute la journée. Mais le soir venu, je suis un peu jaloux... quand même ! Trois avions sont venus le chercher. Un pour les journalistes, le second affrété par le National Geographic et celui de l'expédition, piloté par mon ami Ross. Au passage du retour, en me survolant, Ross m'a droppé un sac contenant six rations journalières de vivres, deux litres d'essence, un appareil photo. Ah, j'imaginais la joie de Steger et de ses acolytes, assis dans des fauteuils moelleux, dégustant du champagne en contemplant bien au chaud l'horreur de la banquise... Ah, les crapules, les lâcheurs, les gredins ! Ils me laissent tout seul en bas. J'ai les larmes aux yeux, je suis si content pour Steger ; et en même temps, c'est dur, très dur pour moi. Bien des fois, le fait de les savoir avancer et souffrir à quelques journées en avant m'encourageait. Désormais, je suis l'unique être vivant sur des centaines de milliers de kilomètres carrés. Une tristesse affreuse m'empoigne la gorge, descend dans ma poitrine, creuse mon ventre, m'envahit en entier. Je deviens un bloc de solitude, avec quelques traces de sang chaud, parmi des milliers d'autres blocs au sang blanc et glacial — tel un peuple muet de cauchemar ; et pourtant, envers et contre tout, j'aime ce monde, et je me doute que Steger n'est pas sans ressentir une certaine nostalgie après l'avoir quitté.

***

Dimanche 4 mai. 88° 51′ Nord. 68° 01′ Ouest. Moins dix degrés. Vent de nord-nord-est.

En fin de soirée hier, j'ai largué cinq kilos de matériel sur la banquise : un litre d'essence, un petit sac à dos, l'une de mes deux mousses isolantes, un blouson en fourrure thermolactyl, quatre tablettes de chocolat, des pâtes d'amande, des galettes Poilane, des vitamines, et même jusqu'à... des sacs en plastique destinés à isoler mes pieds. J'avais envie de tout jeter pour partir à fond vers le Pôle, y arriver en courant et que tout soit terminé.

Aujourd'hui, il me reste cinq litres d'essence — donc, quinze à vingt jours d'autonomie —, quatorze rations alimentaires journalières, soit un minimum vital pour me chauffer et manger. Hors de question de toucher à ce trésor pour alléger plus le traîneau, hélas désespérément lourd lorsqu'il faut prendre de vitesse tous les leads qui se multiplient sans cesse. On dirait d'innocents petits ruisseaux qui serpentent entre deux parois de banquise, mais ils ne sont visibles qu'au tout dernier moment, en arrivant dessus, et difficiles à franchir alors sans élan.

Depuis trois jours, le vent est orienté au secteur nord. J'ai dû planter la tente la porte au sud (au lieu du nord-est, comme auparavant), afin de m'en protéger. Rien ne va plus, c'est le monde à l'envers, la totalité de mes points de repère a pivoté de cent vingt degrés. Mon sommeil en est très perturbé, le nouvel éclairage du soleil me surprend à chaque fois que je me réveille. Par rapport à lui, tout ce qui était à droite est passé à gauche, et inversement. Résultat, je cherche les vitamines du mauvais côté de la tente, je ne sais même plus dans quel sens mettre mon sac d'affaires personnelles, et ainsi de suite. Ce qui était un rituel parfait, réglé comme un mécanisme d'horlogerie, est perverti, détraqué. J'ai peur de cela, très peur. La discipline du rangement, je l'avais poussée à son point ultime, au centimètre près. C'était crucial. Seule la perfection de l'ordre à l'intérieur compensait psychologiquement l'angoisse du désordre du labyrinthe extérieur. Je ne reconnais même plus mon tout petit territoire intime. Cela me terrorise et souligne, s'il le fallait, la fragilité de mon état perceptif. Et si, un soir ou un matin, je perdais tout à fait le sens de l'espace ? rendu fou par l'étrangeté de ce monde inhumain, et que je me mette à tourner en rond, sans plus rien reconnaître ?

***

Lundi 5 mai. 89° 05′ Nord ! J'ai passé le dernier degré ! Et battu tous mes records de distance parcourue, en marchant... vingt-cinq kilomètres, durant neuf heures. Le Pôle est à cent deux kilomètres désormais. IL S'APPROCHE ! IL S'APPROCHE ! Le soir, phénomène étrange, il fait moins douze degrés à l'intérieur de la tente, sur le côté à l'ombre ; et plus dix degrés à l'endroit où le soleil éternel frappe. Je n'entends Michel que grâce au relais des trois cents watts de l'émetteur de France Inter, installé à la base météorologique avancée de Eureka, mais lui-même ne me reçoit pas. Resolute est trop loin. En compensation, l'actrice Gabrielle Lazure, qui accompagne l'expédition des ULM, m'a parlé longuement, avec une voix passant merveilleusement à la radio ; ses mots furent très émouvants, ce fut dense et tendre à la fois, cela m'a réorienté, tout à fait !

11.

LA CASSURE DE LA RIVIÈRE NOIRE

« Tenez ! Tenez ! Encore cinq jours les gars, on ne va pas s'arrêter si près du but ! » ... « Et toi, là derrière, dépêche-toi un peu au lieu de traînasser, et surtout, surtout, arrête ton concert sinistre, tu te prends pour un tam-tam ou quoi ? »

Pour la première fois aujourd'hui, je parle à voix haute avec tout mon matériel, en le haranguant comme un conducteur d'attelage le ferait avec ses chiens ; c'est avant tout le traîneau qui est ma cible privilégiée, je le tire comme un fou en lui larguant des invectives et des ordres, je suis comme un petit chef hargneux, menant à la dure ses troupes à l'assaut, un vrai roquet ! « Cinq jours les mecs, plus que cinq petits jours et c'est dans la poche ! » ... « Si on n'a pas la peau du Pôle, c'est lui qui aura la nôtre, allez en avant, bande d'abrutis congelés, réveillez-vous ! » Oh, ce ne sont pas des dialogues très riches, très relevés. Dans la tête, je n'ai que des pensées ordinaires, voire même pas de pensée du tout ! Si mes calculs sont exacts, dans CINQ JOURS j'arrive au but. « Hardi le traîneau ! Hardi les skis ! Hardi les bâtons ! Et vous les bouteilles d'essence, cramponnez-vous à vos bouchons ! Pas question de fuir, hein, fripouilles ! Sinon, on va se les geler sans vous !... »

On se croirait dans un cirque, et cela va durer onze heures d'affilée, sur vingt-cinq kilomètres. Nous sommes le mardi

6 mai. Latitude 89° 19′ Nord. Longitude 69° Ouest. Le vent a un peu tourné à l'est-nord-est, j'oriente ma tente en conséquence. Je dormirai parfaitement cette nuit-là. Je me perds en conjectures : Y aurait-il un angle privilégié concernant le sommeil sur la banquise pour que mon corps réagisse à ce point ?

***

Le lendemain, tout commence par un festival « Gare au gorille », dès que j'ouvre les yeux. L'air m'accompagne jusqu'au petit déjeuner, puis disparaît, ouf, je respire. Ah ! nom de nom, il revient, le voilà qui s'installe, avant de s'escamoter une heure après, pour ressurgir un peu plus tard. Bon, soyons tolérant, j'ai pris l'habitude de vivre en compagnie d'un cerveau juke-box ayant pris un coup de froid de trop sur cette banquise, et dont un bouton gelé a dû rester coincé. Mais oui, c'est pour ça qu'il rejoue éternellement le même disque, en tout cas voilà ma dernière hypothèse...

Le traîneau n'est plus fendu, il est éventré. Hier soir, j'ai dû le vider entièrement afin d'évacuer la neige qu'il avait embarquée. C'est lui qui demeure mon plus gros souci, face à ce pôle Nord que je ressens comme une citadelle inexpugnable et dont j'affronte les armées gelées, les remparts de glace et les chausse-trapes noirâtres, sans répit.

***

Vers onze heures, ce mercredi 7 mai, le blizzard s'est levé, soufflant à trente-cinq nœuds de l'est. Soudain, toute la neige molle que le blizzard habituel du secteur ouest avait accumulée à l'abri derrière les obstacles a été prise à revers. Le paysage est devenu hallucinant. Le sol a disparu sous une carapace d'écume de neige blanche se déplaçant à une incroyable vitesse, dégoulinant sur les blocs et fusant dans le ciel jusqu'à s'emparer de l'horizon.

J'ai continué à marcher, le côté droit du corps littéralement appuyé au vent, tandis que derrière le traîneau faisait sa route en crabe, déporté d'un mètre à ma gauche sous la puissance continuelle des bourrasques.

Une cassure ouverte apparaît, coupant l'accès au Pôle. De sa surface émane une lumière douce, chatoyante, mais au centre un coup de sabre géant, en Z, la fend, tel un signe de Zorro dantesque, très, très noir, c'est impressionnant, complètement surnaturel.

Je prends pied sur sa glace. Elle est recouverte d'une infinité de fleurs de gel, atteignant chacune jusqu'à six centimètres de diamètre, et ressemblant à de la monnaie-du-pape, si courante dans le midi de la France. C'est si familier, si joli... Ces fleurs s'écrasent facilement sous mon passage, et ne me gênent pas le moins du monde pour glisser. A un moment — il y en a une telle accumulation —, je m'amuse à les balayer d'un coup de ski latéral. Horreur ! La glace qui se trouve juste en dessous est noire ! Donc d'une extrême finesse, quelques millimètres à peine ! D'un seul coup, ces fleurs si belles deviennent comme des fleurs mortuaires, dissimulant à perte de vue un linceul noir ! Faire demi-tour est exclu, je suis trop loin déjà. Coûte que coûte, je continue, avec la sensation en permanence de skier sur le couvercle de mon propre cercueil. Je n'ose plus taper avec les bâtons de ski ; dans le ciel règne toujours la même lumière argentée, où les vents de neige se pourchassent, sous un soleil blanc, implacable.

Régulièrement, un bruit bizarre résonne. A chaque fois, je suis figé sur place par la peur et je me retourne avec une angoisse insupportable au ventre, certain que la glace vient de se fendre juste derrière moi ! Fausse alerte ! Il n'y a rien en surface et le bruit s'est interrompu. Je repars. Une dizaine de mètres plus loin, ça recommence ! J'ai un mal fou à identifier la source de cette résonnance étrange qui déclenche un stress infernal pour mes sens exacerbés. Ah — c'est trop stupide —, je viens de découvrir le coupable : l'étui plastifié des lunettes de soleil, resté dans la poche de ma veste de marche et qui cognait au passage contre le bâton de ski !

Un peu plus tard, j'atteins le Z noir. Il s'agit d'une zébrure d'eau libre que les rafales du vent strient de vaguelettes nerveuses, dont les ressacs viennent gicler sur les bords pour y geler à l'instant même.

La température est donc brusquement redescendue sous l'effet du blizzard, et c'est cela qui m'a sauvé la vie ; grâce à un regel de surface le reste de la cassure a pu supporter de justesse mon poids et celui du traîneau. Pour éviter le signe de Zorro, je déroute ma trajectoire et je finis de traverser dans l'apaisement et le silence ce champ de fleurs translucides où court parfois l'écume de neige. Je suis émerveillé, le linceul s'est fait conte de fée.

***

Après cette cassure, je retrouve enfin la vieille glace, puis un grand couloir orienté nord-est tandis que le temps se couvre et que le brouillard menace. Je voudrais faire du nord-ouest mais ce passage m'attire. Tant pis, une fois encore je vais trahir la confiance de Michel Franco, mais ce sera pour la bonne cause : dans le brouillard qui envahit tout, je pourrai avancer rapidement sans trop me perdre entre les bords encaissés. Ailleurs, et notamment à l'ouest, au beau milieu du chaos, ce serait impossible.

Vers trois heures, je dois stopper. J'ai des vertiges. Je mange deux rations coup sur coup, ils s'arrêtent mais la sensation de faim persiste. Je dois être sous-alimenté. Le brouillard m'a forcé à camper.

***

A vingt et une heures trente, je n'ai toujours pas reçu ma position, c'est le black-out radio. Je ne l'obtiens qu'à quatre heures du matin : 89° 36′ de latitude Nord et... 82° de longitude Ouest, Waou ! Quelle dérive, sans aucun doute due au coup de blizzard de secteur est, qui a propulsé la banquise vers l'ouest. Là, Michel doit être enfin ravi, satisfait, comblé ! Eh bien non. Il est tracassé par un nouveau phénomène, venu encore... de l'ouest ! L'assaut téléphonique généralisé des journaux, des télévisions, des sponsors, des amis ; au camp de base la sonnerie retentit jour et nuit, ne lui laissant plus une minute de répit. Il vit cela un peu comme un viol de notre complicité ; toute l'équipe, isolée depuis des semaines entières, éprouve aussi quelques difficultés pour s'adapter à cette invasion diabolique.

Quoi qu'il arrive, je veux finir mon aventure entouré de mes amis. Si je rejoins le Pôle, je me refuse à m'offrir alors en spectacle à une meute d'inconnus assoiffés de mots et d'images. Je donne donc des consignes très strictes. En cas de réussite, j'invite Gilles d'Antenne 2, Éric Préau de Sygma, Laurent et Bernard pour les images et le son du film, et Michel. Je ne veux voir PERSONNE d'autre.

Plus que jamais, le pôle Nord est devenu à mes yeux une aire sacrée dont les mystères doivent être préservés, donc partagés entre initiés des déposes précédentes, au moins. Organiser une conférence de presse au sommet du globe terrestre serait d'un goût plus que douteux. Difficile d'imaginer pire pour banaliser l'un des derniers lieux mythiques de la planète.

***

Ce jeudi 8 mai sera la journée des nuages. Sous un ciel bas et menaçant, je plie le camp et marche une heure ; le plafond s'abaisse de plus en plus, le soleil n'est plus. Très vite, je perds le nord, les repères de vent et de glace sont insuffisants. Me voilà bloqué. Je me réfugie dans ma tente, à vingt milles de ce pôle

Nord qui m'échappe une fois de plus. Je rêve d'un lendemain où il ferait moins cinquante degrés, avec une banquise en béton, je pense à d'Aboville qui, lors de sa traversée de l'Atlantique à la rame, se trouvait à la même distance de la fin que moi : le port de Brest, et en éprouvait enfin... le grand bonheur ! Lui, n'avait alors plus qu'à ramer encore un peu et tout était dit. Un dernier coup de chien pouvait lui tomber dessus, d'accord ; mais il en avait essuyé tant et tant déjà, il ferait le gros dos en attendant. Il était sûr et certain de réussir. Aucun risque que Moïse ne passe par là et mette l'océan à sec. Tandis qu'ici ! A vingt heures ma position est 89° 40′ Nord, et... 72° Ouest en longitude, contre 80° Ouest à quatre heures du matin ! 8° d'écart, je suis sur le dos d'un serpent colossal qui ondule d'est en ouest, un coup de blizzard : c'est parti sur la droite, un coup de courant d'est : c'est revenu à gauche. Rien, absolument rien n'est contrôlable. Ces spasmes gigantesques, alliés à l'élévation de la température, disloquent la banquise, le fantasme du bras de mer infranchissable me harcèlera jusqu'au bout de la nuit.

***

Vendredi 9, je prends le départ sous un ciel noir, dans un brouillard terrible, pour un enfer qui va durer treize heures.

Après quelques cassures regelées, insignifiantes, je rencontre une vaste étendue nappée de « feuilles de nénuphar » où je zigzague à vue ; c'est un slalom intense, à haut risque, il s'agit d'éviter les pétales particulièrement minces, trop élastiques, sous peine de mort. De détours en déviations, les nerfs et les muscles bandés durant des heures qui paraissent tantôt des siècles, tantôt des micro-secondes, je gagne du terrain vers un pôle de légende, l'aventure n'a plus qu'un goût de suicide et de vide. Seul, tout ce que j'ai connu, appris dans les montagnes et sur les mers depuis quinze années d'escalades et de traversées, tout ce qui s'est gravé dans la mémoire de mes muscles qui continuent leur effort, dans les réflexes de mes nerfs qui répondent encore, me permet de tenir. Et alors, soudain, au sein du plomb du ciel, s'ouvre une fente. Il en jaillit une incandescence extraordinaire. Le soleil. Tout mon corps se met à trembler, je sens mes jambes qui se dérobent sous moi, le dégoût m'amène au bord du vomissement. Le soleil est en face ! Depuis le début, je suis en train de faire du sud ! Quelque chose d'insupportable paralyse ma volonté, je ne veux plus skier, plus repartir, ni en arrière ni en avant, je ne veux rien, plus rien ; et pourtant mon corps pivote, comme mû par un esprit entièrement étranger à ce qui reste de moi, mes skis reprennent leur va-et-vient lancinant, longeant leurs précédents sillons — c'est un fantôme errant qui reprend la route du nord.

A partir de cet instant, je n'ai plus de conscience « normale », ce que va faire mon corps pendant une dizaine d'heures tient de la transe, d'un état second de conscience où il n'y a plus ni peur ni mérite, ni volonté ni intention... quelque chose qui s'appelait un homme glisse au cœur de ce monde, au-delà de tout, et des images, sans limites, il glisse, il glisse, le ciel a perdu son nom de ciel, la banquise n'a plus de couleurs, il glisse, il glisse pour glisser, sans raison et sans but, est-il vivant, est-il mort ? Comment savoir, son esprit a quitté son corps.

C'est en sautant le rebord d'une cassure qu'il s'arrête net, et que, d'un seul coup, tous ses sens lui sont redonnés, il voit à nouveau la banquise blanche avec ses yeux d'homme stupéfait ; à ses pieds, juste devant ses skis, se trouvent des empreintes et des sillons restés gravés. Ces marques sont celles des chiens. Ces sillons des traces de traîneaux. Steger ! J'ai retrouvé les traces de Steger en route ici pour son dernier rush vers le Pôle il y a une semaine. Le vent a balayé la neige molle tout autour, mais elles, marquées, tassées par les pattes des chiens et les patins des traîneaux, ont résisté et sont restées saillantes. Incroyable. Sous le choc, l'émotion m'a rendu à moi-même, je me dis : « Avant minuit, le 9 mai, tu seras au pôle Nord. Tu es parti le 9 mars, cela fera exactement soixante jours ! » Et je repars comme un bolide en suivant la piste de l'Américain, peu m'importe le brouillard dorénavant, c'est gagné Papy, c'est fini.

Un mur ! Vertical ! De trois mètres de haut ! Et devant, sur dix-quinze mètres de long, un puzzle en voie de dislocation. C'est là que s'interrompent brusquement les traces de Steger. Depuis huit jours la banquise a terriblement travaillé. Ce qui fut sans doute pour lui une très grande plaque bien ferme et lisse, suivie d'une crête de compression, est devenu pour moi la porte de l'enfer. Le puzzle est dallé de petits blocs arrondis d'un mètre de diamètre, que je surnomme des cerises, et d'une pléthore de « noyaux » les encerclant — d'une trentaine de centimètres —, flottant à dix ou quinze centimètres au-dessus de l'eau ; en avançant j'ai la sensation de skier sur un tapis de roulements à billes, jusqu'au pied du mur.

Là commence un passage qui est carrément de la pure technique alpine. Je monte sans gants, les mains accrochées à de tout petits picots de glace — en escalade, on appelle cela gratonner —, j'ai le bout des chaussures qui croche de tout petits gratons, j'arrive au sommet, j'entame un rétablissement et... Bon sang, je suis en bout de corde de traîneau, je suis coincé ! J'essaye une variété fort peu académique de ... reptation, qui transforme mon corps en treuil humain : en roulant peu à peu sur moi-même la corde s'enroule autour de mes hanches, et le traîneau monte d'autant au long de la paroi. Bon dieu, pourvu que la poignée — ou ce qu'il en reste — ne s'incruste pas dans la glace ! Vu la position que j'occupe, si jamais il me faut redescendre pour la débloquer, je perdrai l'équilibre à tous les coups. Si je tombe, je passe tout droit au travers du puzzle morbide pour rejoindre à jamais les cerises et les noyaux !

Le traîneau vient ! Ça gratte, ça frotte, il se soulève mal, très mal même, mais j'ai maintenant la latitude de dégrafer la ceinture de traction. Ces tours de corde autour de ma taille font office de blocage. Avec beaucoup de précaution, je me dégage de leur étreinte, boucle après boucle ; j'ai un peu de mou dans la corde à présent, je peux haler le traîneau en direct — encore un mètre, cinquante centimètres ; sa pointe rase le sommet, je prends du recul, je m'arc-boute, c'est dur, très dur mais il finit par me rejoindre. Je suis passé ! Et je repars...

Il y a treize heures trente minutes que je marche lorsque j'ai l'intention de m'arrêter pour camper afin de m'alimenter. Je viens de franchir une succession de leads à peine regelés d'une minceur épouvantable. Plusieurs fois j'ai dû utiliser la technique des broches à glace en m'encordant. Et j'ai même eu droit à une séance très limite de ski nautique arctique pour me haler d'urgence jusqu'à une rive plus ferme ; tandis que toute la surface cédait sous moi dans un concert de craquements et de jaillissements du plus bel effet.

Il est dix-huit heures trente, je suis à cinq milles du pôle Nord selon mes calculs — donc à cinq heures de marche de la victoire. Je continue encore un peu.

Et l'horreur commence.

Je tombe sur une véritable rivière.

Sinueuse.

De vingt à trente mètres de large.

Elle n'est qu'un interminable ruban noirâtre de glace ne dépassant pas quelques millimètres d'épaisseur.

A l'est, aucun passage.

A l'ouest, rien non plus.

C'est l'ultime coup de massue que m'assène la banquise.

A bout de nerfs, j'oscille entre l'écœurement et l'épuisement alors que je plante ma tente au bord de ce cauchemar.

Puis j'appelle Resolute pour connaître ma position. Deuxième coup de massue : 89° 48′ de latitude Nord, me répond Michel d'une voix lugubre. Je me croyais à 89° 55′ selon mes estimations. J'ai marché treize heures entre la vie et la mort, et pour presque rien.

« Tu es sur un tapis roulant ! Je répète : tu es sur un tapis roulant ! » commente tristement Michel.

Il a raison, hélas ! La banquise doit dériver vers le sud depuis l'aube. Décidément, le pôle Nord m'est interdit, je vais rater, tout rater, à quelques kilomètres à peine du but. Les obstacles s'acharnent, la météo est de plus en plus exécrable. Il fait moins six degrés et le brouillard est de retour — je n'en peux plus, je n'en peux plus, je n'en peux plus.

— Allô Papy ?

— Oui.

— Ici c'est Bernard, tu me reçois ?

— Cinq sur cinq ! Je répète : cinq sur cinq ! Le son de ma voix est lamentable, avec des trémolos de détresse. C'est Bernard Prud'homme qui a pris le relais au micro, il est président de la compagnie des guides de Chamonix, et surtout un complice de toujours.

« Tu ne te rends pas compte de la chance que tu as, dit-il, tu es à 89° 48′ en ce moment, LA où tu es, tu es presque AU Pôle, dis-toi que tu es pratiquement au pôle Nord, que même s'il fait mauvais ça va s'arranger, dis-toi que c'est super, que tout le monde te jalouse, que tout le monde t'envie, que tu viens de faire quelque chose de fantastique. Et bordel, profites-en au moins, profites-en ! Profite du bonheur que tu as d'être arrivé, tu y es, on peut dire que tu es arrivé ! »

Je chiale à moitié, comme un môme, en l'écoutant.

« C'est super ce que tu dis ! Je répète : C'est super ce que tu dis... » L'émotion m'a coupé toute inspiration, j'ânonne sans fin la même phrase à Bernard. Il me repasse Michel.

— On est tous avec toi ! Je répète : on est tous avec toi !

— Oui, OK, merci, compris, bien reçu, je vous embrasse, on se retrouve au pôle Nord tout à l'heure, hein ! Tout à l'heure.

***

Vendredi 9 mai. Onze heures du soir. Il fait moins dix, il neige, il y a du brouillard. Le vent est établi au secteur nord, du nord-est exactement. Il souffle à vingt nœuds, ce qui est assez violent. Cela fait des heures et des heures que je me tourne et retourne dans mon sac de couchage, sans réussir à m'assoupir. Le Pôle m'obsède. Je décide de repartir. Il est minuit lorsque j'affronte la rivière noire par l'ouest. Ses contours sont souvent tourmentés, plusieurs fois je me dis : « Ah, là-bas, ça se touche ! », mais à chaque coup c'est l'échec, il manque peu de chose pour pouvoir passer, une fois même un mètre cinquante, deux mètres, pas plus. Je suis presque prêt à... plonger, ou à tenter un plongeon ultra-rapide dans l'eau glaciale, jusqu'à m'accrocher de l'autre côté ! Le pôle Nord est si proche, j'ai envie de tenter le tout pour le tout. « Non Papy, ne plonge pas encore, cherche une autre chance, un peu plus loin... »

Plus tard la courbe de la rivière s'incurve vers le sud, puis revient vers l'ouest, en dessinant une sorte de V immense. Il est deux heures du matin lorsque je parviens à l'extrémité du V, désespéré. Aucun passage n'était jouable. Malgré un assez épais brouillard, je coupe en diagonale vers le nord pour retrouver mes anciennes traces, et cette zone d'étranglement où j'avais hésité à plonger. Je reste là dix terribles minutes, face à ces deux mètres idiots, en me demandant : « Qu'est-ce que tu fais, tu sautes ou tu ne sautes pas ? Tu risques la baignade ou non ? Et si tu vidais le traîneau pour t'en servir comme d'un canot ? » Toutes les idées les plus folles me passent par la tête, je suis complètement fasciné par ce passage à mes pieds qui m'ouvrirait la voie du Pôle. Mais la voix de la raison sera la plus forte. Une fois encore je renonce. Je repars. Il est quatre heures du matin quand je suis de retour à mon point de départ, où je retrouve les traces de mon camp. Depuis minuit, j'ai marché pour... rien, la rivière noire a gagné. Il ne me reste qu'une seule chance : essayer de la franchir en remontant par l'est.

Je marche pendant trois heures. Vers sept heures du matin,

les berges deviennent des chaos effarants. On dirait que la banquise a littéralement explosé, des blocs sont éparpillés en tous sens. Mais c'est peut-être l'ultime opportunité pour passer. Je me lance sur des bouleversements sans fin, des patchworks de plaques qui se sont désolidarisées, des zones mal regelées ; je traverse, je reviens en arrière, je retraverse, donc j'avance doucement, très doucement. C'est écœurant, je suis entouré d'eau libre, occultée par le brouillard, c'est lugubre, la visibilité s'arrête à cinquante mètres sur un fond de brume et de vagues traces noirâtres. J'insiste, et je tombe alors dans le pire des labyrinthes que j'aie jamais connus. A l'intérieur, je me retrouve sur une plaque isolée, ayant laissé le traîneau sur une autre depuis le tout commencement afin de ne pas risquer de le perdre — je ne l'ai pas quitté des yeux. SCHRAAA ! La plaque où je me trouve se casse, poussée par le vent, je pars avec elle à la dérive, le traîneau, lui, restant de l'autre côté ! Hors d'atteinte ! Me voilà isolé sur une sorte d'îlot flottant, sans contact avec d'autres plaques. J'attends trois ou quatre insupportables minutes, avant qu'une occasion d'évasion se présente, ballotté au gré des mouvements du puzzle, agité en tous sens. C'est infernal, la route directe vers mon traîneau m'est coupée, je joue sa récupération sur un coup de dé, en discernant à droite un passage possible. Je me retrouve derrière un bloc qui me le dissimule, je le contourne avec angoisse en sautant sur plusieurs pans de glace, puis je le repère à nouveau. A force de détours et d'astuces je rejoins mon compagnon avec un soulagement inexprimable. Au bilan, ce chemin n'était pas si mauvais, je décide de l'emprunter une seconde fois pour progresser plus à l'ouest. J'arrive sur une pointe assez isolée, entourée de cassures et de blocs en équilibre instable. Une seule issue : un couloir vertical entre les deux murs de glace d'une étroite faille de trois-quatre mètres de haut. Ce n'est pas impossible à escalader en utilisant la technique dite de la « cheminée » en montagne, qui consiste à coincer le corps entre les deux parois en s'élevant progressivement à l'intérieur. Mais l'accès en est périlleux. Au pied de la faille, la glace est d'une finesse à faire peur. « Non Papy, arrête ! Non ! Si tu pars là-dedans tu es fichu. Ce n'est pas parce que tu es tout près du Pôle qu'il te faut crever là ! » La rage au cœur, je reviens en arrière, rejoindre le labyrinthe, pour en retrouver la sortie à l'aide du fil d'Ariane version glaciale de mes traces ; las, à peine échappé au premier, je retombe sur un second labyrinthe gigantesque, c'est inimaginable ces tours, détours et circonvolutions que j'accomplis depuis des heures et des heures, le visage sans arrêt en avant, pour me recaler sur la direction du vent soufflant contre ma joue droite. J'en aurai d'ailleurs des gelures sur la peau du nez, à l'aile droite, à la longue. De temps en temps, le halo du soleil me confirme l'orientation du vent, je suis extrêmement méfiant, il suffirait qu'il tourne à mon insu pour me retrouver marchant une fois de plus vers... le sud. Par le plus pur des hasards, je découvre une sortie, qui est vaste et mène à une zone plus plate, comme préservée par miracle.

Il est midi ce samedi 10 mai, je viens de refaire douze heures de marche, le vent tourbillonne de plus en plus, le brouillard s'épaissit, mon estimation du nord devient douteuse. De toute façon, j'ai besoin de m'arrêter pour connaître ma position. Au fur et à mesure que je monte la tente, un brouillard épouvantable s'amasse, le vent du nord se renforce ; donc, d'une part j'ai définitivement perdu la direction du Pôle, et de l'autre ce qui ressemble de plus en plus à du blizzard me fait dériver vers le sud ! Je capte difficilement Resolute où Michel me demande si je ne veux pas le fameux bateau apporté à grands frais de France. Comment lui expliquer l'état des lieux ? Il me faudrait un hydroglisseur-brise-glaces, doté de chenillettes rétractables et de vérins suspenseurs, conçu par un ingénieur esquimau, pour naviguer par ici, et encore ! Michel croit mordicus que ces leads sont parfaits pour le yachting ! Et avec un mouille-cul à fond plat, hyper-instable, en plus ! Pourquoi ne pas tenter le pôle Nord en pédalo, alors... Dans mon esprit, je me défoule en imaginant l'invraisemblable engin de science-fiction susceptible de franchir tous ces obstacles, je serais assis confortablement aux commandes dans une cabine climatisée, écoutant du rock dur, tandis que les images de la banquise défileraient sur mes écrans vidéo de pilotage ! Un instant, j'ai oublié la dure réalité des chiffres annoncés par le terminal à Resolute : 89° 50′ de latitude Nord ! Le pôle Nord est inaccessible ! D'après la balise, j'ai fait un mille en douze heures, depuis que je suis parti du bord de la rivière noire. Forcément, hélas, j'ai passé mon temps à la monter, à la redescendre d'est en ouest ! 89° 50′ ! Le pôle Nord est à dix-huit kilomètres seulement. Je demande l'indulgence du jury, je voudrais qu'il me soit accordé maintenant. Dix-huit kilomètres, ce n'est rien, sur les huit cents qui le séparent de Ward Hunt Island. Je vous en prie, donnez-le-moi, dites que je suis arrivé, que c'est enfin fini ! Arrête ces lamentations Papy, arrête ! Le pôle Nord c'est 90° ! Et rien d'autre ! Tu as toujours tes jambes pour marcher jusqu'à lui, souviens-toi des mots de Bernard Prud'homme : PROFITES-EN, tu es au cœur d'une aventure insensée, alors cesse de pleurnicher, de tricher avec ta latitude, la bagarre est fantastique, attaque, attaque ! un peu plus loin, un peu plus tard, la cassure de la rivière noire sera vaincue. Mais, rien à faire, l'idée d'échec continue de me hanter. Tous les quarts d'heure, je sors du sac de couchage pour guetter le halo solaire... En vain...

***

Vers dix-sept heures, le soleil me fait un clin d'œil qui m'inonde de joie, je plante un ski dans sa direction, je plie la tente. A dix-huit heures, je suis déjà en route.

J'arrive à ce que je crois être la fin de la cassure de la rivière noire deux heures plus tard. On devine le soleil derrière les nuages ; pour la première fois je marche de nuit avec le soleil devant, donc à contre-jour. Hier, avec le brouillard, ce halo n'existait même pas, à minuit, la lumière était identique à celle de huit heures du matin, d'ailleurs je n'avais pas très bien réalisé que c'était la « nuit » ! Le versant sud des cassures à venir est donc à l'ombre dorénavant, cela fait ressortir leur relief et facilite beaucoup ma... navigation.

Mais plus loin, après une zone un peu plus plate, la grande cassure de la rivière noire s'ouvre à nouveau ! Tout est en puzzle, concassé, assez mou, et l'unique passage mène à un petit mur vertical de la hauteur d'un homme. J'enlève mes skis. Ma tactique sera simple : je vais bondir jusqu'à lui, m'accrocher par les mains à son rebord, un rétablissement et hop là ! du sommet je halerai mon traîneau... comme d'habitude. Je m'accroche. Nom de nom ! à trois mètres, avant de parvenir au pied du petit mur, le bloc sur lequel je me trouve se désolidarise sauvagement. Je recule tragiquement. Là, ça porte encore. Comment faire ? Sinon prendre de l'élan, galoper sur les quelques blocs, et alors crocheter le mur ! J'y passe ou je passe, mais c'est l'unique moyen. Je me concentre terriblement, et je fonce tête baissée. Le premier bloc s'immerge sous mon pied, mais j'ai déjà l'autre sur le prochain, il s'enfonce à son tour, mes chaussures sont pleines d'eau, je bondis sur le troisième, j'ai la moitié du mollet droit mouillée, au quatrième le mollet gauche a plongé en entier, je prends un dernier élan sur le cinquième, et je crochète des deux mains le rebord du mur, un rétablissement du genre farouche, j'atterris au sommet. Dans la foulée, je tire le traîneau, je le hisse et je m'éloigne comme un fou de cette crête de compression détestable.

J'ai les pieds complètement trempés, tant pis, ça fait partie du jeu. Il est vingt et une heures. C'est le timing prévu avec Michel pour un échange radio — mais ils sont désormais en veille permanente au camp de base —, ils attendront. Je zigzague dans une espèce de labyrinthe plein d'eau, ressemblant à un marécage blanchâtre, mais j'y découvre une bande de glace dure pour skier sans encombre, et j'accélère !

***

Une heure plus tard je branche la radio, j'ai Resolute. Sans le moindre préambule, je leur crie au micro : « Écoutez, j'ignore ce qui va se produire maintenant ; mais je crois être pratiquement dans le secteur du Pôle, il va peut-être falloir vous montrer indulgents et me l'accorder ! Allô, je répète : Me l'accordez-vous ? Allô ? » Il n'y aura jamais de réponse à ma question, comme un fait exprès la communication s'est brouillée, est devenue épouvantablement mauvaise, inaudible. J'en pleurerais ! Trop c'est trop. Je plie ma petite BLU et je pars. Je n'ai même pas pu connaître ma position exacte. Quoi qu'elle fût, je vais affiner encore mon approche. Je ne veux pas rester à 89° 57′ de latitude Nord, ou un chiffre de ce genre, je désire 90° ou... RIEN ! Allumée sans cesse maintenant, ma balise Argos émet en permanence, et les satellites transmettent aux ordinateurs du CNES qui calculent ma position à cent mètres près. Ça c'est pour la vérification... scientifique. Mais sur place, trouver le site du pôle Nord est tout autre chose qu'un jeu électronique selon des coordonnées purement géographiques. Il y entre une grande part d'intuition liée au terrain et aux sens de l'homme livré à la merci de la banquise. Il y a une telle recrudescence dans la variété et la malignité des pièges rencontrés depuis ces vingt dernières heures que je soupçonne que j'affronte les ultimes défenses de l'aire interdite, que je suis sur le point d'entrer dans le dernier cercle, dont le centre est le pôle Nord. Je suis tel un errant, je longe d'est en ouest les murailles de cristal de sa citadelle, en quête de sa porte. Elle n'est pas la porte noire de la mort qui ferme l'aventure, mais la blanche, qui l'ouvre, et permet de passer de *l'autre côté* vers un tout autre monde.

***

Vers minuit, j'assiste au miracle. Les berges de la cassure sont en train d'entrer en collision dans un grondement titanesque, juste devant moi deux plaques décrivent dans l'air un mouvement de pont-levis avec des grincements quasi intolérables. Qu'importe, je suis émerveillé. On croirait que les remparts de la citadelle s'abaissent pour m'accueillir, les rebords des plaques continuent de basculer majestueusement l'un vers l'autre, jusqu'à finir par se rejoindre, formant un véritable pont qui enjambe le chaos. Je me rue par-dessus, alors que toute la surface gronde et vibre encore, sous mes skis. ÇA Y EST, JE SUIS PASSÉ ! Enfin... il serait exact, et surtout plus noble, de dire que la banquise vient de m'ouvrir sa porte blanche, pour accéder jusqu'à son centre, le pôle Nord, que les enfants canadiens appellent le pays du père Noël, car ils savent bien qu'il y habite.

Et moi, en contemplant la blancheur insensée de cet univers fabuleux, je suis tout prêt à croire qu'ils ont raison, que je vais croiser son traîneau au détour d'une crête enneigée, et que nous nous saluerons au passage !

12.

LE CERCLE ENCHANTÉ

Le pont-levis franchi, je rencontre une plaque d'une centaine de mètres de long, en plan incliné, qui monte vers le ciel. Je la gravis avec précaution. Longtemps je n'aperçois que l'arête de son sommet. Je me dis que de l'autre côté — encore invisible — l'eau m'attend ! Toujours cette hantise de l'échec, de l'obstacle imparable. Mais non, au-delà d'une cassure en marche d'escalier de deux-trois mètres aisément enjambée, le royaume de la glace pure s'étend, sans faille, rivière, ou autre lead sinistre.

Je parcours plusieurs étendues assez plates, entrecoupées de zones plus tourmentées, extrêmement étranges. Là, s'entremêlent des plaques verticales qui sont comme des écailles de cristal, éparpillées entre des blocs sculptés, statufiés, et des pans de glace évoquant des pierres tombales. J'ai l'impression d'évoluer au sein d'un cimetière antédiluvien, d'une nécropole fantastique.

La neige se met à tomber, l'éclat pâle du soleil de minuit s'y diffuse irréellement, comme imprégné en elle. Il n'y a plus que de doux obstacles, qui se recouvrent délicatement d'une soie blanche luminescente, un silence immense règne, incroyable après les grincements et les craquements d'antan. J'ai pénétré enfin dans le cercle enchanté, au cœur de la citadelle cristalline, dans le sommeil éternel du dernier degré, avec la sensation extraordinaire de me faufiler subrepticement dans un univers de conte de fée, défiant la description et l'imagination humaines. Où suis-je ? Je l'ignore, le sommet de la terre semble une autre planète.

Tout est tendre, accueillant, gentil ; c'est fini, je vais parvenir au pôle Nord en skiant sur un rêve. Il m'invite vers lui, des larmes d'épuisement me brûlent les yeux, mais quelle félicité ! C'est une nuit incomparable, à l'extrémité du merveilleux, divine. Entre les caresses de la neige et du silence redéfilent dans ma mémoire tous les interdits et les refus éprouvés auparavant, mes chutes et mes escalades, mes peurs et mes errances. C'est fini. Les dernières barrières se sont levées, il suffit de se laisser glisser encore et encore, jusqu'au centre du Nord.

Physiquement, mon énergie touche aussi à sa dernière extrémité. Je dois souvent m'arrêter, planter mes bâtons de ski pour y appuyer mes coudes et m'endormir. Hop ! dès que je vais tomber, je me réveille, et je repars. Cela me fait penser aux oiseaux migrateurs qui dorment exactement ainsi, avec des à-coups si brefs, lors de leurs incroyables périples.

Vers deux heures du matin, je sens que j'y suis presque. Je n'en peux plus. J'ai une grande communication avec le matériel. Je lui crie : « Voilà, nous y sommes, ça y est, je crois que c'est ici ! »

Mais alors, il me semble que quelque chose me pousse encore, est-ce le traîneau, ou quelqu'un d'autre, qui me murmure : « Non, ce n'est pas tout à fait là, c'est un peu plus loin, là-bas encore, vers le nord. » Je vais repartir, oui, c'est sûr maintenant, quelque chose me guide, entraîne mon corps, mes skis, mon traîneau. J'accomplis ces dix dernières minutes comme sous l'étreinte à la fois insistante et latente d'une entité extérieure, mystérieuse, tout à fait étrangère. Et tout s'arrête soudain, mais seulement lorsqu'elle m'abandonne. C'EST LÀ. Je suis au pôle Nord. C'est fini. Oh, il n'y a pas d'explosion de joie en moi-même, car finalement, je n'arrive sur rien ! Il n'y a pas de signal, pas le moindre poteau à serrer dans ses bras en criant : « J'y suis, j'y suis ! » Ceci n'existe pas, le pôle Nord n'est qu'un point abstrait, symbolique, éternellement LÀ, et absent en même temps. C'est étrange, à la limite de la frustration.

Une fois parvenu à la cime d'une montagne, sur un sommet en Himalaya, c'est clair : on est arrivé, il ne reste plus rien à grimper. Mais ici, la glace continue à perpétuité. C'est l'esprit de l'homme ayant accompli l'ascension qui doit reconnaître et admettre d'avoir atteint son but. Ce n'est pas sans beauté, d'ailleurs. L'ultime fin d'une aventure n'a jamais tout à fait dépendu d'un relief de pierre ou de glace, d'un poteau indicateur, d'une frontière. Sa fin est là où l'homme le croit. Pour moi, le pôle Nord, atteint ce 11 mai 1986 à deux heures du matin, restera toujours ce frisson du corps si fin, si particulier, lorsque, enfin immobile, j'ai su que mon aventure était close.

***

Une nouvelle fois, j'informe traîneau, tente et réchaud — entre autres ! — que nous sommes arrivés. Ce n'est toujours pas la grande extase, je suis si concentré, tellement épuisé, j'installe le camp comme un automate, je trébuche sans arrêt. Je tombe dans la neige plusieurs fois en montant l'antenne de radio ; cela fait combien de temps que je marche ? Trente-deux heures d'affilée au moins... peut-être plus ! J'ai une pensée pour le Japonais Naomi Uemura, arrivé ici le 29 avril 1978 avec son traîneau tiré par des chiens. C'est le premier homme à avoir atteint le pôle Nord en solitaire. Hélas, il a disparu depuis, au printemps 1984, au cours de l'ascension du mont Mac Kinley. Je crève de faim et de fatigue, j'allume le réchaud et je prépare la ration d'une journée entière, que j'engloutis en une seule fois !

Comme réserves, il me reste trois sachets de nourriture

journalière, et suffisamment d'essence. La neige continue de tomber, de plus en plus, la visibilité disparaît.

Vers trois heures du matin, la nuit sublime et enchantée n'est plus. Je suis enveloppé dans une nappe de brouillard d'une densité hors du commun, comme absorbé par la magie de ses volutes épaisses. Du pôle Nord, il ne reste rien, sinon une étroite aire à peine visible, à quelques pas de ma tente, et le silence est à faire peur.

Est-ce le conte de fées qui continue, la citadelle s'étant dévoilée un instant, se camoufle-t-elle à jamais derrière ses fumerolles, ou le commencement d'un cauchemar tout au fond de la brume ?

Une rumeur sourde.

L'impression d'un bruit continu.

Étrangement mat.

Qui enfle.

Bon sang ! Ce n'est pas le vent, rien ne bouge.

Que se produit-il en deçà du brouillard ?

Un avion !

C'est un avion, malgré la distorsion du son, je reconnais ce grondement lointain, c'est un gros, un très gros même. Certainement un 747 des lignes régulières, passant exactement à la latitude du pôle Nord !

Une voix crie dans ma tête : « Tu es au Pôle ! tu es au Pôle ! écoute l'avion, écoute ! » Je devrais exploser de joie mais je me sens neutre, très calme. Avais-je besoin de ce signal, de cette confirmation venue du ciel, pour me convaincre de ce que tout mon corps et mes instincts m'annoncent depuis longtemps déjà ? Non ! L'aventure est terminée. Ceci n'est qu'un clin d'œil, accessoire, comme secondaire après cette certitude.

***

A quatre heures du matin, la communication s'établit avec Resolute. Michel me donne la dernière position en sa possession, calculée sur les ordinateurs à minuit, lorsque je franchissais encore le fameux pont-levis des deux plaques, en pénétrant dans le cercle enchanté : 89° 57′ de latitude Nord. Je suis donc au pôle Nord car j'ai marché deux heures de plus par la suite, et franchi alors les trois milles qui me séparaient du 90°. Lorsque Michel l'apprend, je l'entend hurler de joie : « Il est au Pôle, il est au Pôle ! » et, à l'unisson, je renchéris : « Je suis au pôle Nord ! » Une émotion torrentielle m'inonde, je pleure à n'en plus finir ; mes pensées vont à tous ceux qui m'aiment et m'ont supporté jusqu'ici, car seul, je n'aurais jamais pu endurer cette épreuve énorme. Par le frêle canal des ondes, j'ai rejoint d'un seul coup l'humanité, les voix des autres hommes font voler en éclats ce sentiment d'une aventure déjà achevée, elle rebondit dans mon corps et dans mon cœur comme un tourbillon de joie, pour la toute première fois depuis soixante-trois jours, je suis conscient d'être irradié par quelque chose qui n'est plus de la souffrance et de l'angoisse, mais que je me refuse à nommer bonheur, car pour un aventurier ce mot ne peut être qu'un leurre.

***

A huit heures du matin ma dernière position était de 89° 59′993″. J'ai donc dormi sur le Pôle ! Il fait toujours mauvais, le vent souffle du sud (bien entendu, puisque je suis au pôle Nord !), la neige et le brouillard alternent toute la journée. La visibilité restera nulle. Pas moyen de chercher une piste d'atterrissage. A Resolute, l'avion était prêt à décoller, mais ici les conditions météo ne permettent pas sa venue. Pourtant je reste tranquille, serein même, pour cette ultime... dépose. J'ai encore trois jours de nourriture et de la patience à revendre. La météo prévoit une amélioration pour le soir. Parlons-en... lorsque la « nuit » arrive, il neige encore. Les messages de félicitation ne cessent de parvenir au camp de base. De tous, celui de Jean-François Coste, avec qui j'ai navigué sur le *Pen Duick* de Tabarly pendant la course autour du monde, et organisé moult expéditions, sera celui qui me marquera le plus. Il est court et superbe : « Il n'y a pas de nuit, là où l'on réussit sa vie. »

***

Extrait de mon journal de bord du lundi 12 mai :

« Journée sous la tente à attendre que le soleil se dégage. Voici maintenant le sixième jour que le vent amène la " cousse ". La cousse c'est le mauvais temps, une expression de Chamonix. Coincé, je me repose et pense à l'avenir, mais il ne faudrait pas que cela s'éternise car je n'ai que trois rations journalières et deux litres d'essence, et puis je voudrais bien rentrer maintenant. A Resolute, je peux imaginer l'agitation que mène François Vikar, le responsable des relations publiques de mon principal sponsor, l'UAP, qui doit piaffer d'impatience avec la presse à ses côtés. Voilà tout son plan média perturbé par la neige et le brouillard, il doit être dans un état ! J'ai marché autour du camp ce matin mais mes muscles ne répondent plus. Si j'avais attendu le soleil pour continuer, je n'y serais jamais arrivé, c'est un signe des dieux qui m'ont dit de partir la nuit qui m'a permis de réussir. Depuis mon arrivée, j'ai à nouveau dérivé de trois milles, je suis par 89° 57′ de latitude Nord et 90° de longitude Ouest aujourd'hui. Depuis cinq jours, je marchais en effet sur un tapis roulant dirigé contre moi, ce qui explique ma très lente progression, d'où la surprise des positions du vendredi 9 : 89° 45′ Ouest et du lendemain, où j'étais certain d'avoir fait au moins trois milles, alors qu'en réalité je n'avais pas bougé par rapport au fond (de la mer, bien sûr !).

Vingt heures : le temps est bloqué, bloqué sur le mauvais. J'ai par moments l'angoissante impression qu'il ne fera plus jamais beau. J'ai commencé les restrictions : coupé la balise

Argos, un demi-sachet de nourriture par jour, plus d'eau bouillante, un minimum d'eau chaude (donc, je ne fais plus bouillir l'eau mais seulement chauffer). Le régime de mes pensées s'épuise un peu et l'ennui me gagne avec l'inquiétude. Décidément, pas de cadeaux, c'est dur jusqu'au bout, même quand c'est fini. C'est franchement la plus longue série de mauvais temps que j'aie jamais eue. Cette dernière arrivée de l'avion est donc, elle aussi, un problème. Ah ! la la ! ces déposes et ces rendez-vous aériens me causeront des soucis jusqu'à la fin. Je n'ai pas pu chercher une zone d'atterrissage mais il me semble que le plat où je suis n'est pas mal. J'attends qu'il fasse clair pour mieux estimer la situation. Je m'use, j'ai envie qu'on me serre dans les bras et de me laisser aller, de ne plus maîtriser, réfléchir, contrôler, prévoir, pouvoir enfin souffler et vivre tranquille. A la radio, Michel n'arrête pas de me confirmer que l'amélioration est prévue dans quelques heures, qu'une masse d'air froid arrive de Sibérie. Ça fait quatre jours que le jeune météo de Resolute lui raconte la même chose. On me demande de surveiller la température ! Je sais comme tout le monde que la température va baisser quand le ciel sera dégagé. Michel me dit que c'est bien s'il neige car ça “ purge le ciel ” (expression probablement chamoniarde). J'espère qu'il va se dégager autrement car s'il doit se nettoyer à coups de flocons il y en a pour un siècle avec la couche épaisse qui me coiffe. Ce vent m'exaspère depuis six jours, on dirait qu'il joue avec mes nerfs, qu'il le fait exprès, comme pour me dire qu'il est ici chez lui. Personnellement, je crois que ça va s'améliorer quand le vent changera de direction. Ce pourrait être alors... une bonne purge. Mise en service d'une des trois dernières bouteilles d'essence à quinze heures. »

Là, je me suis pratiquement mis en hibernation, je ne sors plus du sac de couchage, sauf pour mes besoins naturels. Et je n'ai pas à bouger souvent parce que je mange très peu. A la radio, Michel me dit : « Sois raisonnable, on a sûrement huit jours de mauvais temps qui arrivent. » Il me reste deux rations journalières normales à ce moment-là. Je fais mon calcul, en anticipant le pire, je prévois dix jours d'attente. Il faudra que je mange un demi-sachet toutes les seize heures ; et là je commence déjà à crever de faim !

***

Cette journée du 12, j'étais un peu sorti de la tente pour faire quelques photos de moi en train de tirer le traîneau dans des chaos, là, j'étais encore en forme. Je n'étais guère allé loin, et je n'avais pas eu besoin de forcer beaucoup car le traîneau était presque vide. En tout cas, cela m'avait distrait. Mais ce soir, comme momifié sous la tente, j'ai mal au dos et à tous les muscles à force d'inaction ; les communications avec Resolute sont de longues énumérations de personnes qui ont téléphoné pour me féliciter et... m'encourager, entrecoupées de bulletins météo infâmes.

Je n'ai plus tellement de relations avec le Pôle. J'attends seulement qu'on vienne me chercher, j'ai tant envie que l'on s'occupe de moi. Ma « victoire » sur le Pôle me donne malgré tout encore quelques forces mais je me sens avant tout en transit, comme si je n'avais le droit de commencer à être heureux que lorsque l'avion m'embarquerait. C'est vrai, c'est terriblement dur, mon corps a l'habitude de quatre mille deux cents-quatre mille trois cents calories par jour, il demande, demande sans cesse. C'est un peu comparable à la situation d'un gros fumeur brusquement réduit à fumer deux cigarettes dans la journée. Je me dis : « Est-ce que tu le satisfais par de petites bouchées régulièrement, ou est-ce que tu lui gardes le plaisir de manger un demi-sachet avec beaucoup d'eau toutes les seize heures ? » Je commence à être sérieusement en manque. Ah, si j'avais de quoi manger, je serais prêt à attendre une éternité. Combien de temps cela va-t-il durer ? Au pôle Nord, étant donné la densité de la population, les statistiques météo sont inexistantes. Ce n'est pas le genre d'endroit où l'on croise en sortant un voisin qui vous dit : « Ça me fait penser à ce fichu printemps pourri de 85, où l'on avait connu quinze jours de mauvais temps d'affilée ! » Même en Patagonie, par exemple, on sait à quoi s'en tenir. Là-bas, avec Jean-Marc Boivin et Bernard Prud'homme nous nous étions retrouvés coincés en traversant le Hielo Continental, cet immense glacier qui s'étend de l'océan Pacifique à la cordillère des Andes. Cela s'était prolongé trois jours de suite, pourtant nous savions que le pire à attendre serait quinze jours non-stop. Mais ici ? Aucun repère, le Pôle reste le maître du mystère et de la patience.

***

Mardi 13 mai, trois heures du matin. Toujours ce temps de brouillard givrant qui a figé le Pôle comme pour l'éternité. Sur la toile de tente tendue, toujours le tic-tic des cristaux de glace qui vient frapper pour m'avertir que ce n'est même pas la peine de tenter l'effort de sortir. Je dérive vers le sud-ouest, par 89° 55′ de latitude Nord et 95° de longitude Ouest. Jusqu'à présent j'ai eu des communications fréquentes avec le camp de base, toutes les trois ou quatre heures. Eux me parlaient beaucoup mais je ne répondais que par monosyllabes afin d'économiser mes piles — la réception radio consommant très peu, au contraire de l'émission.

Brutalement, Michel prend une initiative un peu extrême, en m'annonçant : « Papy, on supprime toute communication radio à partir de maintenant ! » Il veut que je conserve toute l'énergie de mes piles pour être à même de guider l'avion quand il viendra sur moi. Cette idée de black-out des communications m'est insupportable. Je réponds : « Non, pas question, je veux ABSOLUMENT garder au moins deux vacations avec vous par jour, car même si le beau temps n'arrive pas j'ai besoin de parler, de pouvoir dire ce qui se passe ! » Il le comprend et il s'incline.

Plan de survie, prévu hier, sur dix jours : un demi-sachet de muesli, *ou* semoule, *ou* plat cuisiné, toutes les seize heures, avec un demi-litre d'eau. Entre les « plats », un quart de soupe. Six carrés de chocolat par jour et une demi-pâte d'amande, plus un quart de litre d'eau sucrée deux fois par vingt-quatre heures. Neutralité thermique, physique et émotionnelle indispensables. Je ne sors plus du sac de couchage, je ne bouge plus du tout, même à l'intérieur, j'essaie d'induire un état de relaxation totale, muscle après muscle, et de ne plus penser à rien, à rien, à rien !

Ce plan de rationnement à mille calories par jour s'avère intenable, je deviens une variété de taupe mourant lentement de faim. Ce matin, je ramène son échéance à huit jours, j'avale donc un léger surplus de nourriture mais je n'émerge pas pour autant d'un genre d'état semi-comateux. J'ai la tête épouvantablement lourde, au mieux je regarde le toit de la tente en comptant les petits carreaux de la toile, entre les coutures... Les heures succèdent aux heures, je sombre, je sombre, je sombre...

***

« J'en ai assez, j'en ai vraiment assez. Venez me chercher. Je répète : Venez me chercher ! Est-ce que vous avez envisagé de faire intervenir l'armée canadienne ? Je répète : l'armée canadienne, avez-vous pensé à son intervention ? » C'est un appel au secours que je lance lors de ma dernière vacation radio du mardi 13 mai. Je n'ai plus de réserves, plus rien pour lutter, je me sens comme au énième jour d'une grève de la faim, je n'ai plus de muscles, je ne suis plus qu'un maigre squelette, qui n'en peut plus. J'ai peur, terriblement peur de craquer.

A Resolute, en entendant ma voix, tout le monde se rend compte que ma situation devient très grave. Surtout Bezal qui me connaît bien et qui possède une grande expérience des réactions de l'homme sur la banquise. A mon équipe, réunie pour un conseil de guerre, il lance : « Il n'y a plus à discuter, il faut partir, il est en train de basculer ! » Ma demande d'intervention de l'armée canadienne l'a particulièrement frappé. Tous envisagent alors un scénario catastrophe où des parachutistes sauteraient sur moi. Ils téléphonent à Diane à Montréal pour savoir si cela serait envisageable. Effectivement, leur apprend-elle, il existe les fameux « Buffalos » dont les missions consistent à se faire parachuter par tous les temps afin de secourir des personnes isolées, en particulier lors des tempêtes de neige. Diane propose de les contacter, et d'envisager avec eux ce qu'il est possible de tenter.

Mais, dans un premier temps, les membres de mon équipe ont décidé d'affronter par eux-mêmes la difficulté en essayant quand même de partir avec l'avion. Depuis Resolute, le voyage vers le Pôle à bord du bimoteur exige douze heures à l'aller et idem au retour, donc beaucoup, beaucoup d'essence. Il y a deux escales possibles, selon la direction du vent dominant. La base météo avancée de Eureka, ou le lac gelé de Hazen, une étendue d'eau gelée près de la base militaire ultra-secrète d'Alert, pas très loin de Ward Hunt Island, mon point de départ. Ces deux escales de ravitaillement comportent des dépôts d'essence. De là, commence le grand saut — durant huit heures non-stop — jusqu'au Pôle. Ils vont donc bourrer à fond l'avion de carburant, et venir sur moi. Pour me repérer dans le brouillard, ils comptent voler en rase-mottes et m'attraper à la radio afin que je les guide à la voix : « Vous êtes passés un peu plus près cette fois, repassez à gauche, revenez... » M'ayant repéré, ils me dropperont les trois sacs — qu'ils préparent immédiatement — avec de la nourriture pour vingt jours dans chacun, les œuvres complètes de Charcot et Paul-Émile Victor, des walkmen, enfin tout ce qu'il me faut pour tenir le coup. Selon leurs calculs, ils auront suffisamment d'essence pour survoler la zone où je me trouve pendant deux heures et demie. En principe, durant ce laps de temps, je devrais au moins pouvoir récupérer un sac sur les trois.

Michel Franco a pris la situation en main, impeccablement.

Il doit faire face à une très forte pression de la part de tous ceux qui veulent embarquer dans l'avion de secours. En sus du pilote et du copilote, il y a la place pour trois personnes — et pas plus. Il embarque Laurent Chevalier et Bernard Prud'homme, ayant conscience qu'ils sont les plus proches de moi car d'anciens compagnons d'expédition. A tous les autres qui insistent pour venir, Michel dit clairement : « C'est un mec ou un bidon d'essence ! Un mec tout habillé c'est soixante-dix kilos ou quatre-vingts, soit à peu près l'équivalent d'un bidon de cent litres, et autant de temps de survol de perdu pour retrouver Papy. Pas question ! »

Éric Préau, qui attend l'avion à l'escale d'Eureka, sera extrêmement déçu car il ne pourra pas être du voyage.

***

A neuf heures du soir, Michel me demande par radio : « As-tu trouvé une zone d'atterrissage au cas où le temps s'améliorerait ? » Je lui en « vends » une — en fait complètement imaginaire — pour le décider à venir.

« Est-ce qu'elle est bien ?

— Pas de problème. Elle fait cinq cents mètres de long et deux cents de large, elle est très plate, ne t'inquiète pas ! »

Plus tard, il me dira : « Quand tu m'as répondu ça, j'ai compris qu'il n'y avait pas grand-chose ! »

Vers vingt-deux heures, la météo s'est améliorée sur la banquise, et mon moral a suivi. Je réunis toutes mes dernières forces. Je me raisonne : « Bon, maintenant que tu as bien vendu cette zone, il faut que tu la trouves ! » En la cherchant, je vais revivre un peu la dernière nuit de la conquête du Pôle ; à nouveau un soleil timide me fait face, il neige encore, les cristaux de glace en suspension dans l'air miroitent à l'infini ; tout se passe comme si j'avais frappé la banquise d'un coup de baguette magique en faisant un vœu : « Vous m'avez déjà donné le Pôle, il me faudrait désormais une zone plate et dégagée ! » Je suis épuisé, je délire peut-être, lorsque soudain, à minuit, la zone parfaite se dégage devant moi. C'est une apparition tellement incroyable que je pense qu'il s'agit d'une hallucination. Je la parcours dix fois de suite pour la mesurer et je n'arrive toujours pas à me persuader de son existence réelle.

Peu après, je repars pour chercher le traîneau et le matériel, un aller et retour de deux fois deux heures où seuls mes automatismes physiques, développés durant les soixante-trois jours de l'expédition, me permettent de tenir le choc. Il est cinq heures du matin lorsque j'essaye d'entrer en relation radio avec Resolute. J'accroche l'équipe de France Inter à Eureka, ils font le relais avec le camp de base, et j'ai enfin Michel. Il me demande par deux fois de confirmer qu'il fait beau au Pôle. Je hurle que oui, qu'il faut venir d'urgence. Il ne me croit qu'à moitié — la météo est mauvaise à Resolute Bay —, puis je l'entends enfin répondre : « D'accord, on va décoller. Nous serons sûrement vers six ou sept heures au-dessus de toi, ce soir ! » Nom de nom, pourvu que le temps tienne jusque-là !

***

Le mémorable mercredi 14 mai, je vais passer cette journée d'attente dans un état de surexcitation indescriptible, sortant sans arrêt de la tente pour voir si le ciel ne se couvre pas ; je balise la piste au maximum, j'essaye même d'aplanir une dizaine de bosses avec ma pelle, mais, à midi, j'ai un étourdissement plus sérieux que les autres. Je me casse la figure à skis, sur le coup je réalise que rien ne va plus, je dois être en hypoglycémie, il me faut manger à tout prix.

Jusqu'à présent, j'ai maintenu mon plan de rationnement, mais comme il fait toujours beau je commence à admettre que l'avion va pouvoir se poser et j'engloutis un sachet entier. Quel goût, quelle merveille ! L'enthousiasme né de l'espoir, et l'énergie née des calories décuplent mes forces. Je continue à « décapiter » les bosses à la pelle sur la piste. Lorsque l'avion fait son escale ravitaillement à Eureka, j'ai un échange radio avec l'équipage. « J'ai écrasé les bosses ! dis-je, mais c'est quand même un peu... inégal ! » Je me doute qu'ils doivent être très chargés, et le fait de prévenir le pilote de l'état des lieux soulage ma conscience.

En début d'après-midi, je fais des photos du Pôle pour m'occuper l'esprit, je photographie le petit pistolet en matière plastique puis le traîneau que je tiens à bout de bras afin de montrer sa légèreté ; pour un oui ou pour un non je sors de la tente pour vérifier l'état du ciel, je me répète sans cesse : « Pourvu que ça tienne ! Bon sang, pourvu que ça tienne... » Et j'attends.

A seize heures, je change mon camp de place, juste en face de la porte il y avait un trou dans la glace, j'avais peur qu'il fasse peur au pilote. Je plante la tente juste dans l'axe de la piste, le traîneau, lui, est à l'autre bout, marquant son entrée — selon mon système de balisage devenu coutumier. De temps en temps, j'ai une communication radio avec l'avion en vol.

Michel : « On est complètement dans le brouillard, on se fait salement secouer, on n'y voit rien, on marche aux instruments. Est-ce que tu me confirmes qu'il fait toujours beau là-bas ? » Moi : « Je t'assure qu'il fait beau ! Je répète : je te confirme qu'il fait beau ! Je répète : il fait très beau ici. Ne vous inquiétez pas, vous devriez voir du beau temps bientôt. »

En fait, la purée de pois ne les lâchera que par 88° de latitude Nord ! Ils se guident sur ma position Argos transmise par Resolute où l'envoyé de l'AFP a pris le relais de Michel Franco et interroge le terminal, relié aux ordinateurs du CNES en France. Il appelle régulièrement l'avion en vol quand de nouvelles données apparaissent sur l'écran. Ces informations sont cruciales car je dérive de plus en plus.

J'attends toujours.

Les heures passent.

Ce sont les plus lentes, les plus insupportables.

Soudain, la radio crépite.

« Dans huit minutes, on est sur toi ! »

C'est la voix de Joe, le pilote, qui vient de retentir. Je n'ai alors qu'une seule pensée : maintenant, c'est sûr qu'ils vont venir. JE VAIS MANGER !

Je me précipite sur le réchaud et je me cuisine un saumon au feu de bois — chef-d'œuvre du lyophilisé — dont la saveur atteint le firmament culinaire, je suis au paradis. Ce repas divin à peine englouti, je me rue à l'extérieur. J'ai entendu l'avion, j'en suis sûr. Allez ! cela ne fera jamais que la cinquantième fausse alerte. Sir Ranulph Fiennes m'avait bien dit : « Vous verrez, on n'entend que des avions sur la banquise ! » C'est exact. Surtout lorsque l'on en attend un. On en entend alors des dizaines et des dizaines, il devient impossible de faire la différence entre un moteur et une rafale, l'illusion d'une rumeur de vent contre un bloc de glace suffit à donner tant d'espoir !

Mais non ! Tout d'un coup, je réalise que le bruit s'amplifie. C'EST LE BON, PAPY, C'EST LE BON. Je crie dans le micro : « Je vous entends ! Je vous entends ! » Soudain, je devine la fine silhouette de l'avion, très haut dans le ciel, très haut au-dessus de moi. « Vous êtes au-dessus de moi, de la piste, mais très, très haut, vous me passez au-dessus les gars, mais vous êtes très haut ! »

A ce moment, lorsque Joe — dont c'est le premier atterrissage « sauvage » au pôle Nord — m'entend dire dans ses écouteurs : « Vous êtes au-dessus de moi... », il pousse à fond le manche à balai et l'avion fond du ciel comme un rapace, dans un piqué spectaculaire — dont la tête de Laurent Chevalier mettra une semaine à se remettre. Il marque ensuite un premier palier et je commence à le guider. « Un peu plus à l'est... Un peu plus à l'ouest... », « OK, cette fois on t'a vu », me dit Michel. D'un seul coup, le pilote repique à fond les manettes, en vrilles vraiment très, très serrées, l'avion me plonge littéralement dessus, pour ne pas me perdre de vue, je suis petit, si petit sur l'immensité blanche. A bord, Michel et Bernard ont à leur tour l'impression que leurs têtes explosent. Le bimoteur se cabre au dernier moment, vrombit au-dessus de ma piste. Michel me dit : « OK, il accepte le truc. » Alors là, c'est un grand moment superbe, je suis libéré, je me fais répéter deux ou trois fois l'accord. Michel me lance : « Oui, oui, ne t'inquiète pas, il a accepté, on va se poser. » Je suis émerveillé. L'avion fait une dernière vrille, il s'avance face à moi dans l'axe de la piste et accomplit un premier passage — dans leur jargon un *touch and go*, où les skis de l'appareil simulent l'atterrissage pour vérifier l'état du terrain. Puis il revient au-dessus et me largue une caméra afin que je filme son arrivée définitive.

***

Lorsque l'avion s'immobilise face à ma tente, dans un puissant mugissement des deux moteurs, dont les hélices en rétropropulsion soulèvent une véritable tempête de neige, son museau est à la hauteur de mon nez. Bon sang, c'était limite ! Il était tellement chargé en essence que même ma longue et belle piste a bien failli être trop courte. Encore un mètre cinquante, et son pilote se retrouvait dans... mon sac de couchage !

A bord, Laurent Chevalier et Bernard Prud'homme ont consigné Michel Franco au fond de la carlingue — pour une grave question de mise en scène. Lors des déposes précédentes, celui-ci leur jouait toujours le tour de se faufiler le premier. Résultat : ils arrivaient à chaque fois trop tard pour filmer les images de nos retrouvailles. A l'avenir, on pourrait difficilement refaire des rencontres émouvantes de ce genre, au Pôle... une seconde fois ! Ils avaient donc coincé Michel à l'arrière pour être enfin tranquilles de ce côté-là !

De ce fait, ce sera l'équipe cinéma qui descendra en premier de l'avion, le réalisateur Laurent Chevalier en tête, l'œil déjà rivé à son objectif, puis Bernard Prud'homme transformé en Tartarin de l'ère de l'audiovisuel avec, pendu à l'épaule gauche, le magnétophone Nagra utilisé pour le son du film, tout autour de la poitrine une brochette d'appareils photo et sur l'épaule droite la grosse caméra Bétacam d'Antenne 2, devenue énorme à force d'être entourée de mousse protectrice du froid. Il n'y a que Bernard pour porter allégrement tout ça, il faut dire que c'est un colosse de deux mètres de haut !

Une bombe humaine surgit alors derrière eux, et nous tombons dans les bras l'un de l'autre, Michel et moi, c'est superbe. Sans un mot, Laurent et Bernard filment, ils sont si discrets que j'oublie pratiquement la présence des objectifs braqués sur la scène.

Michel m'a apporté le drapeau français. Il me dit : « On le plante au Pôle ? », en désignant l'endroit où je me trouve. Je lui réponds : « Oui, mais ce n'est pas ici le pôle Nord, c'est là-bas ! » Intérieurement, je suis écroulé de rire, en entraînant Michel, qui n'en croit pas ses yeux. Je fais deux, trois mètres et je plante alors la hampe du drapeau — tout à fait au hasard — avec un air si sérieux, si convaincu, qu'il est persuadé que je dispose d'un sixième sens pour... situer le pôle Nord.

— Et voilà, dis-je, maintenant je vais pouvoir faire le tour du monde en quelques secondes. D'une main, je tiens la hampe du drapeau français qui flotte, et je marche en tournant autour, deux fois.

— Et de deux tours du monde, à l'endroit !

Je réitère en pivotant autour de la hampe, mais dans l'autre sens.

— Et un troisième tour du monde... à l'envers, en trois secondes ! Qui dit mieux !

Je m'amuse comme un fou, une incroyable tension est comme expulsée de ma tête et de mon corps grâce aux quintes de fou rire qui me secouent, je me sens allégé soudain d'un poids énorme, tandis que les éclats de rire des spectateurs résonnent comme des sons encore très étranges à mes oreilles de solitaire de la banquise. Une bouteille de champagne est débouchée en grande hâte, le pilote et le copilote se joignent à la fête. Ah, l'effet du champagne après soixante-six jours... d'abstinence, c'est fabuleux ! J'éprouve même quelques légères difficultés à stabiliser mon équilibre pendant la photo-souvenir de notre petit groupe !

Depuis quelques minutes, Joe, notre pilote, a mystérieusement disparu. En fait, il revient très vite pour nous expliquer qu'il est allé repérer sa trajectoire de décollage, un choix délicat car pour repartir il lui faut beaucoup, beaucoup d'espace — une fois encore, à cause du surplus de carburant transporté par l'avion. Le copilote vient juste de terminer de faire le plein d'essence. Joe nous dit : « Maintenant, il faut se dépêcher, il faut y aller ! » « Ah non, pas déjà ! Cela fait à peine une demi-heure que l'avion s'est posé ! Quelle déception. » Ah ! le temps. Après m'avoir obsédé par son interminable langueur, voilà qu'il se met à me manquer ! Au pôle Nord, j'aurais eu envie que l'on monte une tente confortable afin d'y boire le thé entre amis, avant de leur faire faire... le tour du « propriétaire » ! Je pensais que nous allions rester au moins une demi-heure de plus, j'avais préparé une visite *touristique*, en repérant des blocs magnifiques et de très belles crêtes de compression.

J'avais tant envie d'expliquer à cette petite poignée de témoins *directs* ce qu'avait été ma vie là-dessus depuis tant de semaines, espérant les faire mesurer à l'échelle des obstacles RÉELS les difficultés rencontrées. Peine perdue ! Joe était trop pressé, sans doute pour des impératifs de météo, ou autres, nous ne le sûmes jamais.

***

Au pied de la carlingue, juste en dessous du sas d'entrée, se trouve un petit escabeau de trois marches qui facilite l'accès à l'avion. Ah, celui-là ! très longtemps, au fil des déposes, ce marchepied fut ma hantise. A chaque fois que je le montais pour aller me changer à l'intérieur du bimoteur, je savais qu'il me faudrait descendre à nouveau, tôt ou tard, ces trois marches maudites, pour retrouver l'horreur de la banquise, et ma progression interminable au sein de cet éternel cauchemar blanc.

Mais aujourd'hui, il n'y aura plus jamais à les redescendre. A la hantise succède une jubilation fulgurante. Pas de retour en arrière, c'est fini, c'est comme la conclusion d'un rêve, il n'y aura plus de souffrance. J'ai le cœur qui bat lorsque je pose le pied sur la première marche. Je m'incline alors pour récolter un peu de cette glace que je vais subitement quitter ; j'ai envie soudain de la manger, de la croquer — pour ne plus jamais l'oublier. Elle gèle un peu mes doigts nus, pétrifie mon palais, elle est comme une morsure qui me coupe le souffle tout au fond de ma gorge, un ultime coup de griffe du pôle Nord dont le goût glacial s'effile pour toujours en mon corps. Et alors, sans me retourner, je gravis les deux dernières marches. Derrière moi, le copilote referme la porte. C'est fini, Papy, c'est fini ! Installé dans la quiétude de l'habitacle, la béatitude m'envahit. Enfin ! Je suis content, content, content... Enfin !

Après une balade qui paraît interminable, moteurs au ralenti jusqu'au bout de la piste choisie par Joe, ce dernier fait son point fixe, puis lance l'appareil à fond, et nous nous arrachons lourdement de la banquise. Je me précipite au hublot pour observer encore une fois l'immensité du labyrinthe. De là, je prends vraiment conscience qu'il était temps de le quitter. Toute la surface autour du Pôle est concassée, tourmentée, lacérée. Vu d'avion, le relief apparaît toutefois très aplati, trompeusement déformé. Je comprends pourquoi Michel a éprouvé tant de difficultés à évaluer la vraie nature des obstacles que j'affrontais et je ne lui en veux plus.

Mes trois amis m'entourent, et me posent question sur question, auxquelles je réponds très méticuleusement, sans rien enfreindre de la vérité à propos de mes peurs, de mes humiliations. Je peux me confier à eux, me laisser aller sans honte, et surtout sans craindre les contrecoups mentaux de la terrible solitude, comme après les déposes d'antan.

Je ne me suis toujours pas changé malgré la présence, juste à portée de ma main, d'habits tout secs et flambant neufs. Je reste à mijoter dans ma sauce ; je veux débarquer à Resolute comme lorsque j'en suis parti, avec les mêmes chaussures, les mêmes vêtements, le même bonnet...

Mais de l'homme, à l'intérieur de cette panoplie de conquérant du pôle Nord, qu'en est-il ? Chaque rotation des hélices le rapproche un peu de la foule de ses semblables, et il se demande parfois ce qu'il lira dans leurs yeux lorsqu'ils croiseront les siens...

Et puis, qu'importe au fond, il se sent si libre enfin, oui si prodigieusement libre...

13.

« RAMÈNE-NOUS DU NORD. ICI, TOUT LE MONDE L'A PERDU[1] *! »*

L'arrivée à Eureka me fait l'effet d'une dépossession. Un monde fou s'affaire autour de moi, m'assaille, me congratule mais c'est comme si plus rien ne m'appartenait en propre, comme s'ils se partageaient quelqu'un qui me serait presque étranger. Là commence un véritable tourbillon — qui va durer trois semaines.

Il y a là toute l'équipe d'ULM, des gens de Sygma, de France Inter... Il fait horriblement chaud, une température oubliée depuis deux mois et demi, occultée ; mais je ne dispose pas de temps pour analyser ou observer mes sensations, tout va trop vite. Quelque part dans ma tête ou dans mon corps, j'ai tourné un bouton et je fonctionne, sans transition, à une autre vitesse, je rentre dans un autre univers. Je passe simultanément du froid intense à la chaleur d'un appartement comme de l'extrême solitude à la vie relationnelle. Je suis harcelé par les journalistes. A peine arrivé, Nicolas Hulot me kidnappe : « Vite, vite, viens ! » et je me retrouve devant un micro, en direct. Je suis très surpris de l'aisance avec laquelle j'ai changé de longueur d'onde et je m'entends répondre le plus naturellement du monde aux questions de Philippe Caloni. Pourtant, il n'y a eu aucune

1. Texte du télégramme d'Eugène Riguidel.

progression. Je n'ai pas eu le temps de laisser monter en moi un quelconque : « Tiens ! il fait chaud », ou de ressentir une distance par rapport aux interviewers ; la chaleur comme les relations humaines me tombent littéralement dessus, d'un seul coup.

Je réponds de façon un peu évasive aux questions de France Inter, ils voudraient que je résume comme ça, en deux phrases, ce que je viens de vivre, mais comment restituer cette incroyable expérience en si peu de temps alors que je n'ai pas encore vraiment atterri, que mon cerveau tourne encore au ralenti de la banquise, que je suis toujours un homme des glaces, marinant dans son jus odorant que l'ambiance d'une température positive fait exhaler abondamment. Je n'ai pas repris pied. Je suis encore tellement tendu qu'il faudrait que je décomprime pour laisser le bonheur venir en moi. Je n'ai ni le temps de jouir de ma réussite, ni celui de savourer la moindre parcelle de plaisir. On m'entoure, on m'assiège, on m'absorbe : « Comme vous devez être heureux ! » Comment pourrais-je être heureux ? Ils ne m'en laissent pas le temps, et ma réponse est invariable : « J'ai besoin de retrouver mes repères pour être heureux. » Je vivais déjà à une vitesse inférieure à la leur au Pôle et voilà qu'ils veulent tout m'arracher en même temps !

L'un de mes repères, c'est le miroir de ma salle de bains. C'est là seulement qu'on peut lire sur son visage le chemin parcouru, dans la façon dont les épreuves physiques et morales ont marqué ses traits, dont le soleil et les intempéries ont brûlé, tanné, buriné, resculpté sa morphologie — et même le regard est différent, devenu autre, il raconte l'histoire achevée. On a beau se regarder dans les glaces des hôtels et des aéroports, ce n'est pas la même chose, elles font encore partie de la route, du voyage.

***

... Le voyage qui continue, on m'embarque dans une voiture. Le plein de l'avion est fait et « le pilote attend », comme toujours...

Dans l'automobile qui m'amène à la piste, j'essaie de revivre un moment crucial — vécu deux fois, l'année dernière lors de la première tentative et il y a soixante-dix jours — qui avait été très douloureux pour moi : ce moment de départ où, après avoir bu un café, je quitte la chaleureuse base d'Eureka pour aller prendre l'avion qui me déposera sur la banquise.

C'est un souvenir déchirant que ces quatre kilomètres. Il faisait moins quarante degrés, je quittais définitivement le dernier havre de chaleur de la route. Il n'y avait plus de place dans la cabine du pick-up et certains d'entre nous avaient dû grimper dehors, sur la benne, le froid était épouvantable, nos visages étaient bleus, j'étais tendu à l'extrême, mon cœur battait, je pensais : « C'est la dernière fois maintenant que tu sors d'une pièce chaude, d'un environnement humain... Tu pars pour l'inconnu, pour l'inconfort... » J'aurais aimé revivre ces moments antérieurs avec les yeux du bonheur, me régaler un peu, superposer ce nouveau trajet aux deux autres, les effacer en quelque sorte par des impressions plus sereines. Mais c'est impossible. J'aurais eu besoin d'être seul ou que tout ça se passe plus lentement. Peut-être que pendant ces deux mois sur la banquise ma vitesse d'idéation s'est ralentie et que je n'arrive plus à assumer, à ajuster le rythme de mes plaisirs à celui qui m'est imposé ? Je suis en constant décalage et ma joie ne peut exploser. Tout ça va trop vite ! On me pose des questions, on me photographie : « Jean-Louis, s'il te plaît, un petit sourire. » J'aurais tant aimé faire ce voyage bien dans ma tête puisque j'en ai maintenant le loisir : je reviens enfin, j'ai gagné, mon rêve est devenu réalité ; mais tout ce que je regarde au dehors reste le symbole de ces deux départs précédents et de l'immense angoisse qui les accompagnait. C'est vraiment trop rapide, mon cœur est encore au pôle Nord quand, moi, je suis à Eureka.

Le bonheur, ça prend du temps pour monter. On ne peut pas passer tout d'un coup d'une exceptionnelle concentration à une explosion de joie quand on a dû se maîtriser pendant si longtemps. La joie, elle était arrivée, débordante, au moment où l'avion s'était posé au Pôle, une vraie bouffée. Mais, pour apprécier ensuite toutes les petites choses, il faut absolument du temps.

***

Quand je monte dans l'avion, ce train d'enfer continue et il m'est impossible de me relaxer ou de dormir.

A quatre heures du matin, nous arrivons à Resolute Bay. Là, quelques journalistes m'attendent, je ne les connais pas. Ils restent très discrets et pudiques. Moi, je me sens un peu pataud. Ils s'attendent peut-être à des démonstrations de joie spectaculaires mais je n'explose pas de joie tous les quarts d'heure, à la commande. En fait, je suis très concentré, j'attends une tête connue, j'attends Bezal. Bezal, qui m'a donné deux pour cent de chances et qui n'avait pas craint de venir m'accueillir à l'échec de ma première tentative, un peu comme un vaincu de son clan. J'avais alors les extrémités des doigts gelées, très mal à l'épaule, ma tristesse était infinie et j'étais absolument défait, mais son accueil avait été des plus chaleureux puisque je corroborais toutes ses plus noires prévisions. Cette fois-ci, je le guette pour lui dire : « Ça y est, tu vois, j'y suis arrivé ! » Mais Bezal n'est pas là...

***

Nous prenons le camion qui nous emmène à l'auberge de Resolute Bay, il est cinq heures du matin. L'arrivée là-bas me replonge dans une ambiance effervescente où l'incessante sonnerie du téléphone et les demandes continues d'interviews pleuvent, m'empêchant encore et encore de profiter d'une seule seconde de vrai plaisir. Les appels téléphoniques se succéderont pendant des heures (en France, il est dix heures du matin). Je joue pleinement mon rôle et réponds à tous les journalistes qui appellent des quatre coins du monde, en français, en anglais. Je répète indéfiniment les mêmes choses, dix fois, vingt fois... des dialogues aberrants de platitude, du genre : « Allô, docteur Étienne ? Alors, comment ça s'est passé ? » Je suis stupéfait, je tombe des nues. Quoi ! je sors d'une expédition d'une richesse époustouflante, je viens de vivre soixante-dix jours d'enfer et d'émerveillement dans un lieu hors du temps, sur une autre planète, dans des conditions de survie surhumaines, et l'on me demande comment ça s'est « passé » ! Comment résumer cette situation pharamineuse en deux mots ? Je suis effondré, pas de doute personne ne réalise ce que je viens de vivre, je vais devoir leur expliquer un peu tout ça. Je vais, pour l'instant, ne plus prendre d'appels et m'occuper un peu de mon lamentable état sanitaire...

C'est donc vers dix heures du matin qu'arrive enfin le grand moment que je mythifie depuis dix semaines et dont je me fais une joie : le premier bain ! Tout d'abord, je n'ose pas me déshabiller car mon odeur est insupportable, je sens abominablement mauvais. Il faut croire que j'ai besoin d'une transition puisqu'un vrai bain m'intimide et que je choisis de prendre une simple douche ; le rythme environnant infernal ne se prête sans doute pas à une méditation aquatique. Ce passage sous l'eau rapide ne restera pas dans ma mémoire comme une expérience géante, il est plutôt décevant : je ne sens pas ma peau, elle est tellement recouverte de calles, d'épaisseurs de derme mort que lorsque je passe, par exemple la main sur mon visage, je ne ressens rien — une espèce d'insensibilité. Je ne sens pas mon corps non plus, il semble tout fluet, amaigri. Quand je m'aperçois dans la glace de la salle de bains, je ne peux m'empêcher de sursauter. C'est ça « l'athlète » qui a vaincu le Pôle ! Cet homme barbu, primitif, aux longs cheveux embroussaillés, pleins de nœuds, dont le nez pointu apparaît incongru dans le visage émacié... Décidément, ce moment tant désiré ne m'apporte pas le plaisir escompté et je règle l'affaire en cinq sec.

Je devrais aller dormir un peu mais je n'y arrive pas, il doit y avoir au moins trois jours que je n'ai pas fermé l'œil, mes yeux sont d'ailleurs tout rouges et me brûlent. Mais l'agitation que je perçois dans la maison me sollicite. Il faut dire que l'auberge est archi-pleine et le temps n'est pas au recueillement. En plus de mon équipe technique et des journalistes il y a en effet toute une bande de Canadiens, genre équipe de rugby, qui sont là pour tester des scooters des neiges de la marque Bombardier, ils sont quatorze, des bons vivants qui avalent sans problème deux ou trois litres de bière par jour et s'expriment avec des voix de stentor. Ils doivent faire quinze jours non-stop avec leurs appareils, qui tournent sans arrêt autour de la maison. Les gens de la base défilent aussi et c'est à qui aura son autographe ou sa photo en ma compagnie — comme photogénie on fait mieux !

Voilà enfin Bezal qui descend me saluer, en compagnie de sa femme Terry. Ils arrivent et je suis frappé de constater à quel point son attitude est différente de la précédente, c'est vraiment surprenant. Auparavant, il me toisait avec la moue savante du connaisseur à qui on ne la fait pas, les sourcils froncés, le sourire narquois et une petite inclinaison de la tête pour susurrer : « Oh, *it's very difficult...* » à chaque fois que j'exposais mes projets. Aujourd'hui son regard a changé du tout au tout, pour la première fois il est bouche bée, réellement, et il ne sait que dire. Ils se tiennent tous les deux devant moi, les bras le long du corps, paralysés, et ont même l'air intimidés. J'ai la curieuse impression qu'ils me perçoivent comme un mutant. Évidemment, ils ont en face d'eux ce corps-là, ce corps qui a parcouru le fameux périple impossible, qui a fait le chemin interdit et en revient apparemment indemne, qui a réussi à s'insérer dans les minables deux pour cent mythiques. Peut-être m'appréhendent-ils déjà comme légendaire ? Peut-être n'arrivent-ils pas à assimiler ce retournement des valeurs ? En tout cas les à priori négatifs de Bezal doivent en prendre un sacré coup et il va falloir qu'il revoie de A à Z toutes ses théories. Mais, n'accablons pas notre cher Bezal, son hébétude n'est peut-être due qu'à l'heure matinale. Plus tard, il me félicitera chaleureusement, disant que c'est formidable, que mon expédition était bien pensée, bien conçue, bien réalisée, hormis... il fallait quand même bien qu'il y ait quelque chose qui pèche !... l'absence d'armes, il avait trouvé ça un peu inconscient.

Depuis mon arrivée sur la terre ferme, la suppression soudaine de mes indispensables prothèses, les skis et les bâtons, me handicape sérieusement, ils étaient devenus des prolongements réels de moi-même, à tel point que se mouvoir sans eux provoque une curieuse instabilité et des gestes maladroits. Maintenant, comme les personnes en état d'ébriété avancé, je dois écarter les pieds pour retrouver un semblant d'équilibre — en médecine, on appelle ça : élargir le polygone de sustentation —, je marche un peu comme dans un train en m'accrochant désespérément à tous les repères solides, murs, tables, fauteuils... Mon allure ne doit pas en être sensiblement améliorée car, quand je traverse de ce pas mal assuré les pièces de l'appartement, je sens tous mes « amis » s'esclaffer charitablement derrière mon dos. Cet effet de déstabilisation durera quatre ou cinq jours, et disparaîtra petit à petit.

Dans la journée, pendant que je commence courageusement à refaire mes valises malgré cette infirmité, une petite fête se prépare. Le soir venu, tout le monde est présent, on fait le plein : les gens de la compagnie aérienne, le manager, les pilotes, le gendarme en chef du coin, le village dans son entier est là, c'est vraiment très sympathique ! Terry m'a confectionné un magnifique gâteau spécial banquise, tout blanc de sucre glace évidemment, mon cheminement est tracé dessus jusqu'au Pôle où est triomphalement planté le drapeau français. Nous festoyons car Diane a envoyé de Montréal toute sorte de mets choisis et raffinés : champagne, saumon... c'est bombance ! L'ambiance est fantastique, très joyeuse ; tous les convives sont au diapason et même ceux que jamais je n'aurais cru voir rire se dégèlent et chantent en chœur. A l'étonnement général, Bezal sort un petit accordéon — il nous avait caché ce talent-là, c'est vraiment un homme plein de ressources ! — et nous joue quelques morceaux bien de chez nous, dont un *Sous les ponts de Paris* tout en finesse et un *Alouette, gentille alouette* endiablé. Laurent Chevalier et Gilles Dobbelaere nous font un numéro du tonnerre et nous régalent de quelques bons vieux rocks des familles — Johnny Hallyday fait recette —, tandis que je les accompagne à la guitare. Le tableau ne doit pas être morose...

Je suis très ému par la superbe communion qui s'est spontanément instaurée autour de l'événement pôle Nord. C'est dans ce contexte fraternel que les pilotes de la Bradley Airline Company me rendent un hommage que je considère comme essentiel, absolu, car leur jugement est basé sur une pratique effective du terrain, ils connaissent la musique, pas question de les bluffer, leur parole est celle de spécialistes. La banquise, ils savent ce que c'est, quel enfer cela représente, ils la quadrillent journellement en tous sens, c'est leur quotidien. Qu'ils m'expriment leur admiration me touche profondément car ce ne sont pas des loquaces, les effusions ne sont pas leur fort et quand je vois avec quelle simplicité et quelle chaleur ils viennent me serrer la main, je craque complètement : « Bravo, bravo ! Ça fait quinze ans que nous emmenons des types là-haut pour retourner les chercher une semaine plus tard ; mais avec toi, nous étions certains à chaque dépose que tu allais continuer. Bravo ! » Je réalise alors que ce que je viens d'accomplir représente quelque chose d'important pour eux et je prends, très humblement, cela comme une valeur de référence.

A une heure du matin, commençant légèrement à disjoncter, je m'éclipse discrètement. Les chants et les rires continueront encore longtemps, berçant mon sommeil de plomb.

***

Le lendemain, les valises faites, nous partons ; je vais enfin pouvoir vivre ce départ comme je l'avais imaginé. Quand j'avais décollé de Resolute en juillet 1984, après un séjour destiné à préparer l'expédition, je m'étais en effet déjà organisé mon petit cinéma personnel avec technicolor et violons, en me promettant : « Un jour, tu repartiras d'ici et tu auras été au pôle Nord... » Pour moi, c'était devenu une vraie montagne, j'avais de sérieux doutes quant aux possibilités de réussite, surtout depuis que Bezal m'avait mis en garde. Voilà que ce grand moment arrive...

La zone d'atterrissage de Resolute, c'est vraiment *nowhere-land*, c'est nulle part, on a l'impression d'être sur la lune. Un désert gris avec, au milieu, cette étrange piste où se posent des appareils bleus, cernés de points lumineux jaunâtres que les brouillards rendent fantomatiques. Quand on repart de cette autre planète, on rentre vraiment d'une autre galaxie, on revient de très loin.

Je monte dans l'avion, c'est un 737. J'ai envie d'être un peu seul, de me concentrer, de fermer les yeux et de vivre ça à fond. Ces moments que l'on a programmés depuis longtemps, on les voudrait intenses, on aimerait les savourer au maximum dans un recueillement profond. C'est maintenant que les aspirations de ces dernières années sont enfin réalisées, les rêves et la réalité se sont rejoints, que désirer de plus ? Sinon l'assimilation que tout ça est achevé, que toutes les forces bandées vers un but inaccessible peuvent se relâcher, qu'on est en paix avec soi-même. J'essaie de revivre cela point par point : « Ça y est, je l'ai fait, les moteurs tournent... je pars d'ici, voilà le bruit des réacteurs... j'y suis allé ! on démarre... cette fois je repars comblé, on décolle...

c'est gagné !... on vole, c'est gagné, gagné, gagné !!! » Mais mon voisin me tape sur l'épaule : « Ça y est Papy, c'est fini ! » — comme si j'avais besoin qu'on me le dise... !

L'avion fait d'abord deux escales dans des bleds perdus du Grand Nord, Frobisher Bay et Fort Chimo, là on ramasse quelques Esquimaux et il y a de maigres échanges de passagers car ce sont des lignes qui transportent surtout du matériel, qui font du cargo.

A minuit, nous arrivons à Montréal. Ici, mon expédition a été autant suivie par les médias qu'en France. On ne dira jamais assez la gentillesse des Canadiens, toujours prêts à héberger, à dépanner, à rendre service. Il règne là-bas une certaine effervescence, pas mal de monde m'attend : deux chaînes de télévision canadiennes, une radio, des photographes dont celui du National Geographic, mon amie Diane, mon vieux complice Jean-François Coste — un sacré numéro dont la rudesse et le cynisme cachent un cœur d'or, sa présence me touche beaucoup, il est venu de New York où il organisait l'arrivée de la Course de la Liberté. Il me dira : « Oh mon vieux, tu as vraiment donné ! Comme tu es marqué ! Tu as pris cent ans... »

Après de brèves interviews, nous plantons tout ce petit monde sur place pour nous engouffrer dans la Rolls-Royce de Diane où nous sablons le champagne en visitant Montréal by night. C'est ça la vie d'aventurier : des contrastes, des hauts et des bas, un jour on est au fond du trou, un animal peinant pour sa survie dans des ambiances apocalyptiques, plus lamentable que le plus abandonné des êtres, prêt à tout donner pour une seule seconde de bien-être, pour un regard amical... ; un jour on vit comme un prince. Ce sont des émotions fortes qui se télescopent. C'est ma vie. Nous dînons joyeusement ensuite, dans un petit restaurant, toute l'équipe et des amis autour de moi, ce sont de chaleureuses minutes qui compensent le terrible vide précédent. Mais je suis toujours un peu *far out,* décollé, j'ai l'impression d'être encore en partie ailleurs. Cette rapide alternance de chauds et de froids est difficile à suivre pour mon cerveau habitué depuis deux mois et demi à la désertification.

Et puis, on rentre « à la maison », chez Diane. Il est cinq heures du matin. Depuis mon retour à la civilisation, après cette soirée de fête à sillonner les rues de Montréal, je retrouve enfin un univers de calme et de sérénité.

***

Au matin l'émerveillement continue, quand le miracle du VERT me saute aux yeux, grandiose ! C'est une vraie découverte.

Là-bas, dans l'univers stérile du haut du globe, je crois qu'on ignore jusqu'à son nom. J'avais absolument oublié qu'une telle couleur existait, admirable. La couleur verte, je la ressens maintenant comme le signe emblématique de la vie, elle pénètre mon regard et me submerge. Depuis la fenêtre de Diane, je peux voir ces étranges plantes géantes qu'on appelle des arbres, une grande pelouse à la teinte acide et, mon Dieu ! j'entends même des oiseaux... incroyable : il y a donc un monde où tout cela est naturel, spontané, où l'on plante tranquillement une graine qui germe et qui fleurit... où, à l'aube de chaque jour, les fourrées bruissent d'une agitation animale... et j'aperçois aussi des écureuils sautant de branche en branche... C'est la vie fourmillante, exubérante, généreuse des terres tempérées.

Nous ne connaissons pas notre bonheur, tout nous paraît si simple ; il faut avoir connu le dénuement total pour qu'enfin le seul bruissement d'une brindille contre une banale écorce nous fasse monter les larmes aux yeux.

***

Après douze heures — brèves mais riches — passées à Montréal, je m'embarque pour la France.

Dans l'avion d'Air Canada — compagnie qui s'est montrée plus qu'élégante à mon égard, puisqu'elle a toujours pris à sa charge le transport de mon matériel —, on veut m'honorer d'une place en 1re classe ; mais, suite à quelques négociations du style : « Si mes copains m'accompagnent, c'est OK ! », comme il s'avère qu'apparemment mes trois amis (Bernard Prud'homme, Laurent Chevalier et Michel Franco) n'ont pas de place, je fais le voyage avec eux, en seconde. Toujours impossible de fermer l'œil, nous sommes tous les quatre très excités et nous délirons joyeusement sur l'avenir, montant d'invraisemblables projets, récapitulant dans l'euphorie les jours que nous venons de vivre. Aussi, c'est une équipe fort débridée qui débarque à Roissy à huit heures du matin. Le comité d'accueil y est conséquent : journalistes, photographes, François Vikar de l'UAP, et un délégué d'Elf avec un ours blanc en peluche.

Tout ce remue-ménage durera trois bonnes semaines. Les premiers jours, je me sens toujours un peu comme un zombi. Beaucoup d'amis passent me voir, le téléphone n'arrête pas de sonner, l'appartement ne désemplit pas. La valse médiatique bat son plein : Antenne 2, Europe n° 1, France Inter, de multiples radios libres... mon temps ne m'appartient plus... journaux, manifestations diverses, conférences... L'Occident m'est tombé dessus.

Comme de bien entendu les « spécialistes » de tout poil m'abreuvent de leurs avis compétents quant à ma « carrière » : « Tu t'es fait un nom bien sûr, mais il n'est pas encore assez fort. Il faut battre le fer tant qu'il est chaud et rentabiliser ton affaire ! »... Ils ont peut-être raison mais, quant à moi, je ne sais si je pourrais être assez motivé pour dépenser mon énergie dans de tels circuits... Le business... on verra...

Dans la rue, les gens me reconnaissent un peu, surtout après les passages à la télévision, ils m'abordent très gentiment — ce périple pôle Nord les a fait rêver, ça parle à l'imagination. Ce sont des contacts sympathiques, ça fait plaisir et ça me touche beaucoup — mais ça ne transforme pas profondément un homme.

D'ailleurs, ce n'est pas parce que quelques individus me regardent en me croisant qu'ils me situent ou me reconnaissent forcément. Je ne serai pas victime du célèbre « syndrome de Garcia » !

Quand j'avais quatorze ans, j'allais au collège technique, on y enseignait la menuiserie, la mécanique, l'ajustage. Nous étions quatre ou cinq cents garçons pour... trois ou quatre jeunes filles qui, elles, suivaient les cours d'une toute petite cellule commerciale. En hiver, quand il faisait très froid, nous sortions dans la cour pour les récréations ; les filles, par contre, avaient la permission de rester bien au chaud dans des classes du troisième étage. Il y avait donc une véritable foule d'élèves qui grouillaient dehors et, de temps en temps, les stars inaccessibles jetaient un coup d'œil négligent par la fenêtre. Et notre Garcia disait régulièrement, fébrile et fort ému : « Elles me regardent ! Elles me regardent ! » Il n'était qu'une malheureuse tête d'épingle parmi cinq cents autres mais demeurait absolument persuadé que les jeunes filles n'avaient d'yeux que pour lui, fascinées sans doute par son magnétisme personnel... Cette attitude psychologique hautement égotiste était passée dans notre jargon collégien sous l'appellation scientifique de « syndrome de Garcia ». Je n'y céderai pas !

***

Une série trépidante de chocs m'attend à mon retour à Paris, symptomatique de l'incroyable déphasage que j'ai subi après mes soixante-dix jours d'isolement social.

Je passe à l'une des succursales de ma banque — dont le siège se trouve dans le Tarn — pour retirer un peu d'argent liquide, comme je l'avais toujours fait dans le passé. Mais, pour une raison encore restée incompréhensible, cela s'avère impossible. Seraient en cause de mystérieuses « circulaires »... Pour moi, c'est une sérieuse claque. Je suis en face d'une machine dont les mécanismes sophistiqués m'échappent. Je reviens de loin, j'ai pris du recul, j'ai lutté là-bas contre des entités bien réelles, tangibles et je ne comprends plus la subtilité de cette sorte de rouages. Cela me semble insensé qu'on se complique ainsi la vie, ça m'apparaît comme le signe de l'inextricable complexité par laquelle les hommes ont embrouillé à loisir le monde dans lequel ils vivent.

Pour la première fois, en rentrant d'une expédition, je me sens très vulnérable. Là-bas, au pôle Nord, j'avais vécu intensément d'autres règles du jeu — la vraie règle du jeu — où je devais essayer de maîtriser le moindre instant, être très attentif, où j'avais engagé ma vie très loin ; et là, brusquement, je tombe sur une autre partition où je ne perçois vraiment que des employés déshumanisés occupés à appliquer d'obscures et d'absurdes lois.

Il y a des gens qui inventent de très curieux jeux. Il s'agit d'aller d'un point à un autre — cela paraît simple — mais pour se faire il faudra franchir d'invraisemblables et d'innombrables obstacles, destinés à ralentir la progression des joueurs, de sorte que la partie dure le plus longtemps possible. C'est un parallèle qui me convient. Les hommes ont instauré des méthodes et des appareillages abominables, sans doute parce qu'ils se méfient, non sans raison, les uns des autres ; mais peut-on vivre sainement quand on a installé autour de soi des circuits aussi compliqués ?

Quelques jours après mon atterrissage, je suis invité à déjeuner chez des amis de l'Institut supérieur d'alimentation (ISA) qui ont beaucoup travaillé sur l'étude et la mise au point de ma nourriture polaire. Je suis très en retard, j'attrape un taxi à la station Saint-Paul et nous partons dans la direction du Panthéon. Au carrefour de la rue du Cardinal-Lemoine et du boulevard Saint-Germain, alors que nous passons tranquillement au vert,

BOUM ! c'est le choc ! Une voiture grille le feu rouge et nous percute à bonne vitesse, je crie ATTENTION ! et j'ai juste le temps de me cramponner au fauteuil avant. Une énorme explosion ! un grand choc latéral ! et la voiture, déviée, va violemment s'écraser de face contre un mur. Ça fait un bruit terrible. Le chauffeur a l'air très atteint, sous l'impact il est passé à la place du passager et s'est enkysté entre la banquette avant et le moteur, rentré à l'intérieur ! Ça fume beaucoup, je sors du taxi comme un fou. En contournant par l'arrière, complètement hors de moi, je tombe sur une moto encastrée sous la voiture. Dans le fracas monstre, je ne l'avais même pas entendue nous tamponner ! Je me mets à quatre pattes pour chercher son conducteur, je m'attends à tout, je le crois écrasé là-dessous. (Heureusement, il a fait un roulé-boulé et se trouve déjà au café du coin en train d'essayer de se remettre en buvant un verre d'eau...) Je saigne pas mal du visage, je tremble de tous mes membres, je suis assez choqué...

L'autre voiture a laissé son moteur sur la chaussée, la femme qui conduisait pleure, son passager, un vieil homme, a éclaté dans le pare-brise. C'est un gros accident. On sent une tension terrible. Les pompiers arrivent très vite, les gyrophares tournent sinistrement... sirènes... attroupements... ambulances. Un tableau apocalyptique. Un retour à la réalité citadine des plus directs ! Un sacré come back !

On me soigne à la Salpêtrière, j'ai l'arcade sourcilière ouverte, un gros hématome à la jambe, une côte fêlée — vraiment sonné.

C'est ici que la vie est fragile. C'est la normalité de cet accident qui m'a fait le plus peur. J'ai trouvé ce paradoxe cruel et ahurissant : être allé au bout du monde dans des conditions invivables et rencontrer ici, après tant de périls évités, de risques contrôlés, un univers qui cogne de plein fouet, un monstre froid qui vous écrase sans pitié. Je me suis dit : Attention, on est en danger permanent ! Et, réellement, je me sens beaucoup plus menacé ici que je ne l'ai été là-bas.

14.

VIELMUR DANS LA PEAU

Vielmur, Vielmur... la boucle est bouclée, le cercle se referme, tout est réintégré. C'est l'accomplissement, la fiction réalisée, la reconnaissance des siens, le cœur en paix.

Il me fallait aussi vivre cela, afin de clore réellement ce périple à l'exact bout du monde ; et c'est par la maison natale que tout repasse.

Vielmur, petit village de huit cents habitants. J'y suis né, j'y ai vécu jusqu'à treize ans, c'est ma grande famille. Tout le monde s'y connaît. Mes parents y vivent toujours. J'y reviens.

Là-bas, mon aventure a été suivie par tous. J'étais l'enfant du pays parti au loin explorer les terres vierges et dont on captait de temps en temps des nouvelles, alarmantes ou réconfortantes, par l'entremise de la radio et de la télévision. C'était une partie, une extension de chez eux qui voguait en hémisphère étranger, quelqu'un de chez soi sur les épaules duquel on pouvait déposer ses propres rêves, investir ses émotions, ses aspirations non vécues et vibrer à l'unisson comme si l'on était à ses côtés, marchant dans les glaces inaccessibles, vivant peut-être plus fort, plus libre. J'ai toujours senti ce poids-là, ce poids d'amour et de confiance. J'en ai compris le sens profond — et je m'en suis acquitté en allant jusqu'au Pôle, pour eux, aussi.

Mon expédition causa là-bas, également, un certain remue-ménage, les médias avides d'inédit et de détails croustillants venant s'enquérir d'informations de première main à la source. L'invasion journalistique avait été pire que celle des sauterelles. Ç'avait été l'assaut en règle, dévastateur, terrible. Mon père disait : « C'est quelque chose ! Tu es en train de discuter avec un envoyé spécial dans un coin de la pièce, hop ! un autre se faufile par la porte de derrière ! Tu vas fermer, hop ! ils sont déjà trois de l'autre côté !... » Mes parents ont été interviewés et réinterviewés. Toutes leurs réponses leur ressemblent, d'une grande simplicité, j'ai beaucoup aimé les choses qu'ils ont dites. « Avez-vous l'impression d'avoir un fils qui est un héros ? » Mon père : « D'abord, je ne sais pas vraiment ce qu'est un héros, et puis je suis un peu mal placé pour savoir si mon fils en est un... » « Votre fils est-il fort, est-il puissant ? » (Ils m'imaginaient sans doute comme Superman, un colosse...) Papa, qui est exactement de ma taille : « Oh non, il est tout à fait comme moi. »

Lorsque j'ai réussi à atteindre le pôle Nord, ce fut pour les gens du village quelque chose d'exceptionnel. Ils détenaient enfin chez eux un être rare, extraordinaire ; puisque j'étais passé plusieurs fois en direct au journal télévisé j'avais donc reçu l'indéniable diplôme, la consécration suprême. Auparavant, quand j'avais commencé à exercer la médecine et que j'étais revenu à Vielmur pour faire des remplacements — trois années de suite —, j'avais déjà acquis une aura un peu intimidante à leurs yeux et j'avais senti un certain respect, mêlé d'embarras de leur part. Le prestige du savoir. Ainsi, lorsque bon nombre de personnes, qui m'avaient connu enfant et m'avaient vu grandir, me virent arriver chez elles pour les soigner, ma trousse de docteur à la main, elles me dirent : « Jean-Louis, je te vouvoie ou je te tutoie ? Je t'appelle Jean-Louis ou je t'appelle docteur ? » Les gens ne savaient plus exactement comment m'identifier et où me placer. Cette fois, je vais réapparaître entouré d'une auréole médiatique fort bien orchestrée, dont le travail sur les consciences est aussi mystérieux qu'efficace.

***

Un matin, Jacques Bonnafous, qui est conseiller municipal, m'appelle à Paris et me dit : « Nous serions très honorés si tu venais à Vielmur. Tout le monde t'attend, nous t'organiserions une réception. » Je suis, bien sûr, très touché et je réponds oui tout de suite. Nous fixons une date.

Le 31 mai à neuf heures, j'arrive incognito à la gare de Vielmur. Pour l'instant, tout semble calme. Je me dirige directement vers la maison familiale où me guettent mes parents. Vers dix heures du matin, je suis déjà certain que tout le monde sait que je suis dans les murs — c'est si petit, et les fenêtres sont indiscrètes !

A onze heures, nous recevons la visite du brigadier de gendarmerie. Il vient nous expliquer comment va se dérouler le cérémonial. Tout est réglé au quart de tour. Un peu plus tard, je le suis clandestinement à la gendarmerie. Nous y faisons une photo de groupe, où je pose le plus naturellement du monde en compagnie de tous les gendarmes, réunis pour la circonstance. Il règne une atmosphère de joyeux complot d'avant fête, une ambiance qui me rend heureux et m'émeut.

Dans l'après-midi, l'adjoint au maire vient nous confirmer le protocole. C'est un suspense organisé de main de maître, ça prend une ampleur terrible !

Arrivent les fatidiques dix-huit heures trente. Comme prévu par le programme minuté, nous quittons alors la maison, mon père, ma mère, ma grand-mère, mes deux sœurs Michèle et Nicole et moi-même. Nous traversons le village en suivant la rue principale et nous nous dirigeons vers le monument aux morts, qui sera la première station. Là, monsieur le brigadier porte ses gants blancs. L'affaire prend dès lors un tour très officiel. Je commence à sentir mon cœur se serrer un peu. Tout le village est rassemblé sur la place de la Mairie, ça fait beaucoup de monde... Tant de visages, la tête me tourne un peu, c'est une véritable haie d'honneur qui m'est faite. Il n'est pas aisé de prendre une contenance naturelle et de fendre cette masse humaine l'air de rien. Chacun veut me donner une poignée de main, me toucher, me fait un signe de reconnaissance, tous demandent un sourire. Je me sens un peu gauche, c'est très impressionnant...

Au bout de ce mur bruyant et bariolé se dressent les marches de l'escalier de la mairie, et alignées en haut... une superbe brochette de personnalités locales ! C'est bien moi qu'elles attendent ainsi ! Tout ce beau monde est venu saluer « l'homme du Pôle ». On peut remarquer le préfet du Tarn, le sous-préfet, le président du Conseil général, le sénateur et le maire du village... ! Nous n'échappons pas à la photo-souvenir prise sur le perron de la mairie où l'on entre ensuite pour passer à la partie « discours officiels ». Comme le bâtiment est tout petit, peu de personnes peuvent y accéder pour entendre ces mots mémorables et l'on a sonorisé l'extérieur. Les voix résonnent donc sur la place, sous les platanes où se tiennent la majorité des gens.

C'est le préfet qui commence par un discours académiquement des plus brillants, suivi derechef par celui du Conseiller général, le docteur Barbut (ce bon docteur Barbut que j'ai remplacé à plusieurs reprises et qui aurait tant aimé que je m'installe à Vielmur pour prendre sa relève), son speech sera beaucoup moins protocolaire, chaleureux, amusant et très touchant. Parlant de ma jeunesse villageoise : « Ce petit qu'on a voulu garder au pays a réussi à s'envoler, et il a bien fait puisqu'il est heureux ! »

Puis c'est mon tour de prendre la parole. Je suis très ému, je n'ai pas vraiment préparé quelque chose mais ça vient tout seul, sans mal. Je me souviens, fort à propos, des premiers jeux de ballons auxquels j'avais participé dans la cour de l'école, nous les appelions « bataille » — c'était le ballon prisonnier : « Gamin, je jouais à bataille à la récréation. Mes premières batailles c'est donc ici que je les ai livrées ; elles n'étaient que la préfiguration d'une autre bataille plus exceptionnelle, plus dure que je viens de remporter là-haut, au pôle Nord. Toutes les batailles de Vielmur m'ont porté jusque-là et c'est en pensant à elles, et à vous, que j'ai gagné celle-ci ! » Je n'omets pas aussi de leur raconter la manière dont j'étalonnais ma route : « Tout au long de l'austère cheminement que j'ai suivi sur la banquise, mes repères ont été également puisés dans mes souvenirs d'enfance. Mon unité de base pour les distances étant bien souvent Vielmur-la Pierre plantée ; ce parcours familier, bordé de platanes, mesurant exactement un kilomètre m'a permis plusieurs fois de tenir le coup, il m'a donné des ailes en haut du globe terrestre. Parfois c'était Vielmur-Castres, ou Castres-Saint-Paul, selon les étalons dont j'avais besoin. Ce sont les chemins de chez nous qui m'ont mené et soutenu là-bas, vous êtes les artisans de ma victoire ; et cette victoire, je vous l'OFFRE ! » Alors, c'est du délire : concert d'applaudissements, cris, hurrahs, je suis transporté par des bouffées d'émotion. Il y a des moments dans la vie que l'on n'échangerait pour rien au monde, des moments lumineux qui vous réconcilient pour toujours avec les autres et avec soi-même. Même mon ami Jean-François Coste, venu en Parisien observer les rites de la France profonde de son œil implacable, me confiera plus tard avoir été bouleversé par cet accueil et, perdu dans la foule, n'avoir pu retenir une larme. Il était très attentif, pour lui c'était inédit, il ne soupçonnait pas la force que donnent des racines, l'attachement viscéral à un terroir, le lien puissant qui unit un groupe d'humains issus de la même terre.

Les enfants de l'école offrent une gerbe de fleurs à ma mère.

J'apprends qu'on avait même prévu de donner mon nom à une petite place du village qui en attend impatiemment un mais, renseignements pris par monsieur le Maire, la condition sine qua non était que je sois mort — je préfère, quant à moi, me passer de cet honneur pour l'instant !

Puis c'est l'heure du « pot », pris dans la salle de la mairie. L'ambiance est joyeuse, survoltée, on se presse, on rit fort, je suis happé de toutes parts, je plane, je nage dans un bonheur paisible. Je suis surtout comblé pour mes parents. C'est ma façon de les remercier de leur bonté, de leur sagesse, de leur patience, de leur confiance à mon égard.

A la sortie de la mairie, un passage extraordinaire de ma vie se déroule sur la place : le ballet des habitants de Vielmur. Un visage, dix visages, cent visages se succèdent devant moi, mon esprit sollicité de tous côtés fonctionne à une étrange vitesse, car c'est à un défilé de fantômes qu'il assiste : ce sont tous des anciens enfants, ils ont seulement vingt ou trente ans de plus mais leurs traits n'ont pas vraiment changé. Là, Daniel Estadieu me félicite et me serre la main avec force, c'est bien le même gamin joueur et déluré, il a juste quelques rides en plus, mais l'éclat des yeux est absolument semblable... Je pense à mon propre visage qui s'est mesuré à tant d'espaces sauvages, lui aussi doit être celui du garnement qui tirait les sonnettes, il arbore évidemment l'altération des jours mais gommée sûrement par la vivacité du souvenir, plus présent que l'instant. C'est un surprenant plongeon dans la mémoire : « Tu te rappelles de moi ? » Bien sûr que je me rappelle de toi, et de toi, et de toi... de vous tous ! Comment pourrais-je vous oublier ? Vous êtes une partie de moi-même à jamais inscrite, indélébile. Je vous porte en moi pour toujours comme vous me portez en vous. Les réceptions officielles peuvent bien s'aligner, les autorités locales manigancer des réunions, là c'est notre sang même qui est en jeu, à travers elles c'est lui que l'on célèbre, notre unité !

Visages heureux, émus, anxieux, visages curieux, timides, rieurs, milliers de souvenirs qui défilent à une vertigineuse vitesse... Des mots s'échangent mais ce n'est pas le but, ils n'ont que peu de sens par rapport à l'émotion qui me submerge ; ils passeront, elle demeurera. J'ai retrouvé les miens.

Ça va vite, ça tourbillonne, ça parle au cœur. Je suis happé, on me touche, on me serre. C'est un peu affolant d'être ainsi confronté à des pans entiers de passé... « Souviens-toi ! » « Te rappelles-tu ? » « Trouve mon nom ! » — je les retrouverai presque tous, ma mémoire fonctionnelle est encore solide. Marée de passé, incroyable moment où tout remonte avec ses couleurs, ses détails oubliés, ses anecdotes venues d'époques qu'on croyait perdues, ces choses qu'on avait faites et rangées quelque part pour qu'aujourd'hui, sans doute, elles ressurgissent intactes, réactivées même par la joie partagée des souvenirs... La force sidérante de la situation me secoue, difficile de résister à ce torrent, de ne pas être profondément atteint par l'intensité de l'instant. Il n'y a pas de place pour un quelconque « héros », c'est l'enfant — peut-être lui aussi marqué par les épreuves —, l'enfant de toujours qui est présent dans ce tumulte, le gamin, l'écolier, différent mais semblable — rien n'a changé. Je vis toujours la même relation avec mes vieux copains, pas d'écart entre nous. C'est le passé et le présent inextricablement mêlés, ravivés par la puissance de cette rencontre, de ces retrouvailles. Ça fait du bien partout, on ne se sent pas abandonné des hommes. On perçoit mille racines profondément enfouies, des ramifications solides, un coin de terre où l'on se sent chez soi. On est de quelque part comme on a les yeux jaunes, ou bleus, ça ne peut s'échanger ni se perdre, ça fait partie de soi — un héritage inestimable.

Ensuite, puisque c'est la sacro-sainte heure du Mundial, chacun regagne ses pénates pour se réjouir devant son petit écran, avant de se retrouver à la salle « polyvalente » où une projection et une conférence sont prévues. Là-bas, les enfants de l'école sont installés en rangs serrés, on fait le plein, ma famille occupe les places d'honneur. Nous visionnons un petit montage très cocasse, confectionné à partir des émissions que FR3 avait diffusées pendant mon expédition.

D'abord : *la maison natale*, la maison du tailleur : « C'est ici que le docteur Étienne a vu le jour, au premier étage... » Puis, notre voisine, Maria Auriol, apparaît sur l'écran, elle raconte qu'elle m'a tenu dans ses bras, on rit, on pleure... Une autre voisine : « Oh oui, on se rappelle bien de lui ! Déjà tout petit sur son vélo, il roulait comme un fou ! Il allait si vite que quand on le voyait arriver au carrefour, on tremblait de peur ! »...

Après une petite conférence tardive où les questions les plus variées seront posées, le village retrouvera son calme et chacun regagnera la chaleur de son foyer encore plein de visions polaires et l'oreille guettant le blizzard.

Le lendemain, en première page de *La Dépêche du Midi*, mon image trône, saluant la foule. C'est Vielmur qui salue avec moi. Vielmur, Vielmur, nous sommes inséparables !

POUR LE PÔLE SUD !

Demain, je pars pour le pôle Sud.

En 1961, douze des plus grands pays industrialisés du monde ont signé le traité de l'Antarctique, destiné à promouvoir une collaboration d'études internationales couvrant tous les domaines des « Sciences de la Nature ». Il protégeait simultanément, de toute exploitation industrielle et stratégique les ressources et les sites du plus grand désert blanc de la planète.

Attirés par l'éventualité d'accession à de nouvelles terres — dont les richesses sont d'ailleurs inconnues —, maints États se sont placés sur la liste des pays qui devront très bientôt, en 1991, se prononcer sur l'avenir du monde austral.

Afin de préserver l'Antarctique d'un découpage arbitraire, catastrophique pour le futur de ce continent, de nombreuses nations prônent l'idée généreuse d'en faire l'héritage collectif des hommes.

J'aime profondément les régions polaires ; après l'hémisphère boréal, royaume de l'ours blanc, immense mer gelée, je vais me diriger aux antipodes, vers l'empire des manchots et de l'albatros, et mon prochain grand voyage sera une inédite traversée de l'Antarctique, que j'espère symbolique quant à l'avenir de cette région, ravivant le message d'aventure et de science qui présida à la conquête des premiers explorateurs.

Aujourd'hui, je pars pour la péninsule Valdès, en Patagonie, à l'occasion du tournage d'un film sur la vie des baleines. Comment approcher ces fascinants animaux, vivre à leurs côtés, les suivre dans leur milieu naturel ? Beaucoup de chercheurs planchent sur le sujet... mais personne n'a encore trouvé le vecteur idéal.

Pourquoi ne pas imaginer et construire une baleine factice plus vraie que nature ?... On pourrait alors facilement se promener en compagnie de ces grands animaux, migrer, tout en étudiant et filmant leur vie par des ouvertures prévues à cet effet. Sans oublier, confortablement assis à l'avant dans son fauteuil, l'indispensable préposé au jet d'eau...

Mais non ! Ce n'est pas une idée farfelue. D'éminents scientifiques ont étudié le mouvement des nageoires caudales, des ailerons et savent déjà parfaitement fabriquer la peau de ces mammifères marins. Reste aux architectes navals à travailler sur la navigabilité et l'immersion de l'appareil.

Là, serait réalisé ce rêve ancestral de participer aux grands périples des baleines.

Sauvelongue — Les Arnauds — Été 86.

ANNEXE TECHNIQUE

ACCLIMATEMENT AU FROID ET PRÉPARATION PHYSIQUE

Il est évident que l'on ne part pas tirer un traîneau de cinquante kilos sur près de mille kilomètres de chaos sans un bon entraînement physique. J'ai l'avantage d'avoir pratiqué le sport pendant toute ma jeunesse : vélo, football puis, un peu plus tard, rugby où je jouais au poste de demi de mêlée — j'adorais ça. A la fin de mes études de médecine, j'ai découvert l'alpinisme ; dès lors, je n'ai plus jamais arrêté de fréquenter la montagne et les falaises.

Il m'a fallu deux années complètes pour préparer l'expédition du pôle Nord, deux ans passés en plein temps à Paris, loin des massifs et des grands espaces, à courir autour du lac du bois de Boulogne, à faire, trois fois par semaine, dix tours du parc Monceau (il mesure exactement un kilomètre). Je descendais dans le Tarn le plus souvent possible où je faisais alors le tour du pic de Nore, point culminant de la Montagne Noire, un beau circuit forestier de vingt-cinq kilomètres, à mille mètres d'altitude, que je bouclais en deux heures. Mon test d'endurance était de trente pour cent au-dessus de celui de la moyenne des gens de mon âge.

Pour me désensibiliser aux effets du froid, j'ai commencé à prendre une douche froide tous les matins, à partir de décembre. Au début, ça surprend un peu, puis on s'y fait. On ne peut pas parler de méthode d'acclimatement mais d'exercices de désensibilisation destinés à rendre les températures fraîches moins inconfortables.

Mon programme d'études médicales comprenait un travail sur l'acclimatement au froid. La question était de savoir si un séjour prolongé en températures négatives développerait une aptitude particulière à résister à celles-ci. Avant mon départ pour Resolute j'ai subi des tests dans le service de physiologie du docteur Bitel, spécialiste des problèmes de thermo-régulation à l'hôpital de santé des armées de Lyon. Lors de ces expériences, je devais rester nu, allongé, immobile pendant deux heures ; la température était de un degré, agrémentée d'une soufflerie d'air fonctionnant à huit mètres par seconde (ce qui équivalait à une vitesse de refroidissement de moins dix degrés). Il s'agissait de mesurer ma température et ma consommation d'oxygène, témoins de la quantité d'énergie mise en jeu par mes tremblements automatiques pour lutter contre le froid.

Mon aptitude à résister au refroidissement était déjà très satisfaisante avant mon départ pour le Pôle — ce qui atténua un peu mon inquiétude quant au camping par moins cinquante degrés qui m'attendait dans les prochaines semaines. Au retour de mon expédition, après soixante-dix jours passés à des températures qui n'ont jamais été supérieures à moins dix-huit degrés, j'ai refait le même test avec moins d'indifférence — les deux heures passées dans cette chambre froide m'étant apparues interminables au premier test.

Pendant cette seconde expérimentation, le docteur Bitel se montrait de temps en temps à la vitre qui me séparait de la pièce de mesures. A ses hochements de tête et ses clins d'œil complices, je vis qu'il était fort satisfait de mes nouveaux résultats. Quand son assistante vint enfin me libérer, je ne sentais plus du tout mes pieds — ils étaient à dix degrés —, mon corps était enraidi par les crampes causées par les tremblements. « C'est fantastique ! Très satisfaisant ! » me dit-elle.

Le docteur est alors arrivé, une feuille truffée de chiffres issus de son programme d'ordinateur à la main : « Vous avez acquis un comportement thermo-régulateur d'homme primitif. Vous avez d'abord laissé descendre votre température jusqu'à trente-cinq degrés cinq avant de réagir ; c'est une attitude très économe. La fois précédente vous aviez commencé à lutter dès le début pour conserver votre température à trente-sept degrés, ce qui vous avait coûté plus cher en énergie. C'est la première fois que nous pouvons faire une telle observation. Nous allons publier ces résultats dans *Tribune médicale* ! »

Passer deux mois seul dans la plus inhospitalière région de la planète m'a rendu plus primitif ! Qui l'aurait cru ?

ALIMENTATION

J'ai travaillé sur l'équilibre nutritionnel avec l'ISA (l'Institut Supérieur de l'Alimentation) pour mettre au point ma nourriture polaire, puis j'ai rencontré un jeune industriel, Jean-Luc Allemand, dirigeant d'une petite entreprise de lyophilisation alimentaire, Lyofal. Nous avons tout de suite sympathisé et il a fabriqué ces denrées issues de nos recherches. J'ai ensuite négocié un contrat avec la DRET (Direction. Recherches. Études Techniques), qui dépend du ministère de la Défense ; ils étaient très intéressés par mon travail. Et c'est ainsi que mes rations sont devenues maintenant le quotidien des militaires au cours de certaines expéditions.

Ma ration de départ ne dépassait pas un kilo par jour, elle était calculée pour un effort d'endurance de moyenne intensité, cinquante pour cent à cinquante-cinq pour cent de la valeur calorique étant couverts par les glucides, trente pour cent à trente-cinq pour cent par les lipides et dix pour cent à quinze pour cent par les protides. J'avais ainsi une alimentation de quatre mille calories, soit 4,8 calories au gramme, en tenant compte du poids de l'emballage et de l'humidité relative des aliments.

Ma dose quotidienne se divisait en trois repas :

Petit déjeuner : cent grammes de semoule de blé précuite, cinquante grammes de lait en poudre entier, soixante-quinze grammes de fruits secs oléagineux, cinquante grammes de chocolat, quarante grammes de beurre, quarante grammes de sucre. Je diluais cette ration dans un litre d'eau bouillante.

Goûter : sensiblement la même chose, les cent grammes de semoule de blé étant remplacés par cent grammes de céréales (müesli), additionnés de quelques fruits lyophilisés.

Repas du soir : soupe instantanée, plat lyophilisé Lyofal et dessert (compote ou fruits lyophilisés Lyofal). Les plats cuisinés étaient variés, construits sur une base de viande ou de poisson (quarante grammes lyophilisés), additionnés de pâtes, de riz, de semoule de blé précuite ou de purée de pommes de terre (quatre-vingts grammes de chaque par plat). Exemple de plat : bœuf bourguignon aux pâtes, cabillaud au fenouil purée, langouste, saumon, poulet au riz curry...

Vivres de course : il est impossible de s'arrêter pour manger dans la journée car il fait trop froid. En marchant je grignotais des pâtes d'amande, du chocolat et des galettes de pain Poilane faites spécialement, enrichies en huile d'olive et en beurre.

Boisson : j'ai consommé en moyenne entre quatre et cinq litres d'eau par jour. J'utilisais la glace ou la neige que je faisais chauffer. Un litre le matin au petit déjeuner, un litre au goûter, un litre le soir, divisé entre la soupe et le plat principal, plus un thé ou un café très dilué pour le matin et le goûter. Il est très difficile de boire plus d'un litre, car, quelle que soit la quantité de la bouteille thermos, l'eau bouillante se refroidit en quatre ou cinq heures. Je m'étais fabriqué un thermos très léger (cent cinquante grammes, bouteille en aluminium comprise), dont l'isolant est une superposition de Thinsulate et de tissu en polyéthylène à cellules fermées (Douffline). L'eau bouillante restait liquide jusqu'à midi, quand la température était de moins quarante-cinq degrés.

Vitamines : je prenais un gramme de vitamine C et un comprimé de polyvitamines par jour.

Bilan énergétique global : je pesais soixante-cinq kilos au départ et cinquante-huit kilos à l'arrivée — mais j'ai certainement perdu près de quatre kilos les quatre derniers jours d'attente au Pôle.

Après un mois de marche sur la banquise, j'ai demandé un supplément de quarante grammes de beurre et de cinquante grammes de chocolat par jour. Ma ration quotidienne était alors de quatre mille six cents calories en moyenne.

MATÉRIEL

Réchaud à essence (White gaz) : marque MSR (USA). Très faible consommation, un tiers de litre par jour pour faire bouillir entre quatre et cinq litres d'eau à partir de la glace.

Tente Kanuk (Canada) : modèle tunnel, très vite montée, tendue avec trois arceaux en fibre de carbone. Légère (deux kilos sept cents), elle a bien résisté à des rafales de vent de cent kilomètres/heure.

Sac de couchage Lestra (France) : deux sacs l'un dans l'autre, isolant Qualofil, tissu imperméable pour éviter que la condensation n'imprègne l'isolant, humidifie et alourdisse le sac. Je dormais sur deux tapis isolants en polyuréthane à cellules fermées : l'un était placé sous le sac extérieur, et l'autre dans le sac intérieur, le plus près possible du corps.

Vêtements Damart (France) : sous-vêtements et blousons en fourrure polaire de conception classique en Thermolactyl. Pantalon et veste fourrée prototypes, tissu très léger imperméable et isolant Qualofil. Coupe-vent en Gore-Tex de chez Millet (France).

Skis Rossignol (France) : modèle Télémark, peluches autocollantes Colle-Tex, fixations à câble Skyloom.

Chaussures : en cuir, Savetier (Canada), chaussons intérieurs en feutre Semely. A la fin de l'expédition j'ai porté des chaussures en plastique Koflach.

Super mouflon Kanuk : chaussons très chauds et confortables pour porter à l'intérieur de la tente et marcher autour du camp.

Gants de laine : Edelrid et Emem (Pyrénées, France).

Lunettes et masque : Vuarnet, Pouilloux (France).

Radio : Pour les communications avec le camp de base, j'ai utilisé un poste de radio Spilsbury SBX 11 A (Canada), BLU avec quatre fréquences préréglées sur la bande de cinq mégahertz, puissance dix watts, encombrement minimum (vingt-cinq × vingt × huit centimètres), très léger (quatre kilos avec les piles et l'antenne dipolaire), alimenté avec des piles Saft Lithium.

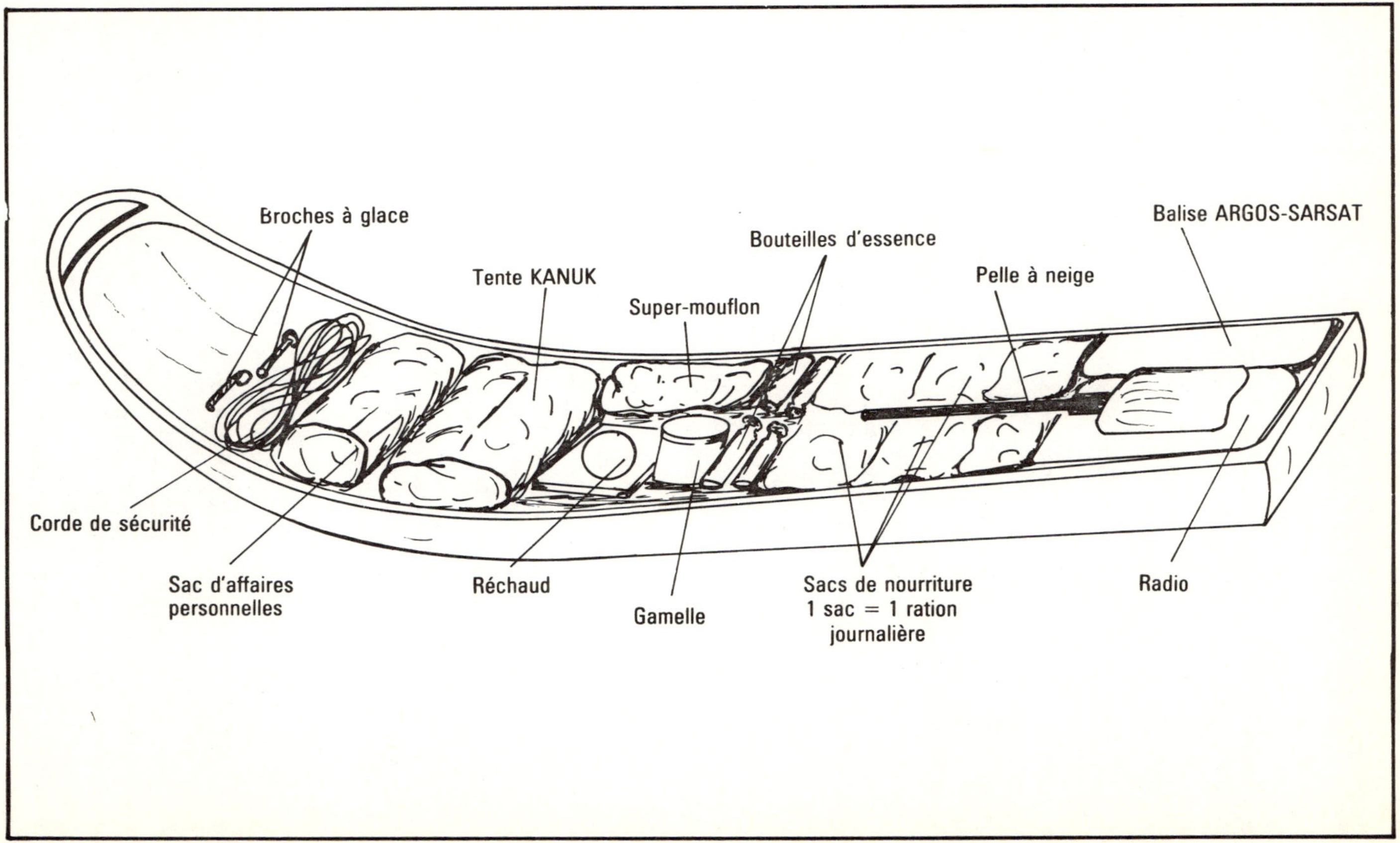
Broches à glace
Tente KANUK
Super-mouflon
Bouteilles d'essence
Pelle à neige
Balise ARGOS-SARSAT
Corde de sécurité
Sac d'affaires personnelles
Réchaud
Gamelle
Sacs de nourriture 1 sac = 1 ration journalière
Radio

J'ai pu communiquer avec Resolute Bay tous les jours, même au début par des températures de moins cinquante degrés ; et, à la fin de l'expédition, depuis le pôle Nord distant de mille cinq cents kilomètres.

TRAÎNEAU

Au cours de ma première tentative, en mars 1985, j'avais fait construire un traîneau en sandwich « nid d'abeille » Nomex et Kevlar, suffisamment grand (deux mètres de long, soixante centimètres de large et vingt centimètres de haut) pour pouvoir m'y réfugier au cas où le vent, trop violent, m'empêcherait de monter la tente. Il glissait sur deux patins de huit centimètres de large, sous lesquels était collée une semelle de ski en polyéthylène. Il pesait quinze kilos. L'expérience aidant, il s'est avéré que l'avant du traîneau n'était pas assez spatulé, que les patins fixaient l'engin sur sa route et que tout changement de trajectoire — ils sont fréquents — ne pouvait s'opérer qu'en le soulevant, ce qui est très pénible.

Cette fois-ci, j'ai utilisé un traîneau construit par Yves Mégret, entièrement en Kevlar (trois tissus), fondu dans la résine époxy, avec des raidisseurs en carbone, longitudinaux et transversaux. Le fond est plat, légèrement en V, très spatulé à l'avant (remontant jusqu'à quarante centimètres) et terminé par une poignée de traction en frêne. Ses dimensions sont : deux mètres vingt de long, cinquante-cinq centimètres de large et douze centimètres de haut. Il ne pèse que trois kilos. Je le tracte à l'aide de deux cordelettes de Nylon ; accrochées sur une ceinture à ma taille et prenant sous la spatule, elles sont croisées de manière à avoir une meilleure direction. C'est un excellent traîneau pour ce type de terrain, supportant fort bien les basses températures (moins cinquante-deux degrés !).

J'utiliserai deux traîneaux, chacun parcourra environ cinq cents kilomètres, très souvent dans des conditions difficiles, sur des arêtes de glace vive, encaissant des chocs importants et supportant une charge de cinquante kilos...

BALISE ARGOS-SARSAT

Pour déterminer ma position, le Centre National d'Études Spatiales a conçu une balise prototype mixte Argos-Sarsat de très faible encombrement, très légère (un kilo sept cents avec les piles), fonctionnant à très basse température et alimentée par des piles Saft Lithium. L'émission d'Argos ne durait pas plus de cinq heures par jour. Je recevais ma position par radio depuis le camp de base où Michel Franco interrogeait le terminal du centre

Argos à Toulouse à l'aide d'un petit ordinateur connecté sur une ligne téléphonique.

En cas d'accident grave, je pouvais signaler ma détresse avec le système d'assistance par satellite Sarsat. Au cours des deux simulations que j'ai faites, ma détresse a été communiquée très rapidement à Resolute Bay — vingt minutes seulement après le début de la mise en route de la balise ! Ce système d'assistance est opérationnel pour tout un chacun. La balise Sarsat est personnalisée ; actionnée en cas d'accident, elle émet un signal particulier qui donne votre identité et la position exacte du sinistre. Les secours peuvent alors être mis en œuvre avec le maximum d'efficacité.

CONQUÉRANTS DU PÔLE NORD PAR VOIE DE SURFACE

— PARRY Will. Edw (G-B), 23 juillet 1827, 82°45′ N, traîneaux amphibies.
— MARKHAM Albert (G-B), 12 mai 1876, 83°20′ N, traîneaux 16 hommes.
— LOCKWOOD (USA), 1882, 83°24′ N, traîneaux.
— NANSEN Fridjof (Norv.), 8 avril 1896, 86°14′ N, 3 traîneaux, 27 chiens, 2 hommes.
— CAGNI Umberto (It.), 25 avril 1900, 86°34′ N, 6 traîneaux, 49 chiens, 4 hommes.
— PEARG Robert F. (USA), 20 avril 1906, 86°06′ N, 19 traîneaux, 120 chiens, 27 hommes.
— COOK Frederik A. (USA), 21 avril 1908 ?, pôle Nord ?, 11 traîneaux, 105 chiens, 11 hommes.
— PEARY Robert E. (USA), 6 avril 1909, pôle Nord, 19 traîneaux, 133 chiens.
— PLAISTED Ralph (USA), 1968, pôle Nord, 12 skidoos, 12 hommes.
— HERBERT Wally (G-B), 5 avril 1969, pôle Nord, chiens, 4 hommes.
— MONZINO Guido (It.), 19 mai 1970, pôle Nord, 300 chiens, 19 hommes.
— IKEDA Kaneshige (Jap.), 28 avril 1978, pôle Nord, chiens, 4 hommes.
— UMURA Naomi (Jap.), 29 avril 1978, pôle Nord, 14 chiens, seul.
— SHPARO D. (URSS), 31 mai 1979, pôle Nord, traîneau + skis, 7 hommes.
— THORSETH Ragnat (Nor.), 29 avril 1982, pôle Nord, Skidoos, 4 hommes.
— FIENNES Ranlph (GB), 11 avril 1982, pôle Nord, chenillettes, 3 hommes.
— KAUMA Jussi (Finl.), 20 mai 1984, pôle Nord, traîneaux + skis, 6 hommes.

LE MARCHEUR DU PÔLE

— STEGER Will (USA), 2 mai 1986, pôle Nord, traîneaux, chiens, 7 hommes + 1 femme.
— ÉTIENNE Jean-Louis (Fr.), 11 mai 1986, pôle Nord, traîneau + ski, seul.

LE FUSIL, L'OURS ET L'EXPLORATEUR SOLITAIRE
(Théorie de l'ingénieur FRANCO)

Quand l'explorateur marche huit heures par jour, son fusil est relativement accessible sur le traîneau. Lorsque la nuit polaire le retient dans sa tente seize heures par jour, son arme reste alors par nécessité à l'extérieur car, dans l'abri, la poussière de glace le recouvrant risquerait de fondre puis de regeler lors d'une prochaine étape — donc de l'enrayer.

Le fusil n'est de ce fait efficace qu'un tiers du temps.

Par ailleurs, quand l'explorateur marche, il regarde droit devant lui et ne pourrait progresser en surveillant l'éventuelle arrivée de l'ours, comme un homme traqué le ferait, en se retournant toutes les deux minutes. Avec son capuchon de fourrure, qui lui donne un angle de vision de cent vingt degrés environ, on peut estimer que, malgré les mouvements de tête, il ne voit jamais derrière lui. La moitié de l'espace n'étant pas couverte dans le cas où un ours s'approcherait de lui, il n'aurait qu'une chance sur deux de le repérer avant que celui-ci ne fût dangereusement proche. On doit en effet penser que le bruit du déplacement d'un animal à proximité d'un marcheur est masqué par les sons dus aux frottements des vêtements ainsi que par le crissement des skis et des bâtons sur la neige qui, comme chacun sait, sont exacerbés aux basses températures.

En conclusion, l'efficacité d'un fusil dans ce contexte n'est que de :

$$\frac{1}{3} \times \frac{1}{2} = \frac{1}{6}$$

soit 16,6 pour cent

TABLE DES MATIÈRES

Cet ouvrage a été réalisé par la
SOCIÉTÉ NOUVELLE FIRMIN-DIDOT
Mesnil-sur-l'Estrée
pour le compte des Éditions Robert Laffont
en février 1992

Imprimé en France
Dépôt légal : novembre 1986
N° d'édition : 33991 - N° d'impression : 20218